歷史的軌跡

——一個大陸蒙難作家的反思

李冰封 著

認識大陸作家系列

前言

　　我寫的散文隨筆，有相當一部分是以親身的經歷記述歷史、敘事懷人。這些文章，大約包含三種類型：

　　（一）記述了幾位我尊敬的前輩和朋友，他們在以往的歷史中如何受難，並在受難中如何進行了深刻的思考，以他們的愛心和智慧，反思我們國家、民族應該如何才能走上一條民主自由、文明和諧、以人為本、國富民強之路。

　　（二）記述了一些我熟識的歷史，特別是反右派鬥爭和「文化大革命」的歷史。比如，在一九五七年，在我原來工作過的單位——新湖南報社，編輯部竟打了五十四個「右派」，佔編輯部總人數的三分之一以上，成為當時全國「右派比例」最高的單位。此後，有人被槍斃，有人自殺，更多的人妻離子散、家破人亡。二十一年後，經複查，全部屬於錯案。造成這樣的大悲劇，上有毛澤東用「陽謀」設下的圈套，下有像周惠這樣的野心家和政治流氓以及官健平、孟樹德之類的歷史渣滓和小丑，蓄意排斥異己、陷害忠良。除了寫這一段歷史見聞外，我還寫了幾位老朋友、老同事在反右派後的悲慘遭遇，作為這一段歷史的補充。對於「文化大革命」，也做了一些記述，表達了自己的某些憂思。

　　（三）對一些「偽史」，做了證偽。比如，許多文章都說：大陸「文化大革命」的準備階段是一九六五年，即這場所謂「革命」正式發動的前一年。但我在多年工作中接觸到的一些材料，證實了歷史學家呂振羽是在一九六三年初即被拘捕，隨後被關押十二年；

而那次拘捕即是為了給劉少奇的「叛徒、內奸、工賊」這三頂帽子製造偽證。也就是說，給劉少奇製造偽證的暗無天日的卑鄙勾當，是在一九六二年的「七千人大會」上，劉提出「三分天災、七分人禍」的論斷不久後就已經開始了。這個論點，學術界的一些知名人士已經認同。

上述種種，都可算是對歷史運動軌跡的具體描述。

近三十年來，中國大陸對現代歷史的研究，有了一些明顯的進步，這主要表現在：真實的歷史多了；「偽史」少了，也站不住腳了。當然，這種進步還正處於「初級階段」。我相信，它能繼續進步，中國才有好運。如果真是這樣，這本《歷史的軌跡》，也可能會給這種繼續進步，提供一些研究的線索和材料。

本書的出版，得到向繼東兄的幫助。他為本書的編輯，做了許多具體的工作，在此特表示我誠摯的謝意。

二○○九年五月二十二日

目次

知者樂，仁者壽
——恭祝李銳同志米壽壽慶

一

　　明年是李銳同志米壽壽慶。在現時中國，一個普通人，能活到八十八歲已不容易，而像李銳這樣，青春矢志投身革命，飽經滄桑、歷盡坎坷，坐「自己人」的監獄九年，被「自己人」流放了九年，受過無數折磨和煎熬，挨過無數批判和鬥爭，仍在中國孜孜不倦地追求民主和科學，力爭人民自由和幸福，促進國家社會的進步與發展，到了八十八歲，還和年輕時一樣，信念不移，奮鬥不息，這就難上加難。這樣大寫的人的米壽，確實應該好好地慶祝一番。

　　我寫這篇祝壽文章時，首先想到的是他這一生，在不息的奮鬥中建立的功業。這些大大小小的功業，一時數不清，但我以為，其中最重要的有兩件：

　　（一）寫出了可以也必將傳世的《廬山會議實錄》。一九五九年的廬山會議，對當代中國歷史進程的逆向發展，影響極大。對這一歷史事件，如果留下了空白，任由「偽史」流傳，中國此後發生的一系列事件，就很難做出符合實際的解釋。人們也就很難從中吸取歷史教訓，乃至於任隨這段歷史重蹈覆轍，貽害世人。李銳是會議的參與者，他根據親身的經歷，完整的記錄，對這一事件講了真話，客觀上對當代中國歷史逆向發展的這個重要關鍵，做出了合理的說明。在現時中國，講真話很不容易，對黨史中的重大事件，由

於許多材料和檔案沒有公開，講真話尤難。改革、開放二十多年後的今天，中國實際上已到了類似於哈威爾所說的「後極權時代」，過去和現在的許多老共產黨員，出於對國家、民族和人民的責任感，也出於對歷史和對自己早年信仰的責任感，敢於站出來講真話的人是不斷增多了。于光遠、任仲夷、胡績偉、杜潤生、李普、曾彥修、王元化、戴煌、邵燕祥……以及去世的顧准、李慎之、黎澍、王若水、吳祖光、吳有恆等等，都是這類人物中的出類拔萃者。這些名字，猶如無數明亮的星辰，閃爍於中國的夜空。人們稱之為中國的頭腦和良心。有人做過粗略的估計和推測，這類老共產黨員，在各個領域高級知識份子的老黨員中，約佔半數。此外，還有許許多多黨外的堅持講真話的傑出代表呢，還有許許多多人們所不知道的精英人物呢。李銳就是這支講真話的隊伍中的佼佼者。他在強調講真話的人們中，是卓越的「精神領袖」之一。以後，如果有人越不讓這些人講真話，如果對這些人加的壓力愈大，那麼，這個隊伍就會越迅速地擴大。儘管有人不願意看到這個事實，但它卻是千真萬確的客觀存在。關於《廬山會議實錄》的事，本文在底下還要詳寫，這裏只約略提一下，開一個頭。

　　（二）在「大躍進」的年代，經過在高層的論辯，打消了當權者要使三峽工程立刻上馬的打算。「大躍進」是個瘋狂的年代。在那個年代中，如果下令讓三峽工程上馬，「高峽出平湖」，在無法保證工程優良質量的情況下，就會使長江下游各省化為澤國，真正是「人或為魚鱉」，造成哀鴻遍野，生靈塗炭。在這以後，由於水庫垮壩造成的大水災，完全可以證明這個假設的可能性。（如一九七五年八月的河南、安徽淮河流域由於水庫垮壩造成的水災，死人以數十萬計。此事直到去年才公之於眾。）

在上世紀的八十年代，在三峽工程是否上馬的再爭論中，他又是一個積極的反對派。當然，反對派中，還有黃萬里、周培源、孫越崎、王淦昌、千家駒等一大批傑出的學者和先知。現在三峽工程已經上馬了，此後，由於這個工程帶來的生態平衡問題、環境污染問題、引發地質災害問題、泥沙問題、庫尾淤塞問題，以及移民問題、古文物被破壞問題等等，還要做進一步深入的論證和研究。這就是說，整個三峽工程上馬的利弊、是非、功罪，還要由歷史來做結論，由後世的子孫來做評說，這裏不便詳寫。但不管怎樣，李銳在這件事上所立下的功業，是怎麼也抹煞不掉的。

二

現在，再回過頭來講《廬山會議實錄》這本大書，對人們思想啟蒙上起的作用。且以我自己為例，來說明這個問題。

我在一九八八年九、十月間，就知道李銳在青島度假時寫完了這本書，當時就想爭取在湖南出版。一九八九年春，我參加中國出版工作者代表團訪問日本回國後，在北京停留數天，商得中央黨校出版社的同意，用他們的副牌——春秋出版社的名義與湖南教育出版社聯合出版，內部控制發行，在湖南印製。因為當時，湖南的書籍出版週期較短。書稿是由我從北京帶回湖南的，所以我得以先讀到全書的手稿。

我是一九四七年「五・二〇」學生運動後，從上海到冀察熱遼解放區參加革命的。當時參加革命的目標，是獻身於建立一個「民主、自由、獨立、富強、統一」的新中國。這個目標，也是毛澤東在《論聯合政府》一書中所揭示的。參加革命後，一直受「光榮、正確、偉大」的教育，還受到「九個指頭和一個指頭」等類思維方

法的影響，所以，爭取民主、自由與對共產黨高層理想化的兩種想法，常常交叉著影響我對一些問題的思考。一九五七年，一夜之間，變成了「階級敵人」，翌年到農村「監督勞動」，深入接觸了多方面的實際後，思想上逐步有些開竅，但總還脫離不了過去的一些思想框框。在讀完《廬山會議實錄》書稿後，大吃一驚，恍然大悟，現在回憶起來，當時先後產生如下的感覺和想法：

頭一個感覺是：「哦，原來如此」，「光榮、偉大、正確」的中國共產黨的核心，怎麼就會變成了革命勝利後中國的「皇權中心」或「專制主義的源頭」呢？這就徹底打破了我原來的思想框框。

毛澤東當時正熱衷於超英趕美、與蘇聯並駕齊驅，在國際共產主義運動中創造出奇蹟，而且把「大躍進」、創辦人民公社看成是自己對馬克思主義創造性的發展，是有中國特色的社會主義的發展方向。（有人說，當時，在毛澤東心目中，這些都是要成為國際共運最高領袖的必備條件。這個說法，似乎有點道理。）以上方向是不容懷疑，當然更不容反對的。彭德懷在肯定成績的前提下，只是提出了「浮誇風氣」和「小資產階級狂熱性」，而且提得還十分不夠、十分委婉，立即被認為是對這個方向的懷疑和反對；張聞天以「鮮明的態度、確鑿的事實、科學的語言，冒險犯難，極言直諫」（《廬山會議實錄》舊版，頁157）完全支持彭德懷的信，這就更不得了，這樣對毛主席的批評還了得？隨即被劃入「反黨集團」。這不是典型的專制主義又是什麼？這又哪裏有一點點黨內民主，有一點點「光榮、偉大、正確」的影子呢？

對廬山會議上毛澤東的幾次講話，人們都有普遍的反感，我也是這樣。大概這是因為，這些講話的錯誤，已經被歷史徹底檢驗過了。尤其是他講話中無中生有（如：把赤膽忠心的彭德懷等人誣指為

「組織軍事俱樂部」，有「魏延反骨」，且誣指彭「裏通外國」）、不講道理和口是心非（如：大講辯證唯物主義與歷史唯物主義，講客觀存在決定主觀意識，而彭德懷的信，明明是根據客觀世界存在的實際情況提出反映，卻指他是唯心主義、經驗主義等等），對毛八月一日在常委會上的講話和八月十一日在大會上的講話則尤為反感。毛澤東在一九五七年反右派鬥爭中，對大搞「陽謀」、「引蛇出洞」，洋洋得意，這次，他也把這一套搬進黨內來了，且公開講：「你講我陰謀就陰

▲李銳書法。

謀，大魚、小魚一起釣，特別釣吃人的鯊魚」（《實錄》舊版，頁331），「我是蝙蝠，開頭屬你們俱樂部」，以後，「一百八十度轉變」（《實錄》舊版，頁332）」，完全把在黨內搞陰謀作為正道。試想，如果搞真正的民主，如果真正允許雙方互相辯論，並真正保護辯論雙方的人身安全，且有最高的仲裁機構，他無中生有、不講道理、口是心非、倒行逆施的這一套，這種用最革命的語言掩飾最落後的專制主義的這一套，能夠行得通麼？

　　此外，當時盛行的個人崇拜，對毛澤東的盲目吹捧、附和，一些別有用心、野心勃勃、以整人起家且不斷靠整人得利的人，如康生、柯慶施之流，在毛身邊挑撥離間、造謠生事，無疑也使會議的形勢更加惡化。

　　此書出版後的若干年中，我和一些經歷比較相同且能隨便談談的朋友，閒談到對《盧山會議實錄》的讀後感時，他們最初的感

想，和我上述的感覺都大同小異。有的朋友還說過，從一九五七年
「反右」以後，中國形勢已開始逆轉，到一九五九年，毛澤東又把
「反右」中弄的那一套用於廬山會議，這表現了黨內的專制力量，
出於保存他們自己勢力的需要，集中打擊了當時黨內對形勢有較清
醒認識而又敢言者，這就導致了整個國家形勢進一步大逆轉，導致
此後中國歷史中一系列的不幸事件。這種說法，似有見地。

　　由第一個感覺，就思考了進一步的問題，黨和國家產生這種極
大的弊端，窮根究源，原因何在？答案就比較簡單：根源就在於缺
乏民主、缺乏受實質性的監督和制約的極權體制。一個掌握了政權
而又不受實質性監督和制約的政黨，這個黨的最高層領袖，當然也
就更不受監督和制約了。這樣，一旦領袖犯了錯誤，（一般說來，
這是很難避免的），就必然會在廣大人民中釀成大災大難。

　　與這種極權體制孿生著的，有三根醜陋不堪的支柱：一是個
人崇拜。這是一種異化。按照馬克思主義的觀點，大大小小的公務
人員，應該都是人民的公僕，人民才是至高無上的。現在，公僕被
異化成了救世主，對救世主則不分是非曲直，一律許之為「英明、
正確、偉大」，加以一些別有用心的人，又從中推波助瀾，神化、
美化、亮化某些領袖人物，以求自己從中得利。這樣，就如前面所
述，假使領袖一旦犯錯誤，全黨也就跟著犯錯誤，使人民深受其
害，貽患無窮。

　　二是虛假的宣傳。與虛假宣傳配套的是，實質上是不允許有言
論自由，特別是不允許新聞自由、出版自由和創作及學術研究的自
由。因為實質上有了這一些自由，虛假的宣傳就混不下去了，就無
法繼續營造封閉的環境來實行愚民政策了。極權體制本身就違背時
代的潮流，客觀的真理。所以它害怕潮流，害怕真理；所以不允許

▲一九九一年八月，攝於大連棒棰島。中為李銳，左為朱正，右為李冰封。

人們對這種體制產生的各種現象和它的前因後果，進行科學的分析和研究。

三是官本位制。這是中國歷史上長期的專制制度留給社會的一種沉重的包袱。因為在這個社會中，做官最容易得利，在不正常的社會風氣影響下，官位又最容易靠不正常的手段獲得它。所以人們就趨之若鶩。官本位制就促使社會形成一種力量，乃至形成了一個官僚階層；這個階層是堅決擁護專制制度、抵制民主制度的，也就是說，它是這種極權體制的社會基礎。因為，為了他們自身的私利，他們本身就討厭和畏懼監督和制約。

要進行政治體制改革，要引進實行現代化所極端需要的民主化，就必須對這個極權體制進行有步驟的、全面的改革。而進行這種全面改革，就必須有步驟地逐步改掉這三根醜陋的支柱。現在看來，當時的這些想法，迄今尚未過時。

當時讀完書稿後，最後一個想法是：應該讓這本對中國當代歷史講真話的書趕快出版，要讓可以閱讀它的人認真閱讀，引發他們對國家、社會一些根本問題的深入思考，從而在政治體制改革中，考慮如何逐步掃除阻礙著國家現代化的專制主義的老根。這個願望當時是達到了。書稿由朱正擔任責任編輯，迅速編好，由湖南教育出版社領導審稿並送到印刷廠後，不到半個月就印出來了。這在當時，已是最快的速度了。因為是「內部控制發行」，外面不易買到，出書後，寫信來要書的人特別多，老幹部和高級知識份子尤多。許多人看了書後，對李銳寫這本書評價很高。在我的記憶中，呂叔湘、錢鍾書、蕭乾、王子野、畢朔望等許多前輩都來信讚譽此書出版。蕭乾的信中還說，如果要他選十年來的三本好書，此書當是第一本。不久，在一九八九年的那場政治風波後，隨即批判所謂「資產階級自由化」，我因主持出版此書，以及出版《新啟蒙》文叢、《社會主義初級階段理論探索叢書》（第一輯十種。作者中有于光遠、曾彥修、王元化、廖蓋隆、馮蘭瑞、吳江、龔育之等人。

▲李銳（右）與李冰封合影。一九九八年十月於長沙九所賓館。

第二輯編好後，即被禁止出版。原擬先出版六十種的計劃，被迫流產）等，被列為省內主要的「自由化」的批判對象，並受處分。但那一年春節，因為我受批判，到我家來拜年的人絡繹不絕，有些且是不相識者。由此，深感民心不可侮。我自己也因而得到極大的安慰。因為我感到，作為一個共產黨員，我沒有在關鍵時刻，只考慮自己而脫離人民。這已屬題外的話了，不便詳述。不過，由此可見，要在中國維護極權體制的極「左」派勢力，以及風派、溜派勢力，實在不容等閒視之，一有風吹草動，他們便凶相畢露，伺機而動。因為他們十分清楚：維護極權體制，就是維護他們本身的利益。

到上世紀九十年代中葉，《廬山會議實錄》已改為公開發行，增訂本由河南人民出版社出版。湖南失去了一本傳世之作的版權。

其時，我早已離開工作崗位，具體情況不知其詳。雖然也聽到一些有點蹊蹺的傳聞，但也沒有興趣去證實和研究它。

三

李銳在寫作《廬山會議實錄》及論證三峽工程中，都堅持講真話。在關係社會和歷史進程的大事上，能講真話，除了要對這些大事有堅實的知識基礎，進行過有效的科學研究以外，還要有不計個人禍福得失的勇氣，而這勇氣是來自一顆愛心──對祖國和人民的愛心。此外，作為一個弱冠之年就加入共產黨的老黨員，黨齡已近七十年，這顆愛心當然也來自愛共產黨。愛祖國和愛人民，許多人對此容易理解，講真話怎麼也出於愛共產黨呢？當前，有些人對此不易理解。如今，世界已開始進入資訊時代，資訊已成為人類不分階級、階層和種族而共用的資源，你如果不提倡講真話，不實行在人民中的言論自由，還在搞什麼「守土有責」（難道要守住謊言的

領土？）在網上搞什麼「網路員警」；這樣，就能夠守得住人心？防得住傳播真理的天火？（網上當然也有人傳播邪惡之火。但撲滅邪惡之火的辦法，也只能用講真話來動員人們，靠人心來鑒別、撲滅，而不是靠所謂員警來橫加干預），在新的時代、新的時期，共產黨如果不能與時俱進，有效解決這個問題，共產黨就會更加脫離人民，失掉人心；在歷史的波濤中，也就不可能不遇到滅頂之災。殷鑒不遠，不可不慎之又慎。李銳講真話，想有效預防黨遇到滅頂之災，這不是出於愛心又是出於什麼呢？

孔子曰：「知者樂，仁者壽。」（《論語・雍也篇》）知者，是聰明的、有知識的人。李銳是知者。知者永遠樂觀和快樂。因為，他懂得理解和總結過去，洞察和分析現在，由是，他也就能預見和昭示未來。讓過去、現在和未來匯聚於一身，通天意，達人情，能不樂觀，能不快樂麼？仁者，是指有愛心的人。李銳更是仁者。他的這顆愛心，愛他自己的祖國。他的祖國，文化燦爛、思想深邃，既富饒又貧困，且曾經災難深重，不容重蹈覆轍。他的這顆愛心，還愛他自己的人民。這優秀的人民，勤勞勇敢、聰明善良，不屈不撓地擺脫貧困和無知，不容強加給他們天災和人禍。當然他的這顆愛心也寄予自己的黨，希望黨在新的時代、新的潮流中，能徹底改革，去掉一切不合時宜、阻礙自己進步的枷鎖，以便更好地領導中國人民繼續前進，安全地步入現代化。有這樣廣闊愛心的人，力避塵囂、遠離邪惡，他當然是應該長壽的。

恭祝既是知者又是仁者的李銳同志，能長壽，再長壽！米壽生日快樂，再快樂！

二〇〇三年十二月九日寫畢，原載《大哉李銳》

並非家務事

——李南央〈我有這樣一個母親〉 及〈答讀者問〉讀後

一

李南央的〈我有這樣一個母親〉一文,於一九九九年五月發表於《書屋》雜誌後,經過好些報刊的轉載,在廣大讀者中引發了一陣「衝擊波」。據我所知,大多數人對此文持肯定態度,但也有人不大贊成寫這樣的文章,或懷疑此文的真實性。一篇世間少有的非難自己母親的文章,在各種各樣的讀者中引發各種各樣的評論,這自是必然的現象,不過有些問題確也需要解釋清楚。針對讀者的看法,李南央又寫了一篇〈答讀者問〉,發表於二〇〇〇年十一月的《書屋》雜誌上。《書屋》主編周實想找一些瞭解情況的人士,就這兩篇文章寫些讀後感,編出一本書,約稿於我。我答應了。其實,說我瞭解情況,也不全面,我只是比較瞭解李銳的情況。因為我年輕時,就在李直接領導下工作過。後來,除去那二十多年極不正常的歲月外,也一直有些來往。幾十年來,我對他的人品、學識、才幹、胸襟、抱負、道德、文章都十分敬重,一直尊之為師表。對范元甄則並不瞭解。一九四八年,我調到冀察熱遼群眾日報社時,聽說范早在一九四六年去了東北;李則剛剛離開報社,也去了東北。一九四九年,南下到湖南後,我們同范不在一個單位工作。雖然見過面,但好像沒有說過幾句話。她給我的印象是:十分

精明能幹，卻也有點高傲，不大愛搭理我們這些小青年。而李銳對我們則又從來不提他的家事。所以對李南央寫的情況，可謂一無所知。九十年代初，記者宋曉夢要寫李銳的傳記，到長沙採訪時住在我家。她要瞭解李銳的家庭情況，是我兩次陪她去訪問李婉華大姐的。在大姐的談話中，我聽到一些情況，當時思想上頗為震動，不過事隔數年，有些細節也記不大清楚了。這一次，為了寫這篇文章，我特地去訪問了大姐，她雖已八十七歲高齡，但思維清晰，記憶準確，她提供的一些情況，有助於我寫成這篇文章。

二

由於熟知李銳，這篇文章還是要先從李銳寫起。

我以為，作為一個飽經滄桑的中國共產黨的高級幹部，一個畢生追求民主和科學的老一輩高級知識份子，一個信仰馬克思主義的知名學者，在李銳身上，銘刻著四個最重要的特徵：

（一）他一生的言行，體現了中國知識份子的優良傳統：以天下為己任，不論自己處境如何，對國家、民族的前途和命運，有一種強烈的責任感。這同范仲淹所寫的「居廟堂之高，則憂其民；處江湖之遠，則憂其君」的精神頗為相似。更可貴的是，表達這種責任感的內容，又是不斷地隨著時代潮流的前進而前進；表達的方式，往往又是同他敢講真話、不計個人得失的可貴品格結合在一起。這種品格同極權體制是相矛盾的。遠在延安搶救運動中的遭遇，一九五九年在廬山會議，以及以後一系列的災難性遭遇，似乎都可以從這個根源中找到原因。在開放、改革的二十多年來，他對某些關係到我們國家、民族前途和命運的大事，仍然發表並堅持自己的看法，從而遇到麻煩，似乎也可以從這個根源中找到原因。

▲一九七八年，李銳與他的女兒李南央合影於安徽磨子潭。這一年，李南央去磨子潭流放地，看望已與她分離十餘年的父親。

以天下為己任，始終隨著時代潮流前進而前進，敢講真話且不計較個人的禍福得失，從理論上說，共產黨員，特別是共產黨的高級幹部，都應該具備這種品格（這就是毛澤東常說的共產黨員應當「六不怕」），但是真正具備這種品格的，能有幾多？因此李銳身上銘刻著的這一特徵（他的「八十自壽」詩有句「六不怕唯頭尚在」）就顯得特別重要。這個特徵，使他贏得包括老、中、青三代許多人的尊敬。

▲一九九六年，李銳重回磨子潭。他與現在的夫人張玉珍，攝於他住過的
磨子潭小平房前。

（二）在中國革命和建設進程中，主要的、根深蒂固的危險
來自「左」。所以，幾十年來他一直奮力反「左」。「曾探驪珠淪
厄運，仍騎虎背進諍言。早知世事多波折，堪慰平生未左偏。」這
是他的六首「八十自壽」七律第一首中的兩聯。的確如此，幾十年
來，儘管在驚濤駭浪中飽經風雲變幻，他沒有「左」過，有的只是
對「左」的抵制和反擊。

　　一九四八年，我進冀察熱遼群眾日報社時，他已離開那裏，還是經常聽到同志們在平常言談中流露出對他的懷念。懷念的內容之一，就是他最反對「左」。一開始，我分在新聞部，部領導是已故去的黃華。黃是燕京大學歷史系的學生，是抗戰初期參加革命的。當時，在解放區流行一種說法是：「寧左勿右」，「左總比右好，因為左只是方法問題，右則是立場問題」。而這種說法，在《群眾日報》卻沒有市場。黃華說：「這是因為李銳同志最反對『寧左勿右』。他說過，怎麼能說『左』只是方法問題呢？『左』還有嚴重的個人思想品質方面的問題呢！搞『左』的人，往往動機不純。如今，『左』對革命的危害，比什麼都大！」

　　那時，為了配合土改，根據中央和冀察熱遼分局的指示，都開展「三查三整」運動。有些單位很激烈，「搬石頭」，批鬥、打人。幹部中自殺事件也時有所聞。但報社的運動卻進行得平和，只過過「民主生活」，開展正常的批評與自我批評，有什麼問題，說清楚就行，同志之間也用不著彼此戒備。當年，群眾日報社工作出色，不搞「左」的那一套，也是重要的原因之一。

　　群眾日報社的老同志還告訴我，在「三查三整」剛剛開始時，報社發生過一起自殺事件。電務科一個新參加工作的報務員名叫韓志新，因土改時和地主的女兒談戀愛，在電務科的會上，有人上綱上線，批他「包庇地主」、「接受賄賂」，很是激烈，韓思想緊張，當晚用步槍自殺了。四十多年後，李銳在寫《群眾日報》的報史回憶錄時，還作為一個重要教訓重提此事。宋曉夢寫《李銳其人》一書前，看到了李當時的日記，其中他還提到立即去現場時，「哀慟之至」，並自責「關心同志不夠」。

南下到湖南後，從一九四九年八月到一九五一年初，李銳主管《新湖南報》。這一段時間，雖然在幹部中沒有什麼大的政治運動，但「批判電影武訓傳」、「知識份子思想改造」等「小運動」，還是連續不斷。那時，在報社內部，都只是學習學習文件、談談自己的看法就行了。那些年，《新湖南報》辦得較好，在全國省報中名列前茅，原因自然同領導得力，上下左右緊密團結，大家在和諧相處中能把潛力充分發揮分不開。

在新湖南報社時，還有一件事給我留下極深刻的印象。大約是一九五〇年上半年，我編副刊，工作上的事要經常請示他，有時也閒談一些事。那時有一種「和平土改」的主張。李銳明確地說過：「依我看，在目前條件下，用和平方法去改變舊生產關係來發展生產力，這沒有什麼不好嘛。全國政權都在我們手上，怕什麼。『和平土改』可以避免過去在北方土改時出現的『左』的弊端。」現在看來，當時能這樣思考，實在很不容易。當年土改還是北方老一套，搞「複查」、「糾偏」，到處是殺氣騰騰。

（三）他為人正直，嫉惡如仇，待人真誠，講情義，且心地善良。凡是同他較長期接近的人，都可以品味到他性格上這些突出的特點。早幾天，訪問婉華大姐時，我們談到他的這個特點，大姐說：「他從小就是這樣。據母親說，這種性格，很像父親。」

他不滿五歲時，父親就去世了。父親李積芳於一九〇五年公費留學日本，在早稻田大學學政治經濟，是同盟會第一批會員，民國初年的國會議員。袁世凱解散國會後，李積芳到廣州參加孫中山的非常國會，支持護法運動。李銳是母親撫養成人的，沒有當年那樣開明的母親，三個子女不可能在長沙讀書。後來李的夫妻生活中，在如何對待他的母親問題上，可能產生了一些根本性的分歧。范元

甄在這件事上的一些作法，使他母親傷心，也不免使全家人傷心，當然也使他本人傷心。所以在這裏，要約略介紹母親和兒子間的一些情況。

母親李張淑，出身貧苦，由於父親的支持，得以進一九〇七年創辦的平江啟明女校讀書。那時，大家庭裏不給她讀書的費用，是丈夫從留學的公費中省下一些錢，支持她讀到簡易師範畢業，並以第一名考取當時著名的長沙稻田女師。考取後未入學，民國二年即隨丈夫來到北京。三個子女都是在北京生的。一九二二年，在長沙，李積芳患心肌梗塞突然去世，李張淑剛三十歲出頭。丈夫去世時，她跪在靈堂前，剪去滿頭長髮，發誓要繼承夫志，克服萬難，把幾個兒女撫養成人（三女一男，小妹妹隨即夭折）。安排好丈夫的喪葬後，李張淑向平江老家的婆母提出分家，好不容易分到每年約可收百擔租穀的田產和街鎮上的一間鋪面，委託老家親屬代為收租。

由於戰爭年代，收入的租金有限，母親帶著三個子女在省城讀書，主要靠舉債度日，很是艱難。李銳有五篇〈童年瑣憶〉（刊於《隨筆》雜誌一九八八年第一期），具體描述他童年生活——一個小康人家的子弟墜入困頓後，看到的世間面目，如何度過那些艱辛、清貧的日子。如全家一星期才吃一次肉，且只買四兩（老秤十六兩為一斤）。母親家教極嚴，規定兩個姐姐必須爭取讀公費學校，好讓弟弟讀辦得好的私立學校。經過母親的籌劃，大姐在上海兩江女子體專插班，一年畢業，一九三四年後就在長沙的女子中學教體育，得以支持弟弟上大學讀書。

這樣一位母親，在舊社會年輕守寡，忍辱負重，克勤克儉，把兒子撫養成人，真是大大不易。更為可貴的是，她還受丈夫的影響，同情共產黨，支持兒女參加革命。李銳重情義、重感情，對這

樣的母親表示敬重，也是完全正常的。
如果不敬重，那倒是不正常的了。而媳
婦卻處處要用「階級鬥爭」的觀點，用
「左」的教條對待婆婆，婆媳之間形成
尖銳的矛盾，自然就很難避免了。

　　（四）在革命和建設的每一階
段，李銳都重視知識份子在其中起的重
要作用，對於有才幹、有見解、有專業
知識或專門技能的知識份子尤為重視。
這就是許多人都說的：他「愛才」。他
把知識份子稱之為「社會的頭腦」，強
調要尊重知識份子的思想自由和人格獨
立，這在他的許多著作中都做了深刻的
闡述，但他對知識份子的缺點、弱點也
毫不遷就、迎合。九十年代初，他曾給
我寫信，提到應該有些創作，鞭撻現
代中國一部分知識份子「諂、軟（軟
弱）、卑（卑下）、醜（醜惡）、賤」
等性格上的缺點。

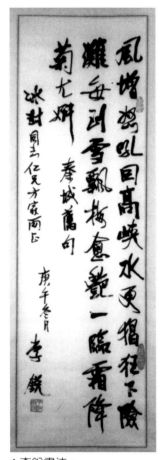

▲李銳書法。

　　如果我沒有理解、概括錯的話，以上四個方面的特徵，就
構成了李銳生命歷程中熠熠發光的亮點。沿著這四個亮點，去觀
察、理解、思索，人們就懂得了他生命的火炬能不斷熊熊燃燒著
的原因。

三

現在，就要談到范元甄了。前面提到，我對范的情況並不瞭解，以下寫的一些零星情況，來源有三：（一）某些瞭解情況的老同志早年的判斷；（二）婉華大姐提供的情況；（三）李南央文章中提到的思考線索。這些零星情況，我無法進一步歸納整理成為系統的看法，只按上列來源次序敘述如下：

（一）八十年代中期，我到北京開會時，為出版方面的事到劉祖春家裏拜訪過。五十年代初，劉在中南地區工作過，當過中南局宣傳部副部長，但過去我們不認識。這次到他家訪問前不久，只在長沙見過一次面。雖然他是長輩，我是晚輩，但我們一見如故，談得十分投合。他是李銳在延安《解放日報》時的老朋友，知道我是李的老部屬，談話也就比較隨便。那天，談到延安的搶救運動，談到李銳關在保安處一九四四年被釋放後，跟范元甄離婚，以後又復婚的事。劉說：「那時好幾位朋友就勸李銳，不要和范元甄復婚。我也是其中之一（當然也有人勸他們復婚）。倒不是楊尚昆公開批評的那個審幹時，審查者同被審查者男女關係不正常的事，而是李、范兩人的性格、志趣、想事和待人接物之道完全不同。這樣，還在一起怎麼能弄得好？現在證明，那次復婚，是很大的錯誤。」劉祖春這個早年的判斷當然是對的。一九四九年八月到湖南後，我就聽說他們經常吵架，范元甄還經常在家裏摔東西。

（二）婉華大姐最近對我說：「范元甄有些事，做得太不近人情。」一九四九年十一月，范到長沙後，由李銳陪著，第一次去看望李的母親。當時，老太太住在大女兒婉華家裏。第一次見面，就因為一些雞毛蒜皮的小事，范和婉華大姐鬥起嘴來，唇槍舌劍，弄得大家都不愉快，很煞風景。

以後，有一件事使老太太和全家人都極其傷心。那是五十年代中期，李銳調至北京電力部後，老太太想去兒子家裏住一住。老太太當然有舊思想在作怪：認為住在兒子家裏，那才是自己的家。住在女兒、女婿家裏，那是住別人的家，雖然女兒、女婿對她都很好，都很孝順。此事使李銳很為難，這一對婆媳絕無可能住在一起。於是最後說服母親住到瀋陽二女兒李英華的家中去了。整個抗戰時期，李英華夫婦在湖南地下黨工作時，一直得到大姐和母親的照顧，包括生活與職業，以及撫養他們的兒女。一九五九年初，母親不願再在瀋陽住下去了，仍準備回長沙，要求過北京時，在兒子家住幾天，「給個面子」，好回去同熟人有個交代，在兒子家住過。李銳當時正好出差去了。范元甄堅決「劃清界限」，不讓「地主婆婆」進門。水電部老領導劉瀾波看不過去了，就接老太太到他家住了短時，才送回長沙。

（三）從李南央文章中寫到的她母親的一些情況來看，我以為，那多半是她母親在政治和思想上極「左」的表現，也就是思想異化的結果。比如，按照馬克思主義的觀點，人民的領袖和官吏都應該是人民的公僕，人民才是至高無上的。強調個人崇拜、強調領袖高於一切、是人民大救星之類的觀點，無疑是政治和思想上的異化。又如，在「文革」後期，還在強調「江青同志才是真心革命的」之類的觀點，也是異化。江青的作為，早已表現出她已從革命方面變到革命對立方面去了，她怎麼是真心的革命呢？再如，「凡是」的觀點、關於階級鬥爭的左傾教條主義的觀點，當然也是異化。因為這些錯誤觀點早已從表面的所謂革命異化成為阻礙著革命前進的事物了。如此等等。至於范在廬山會議以後，對李銳上綱上線的檢舉揭發，那除了是非不分之外，還可能有希圖洗刷自己、掩

飾自己的十分自私的目的在內。難怪有人這樣打抱不平：「你過去也有和李銳完全一樣的看法，你幹嘛不揭發你自己呢？你幹嘛要在你的丈夫落井的時候，去向他拋石頭呢？」

上述范元甄同志的這些零星的情況，和上述李銳同志一生性格、觀點上的特徵，明顯表現出水火不容、格格不入，這種思想上的鴻溝是無法填補修復的。因此，他們分道揚鑣自是理所當然的事。這可能還不是一個家庭中偶然的悲劇，而是一種刻著病態社會烙印的社會性的悲劇。

四

五十年代中期以後，大小政治運動接連不斷。因為指導思想左傾，底下形形色色的左傾表現，也就花樣翻新了。我從自己的受難，也從別人的痛苦遭遇中，對左傾的表現進行了一些觀察。據我多年觀察，凡在政治運動中表現得特別「左」的人，幾乎沒有一個是為了革命的。講要革命什麼的，大半都是打著這幌子，弄一些把戲而已。且左傾的表現，純屬於思想方法的成分，有一些，但也不多，絕大部分是為了「謀私」。在思想深層，這些人情況各異，但大約可分如下幾種思想類型（有的人則是若干類型混合在一起）：

（一）把階級鬥爭絕對化了，只用階級鬥爭的觀點來處理、衡量一切。

在階級社會中當然有階級鬥爭。不過有些事，是否完全可以歸結為階級鬥爭的表現，也要依事物的性質，依時間、條件、地點為轉移。把人與人之間的關係，甚至把父母子女、兄弟姐妹、夫婦、好友等之間的關係，統統歸結為階級關係，而且統統要用鬥爭的形式來解決，這就把它絕對化了。且只講對立，不講統

一，更加深了這種絕對化。這種絕對化的觀點，當然違反了馬克思主義的基本原理，阻礙著社會發展所需要的人與人之間和諧的相處。這種鬥爭，實際上不是「社會發展的動力」，而是在阻礙著社會的進步。

（二）在左傾思想佔領導地位時，有些人想利用這個機會，盡量使自己表現得「左」一些、表現得「革命」一些，把別人踩下去，好讓自己爬上去，攫取官位、攫取權力。在以「官本位」為主導的、受封建思想嚴重影響的社會裏，當了官就有條件撈到一切。許多人看到了這一點，就想以此作為晉升的捷徑。

（三）有些社會成分不好、社會關係複雜的人，平常思想深處十分自卑，因而有所「自衛」，往往也就利用政治運動這個機會，把自己裝扮得「左」一些、「革命」一些，用「劃清界限」等方法來掩飾自己、洗刷自己，為自己尋找出路（這種人的遭遇往往也十分可憐。被人利用過了，「掩飾」了自己、「洗刷」了自己，出路不但沒有找到，反而使自己落入「泥坑」者，也並非個別）。

（四）有嚴重「左」傾表現的人，大半缺乏民主思想，傾向於專制主義。本來，民主主義應該是社會主義的基礎，沒有民主主義充分的發展，就不可能有同民主充分結合起來的、真正的社會主義。在民主革命時期，在《論聯合政府》等若干著作中，毛澤東也十分強調這一點。現在，這真理是被拋在一邊了。那些老「左」們多半都看到，只有專制主義，才使他們不受監督和制約，才有利於他們自己的生存和發展。（有人說：近年來，有不少什麼正常的理想也沒有、什麼專業本事也沒有，只靠拍馬屁、吹牛皮、靠一些關係、靠因緣際會，甚至靠買官、賣官而坐火箭上升的素質很差的幹部，往往成為政治上極「左」勢力的社會基礎，原因在此。在政治

上，扼殺自由、扼殺民主、不講真正的法治，才真正有利於這些新貴們的胡作非為嘛！）

　　我的這些觀察，雖然不一定完全準確，但也是用許多痛苦的代價換來的。這些年，讀到李銳一些有分量的反「左」文章，（這些文章，大都收進今日中國出版社出版的《直言》和中央編譯出版社出版的《李銳反「左」文選》兩書中），覺得他早就把這些「左」的表現的思想根源，從理論高度做了概括，因而深得我心，欽佩不已。

　　所以，我建議，應該從真正的馬克思主義革命學說的角度，從社會學的角度、倫理學的角度、政治學的角度，也從異化理論的角度、人道主義理論的角度，把李南央兩篇文章所闡述的情況和問題，以及隱藏在它的背後的社會性，從理論上分析、研究透徹，這樣，當有助於人們進一步思考，如何在我們的社會中，克服一些病態的心理和觀念，讓人們都學做一個有明確的社會責任感的人、有崇高的道德觀念的人，學做一個堂堂正正的人。從而有助於建立和諧的人際關係，有助於建立協調的家庭關係。希望周實兄編的這本書，有助於人們做這種分析和研究。

　　　　　　　　　　　二十世紀到二十一世紀之交寫成初稿，
　　　　　　　　　　　原載《書屋》雜誌二〇〇一年第六期

隨于光遠訪耀邦故居

胡耀邦同志童年和少年時的故居，位於湖南瀏陽中和鎮蒼坊村。蒼坊居羅霄山脈北段東麓，村的四周，山巒起伏，群峰透迤，在青山翠谷中，清澈見底的敏溪繞村順流而下，耀邦故居就在這條小溪之畔。一九九二年春，我有事到瀏陽，出於對胡耀邦的景仰和尊敬，曾專程去拜謁他的故居。車到文家市，參觀了秋收起義會師的會址後，去蒼坊村。文家市到蒼坊，只有一條連簡易公路的標準都夠不上的小路。車子在小路上搖擺顛簸，十五公里竟走了一個小時。據說，耀邦在位時，曾三令五申，不准修建去他故居的高級公路。一九八七年，他下臺以後，連他過去題字的某單位的招牌都被取下來了；有本內部刊物，早就印上了他的一篇講話稿，聽說他挨了批判，單位頭頭連忙發動群眾，把那講稿剪掉，這才允許這本內刊往下發。真是風聲鶴唳，草木皆兵。世態炎涼，也由此可見一斑。在這種形勢下，修路的事，誰還敢去湊這熱鬧？到他逝世後，據說，有一段時間，連他的墳墓都不許官員們去拜謁，更遑論其他。所以，從文家市去他故居的那條路，一直是條小路。那天，我們到了耀邦故居，還在禾場上見到了耀邦的親哥哥胡耀福，他是一個標準的湘東老農民。他帶我們看了故居的幾間房，還指出其中一間，說：「那是耀邦出生的房子。」那故居也是湘東一帶山區標準的農民住房。此外，胡耀福還向我們介紹耀邦的童年和少年，說他從小就很講義道，很聰明，很愛看書。我們問：「他小時候喜歡怎麼玩？」胡耀福說：「我們山區沒有什麼好玩的，他就喜歡和小朋友在小溪旁邊，瞄著對岸的山上，丟石頭。」

▲隨于光遠訪胡耀邦故居。攝於耀邦故居大廳。後立者，左起：彭子成、
楊德嘉、李冰封、黎維新、陳敬、工作人員。

　　這是上世紀九十年代的事，一眨眼，十幾年就過去了。

　　二〇〇四年三月二十六日，于光遠同志從北京飛到長沙參加一
個學術研討會，班機是晚上到達的，他決定第二天即去耀邦故居，
因為第三天要開會。光遠同志再過幾個月，即已進入九十高齡，而
且現在行動不便，要坐輪椅，乘坐的汽車還要在路況很不好的路上
跑一段長路。這樣的勞累，九十歲老人吃得消麼？我們很為光遠同

志的這種真誠、執著、頑強的精神所感動。我是前幾天就知道了他的這個訪問計劃，決定無論如何都要陪他去。那天，同去的除了他的祕書胡冀燕以外，還有他的女弟子陳敬和她的先生彭子成，以及黎維新、楊德嘉、弘征，這些都是湖南出版界的知名人士。另外，還有一位現職官員，湖南社科院院長兼黨組書記朱有志，過去，我們不認識。上午九時半，我們乘坐的幾輛汽車，同時從光遠同志住的賓館出發，長沙到瀏陽，因其中有一段高速公路，所以不到一個小時就到了瀏陽市區。從市區往前走，過澄潭江後，路就不那麼好走了，近十二時才到文家市，參觀，吃中飯後，立刻上路。到處在修路，到處是坑坑窪窪，到處是泥濘，路更不好走了，文家市到蒼坊村，十五公里，汽車也跑了一個小時。和十幾年前我的那次經歷，幾乎一模一樣。中途停車時，光遠同志沒有下車，我前去問他：「吃得消麼？」他斬釘截鐵地說：「可以。」

▲于光遠在胡耀邦故居陳列室。二〇〇四年三月。

胡耀邦故居周圍，較之十幾年前，略有些變化。屋前的斜坡，修了十幾級石板的臺階，種了些樹。故居也略做修葺，復原陳列了胡耀邦少年時代的住房，父母及兄長居室及正廳、橫廳、廚房、火房等。故居旁邊，新建了幾間風格和故居房屋一致的房子，作為陳列室，陳列了耀邦生前穿過的衣服、用過的物品及他的毛筆字手跡等。當然，陳列室以後如何陳列，應該怎樣反映出歷史的真實面貌，反映出胡耀邦為中國人民奮鬥不息的真實的一生，是值得好好研究的一個大問題。現在，故居是列為省級文物保護單位了，比起以前，地位也略有提高了。不過，一位為現代中國人民的改革、開放事業立下大功，赴湯蹈火，勇往直前，為廣大人民深深愛戴的黨的總書記，他的故居只能列為「省級」文物保護單位，這問題，也還值得進一步研究。

在耀邦故居參觀時和在路上閒談時，光遠同志談了一些重要的看法和意見，倒是很值得人們深思。我聽到的有如下幾點，記錄如下，並加上我自己的一些體會和注釋：

（一）光遠同志談到他和耀邦同志交往的經過。他說，在延安時，他們互相認識，但交往不多。以後，長期不在一個地區工作，彼此搞的工作也不相同，所以好多年沒有交往。真正地熟識和有較多的工作接觸，是在鄧小平復出的一九七五年。此時于在國務院政治研究室，胡在中國科學院，都是鄧小平的麾下。先是相互合作，後來在批鄧中都挨鬥。胡對于說：「我們二人是難兄難弟。」在耀邦的領導下，他們工作起來，感到非常稱心、合拍。光遠同志很為一九八七年初以及以後的日子，耀邦的遭遇感到不平，認為終有一天，歷史必會公正地對待胡耀邦。但這需要我們大家共同努力去爭取。（胡耀邦下臺時，被迫做了不符合實際的檢查，離開會場後，

竟至失聲痛哭。下臺後，心境難免寂寞，但憂國憂民之思未有少減。故居陳列室內，陳列了一張胡耀邦贈部隊老同志郭化若的書法草稿，錄杜甫詩：「濟時敢愛死，寂寞壯心驚。」這幅字寫於戊辰年，即他去世的前一年。這正是他當時心境的寫照，看後不免令人肅然起敬。）

光遠同志還說，胡耀邦生前最討厭山頭、宗派。認為這樣做最脫離群眾。現在，許多人對於胡耀邦的景仰，完全出於他的精神上的凝聚力。群眾對耀邦精神上的凝聚力，必會化成巨大的推動改革和開放的力量。

（二）光遠同志說：過去講黨史上的人物，往往說，這個人三七開，那個人二八開等等。這樣的分析方法，不適用於胡耀邦。耀邦自己說：下來後，看了自己七、八年中的全部講話、談話和文章，印出來的有好幾百萬字，感到問心無愧。這就說明了，那些年，胡耀邦在政治上是完全正確的，不存在這樣那樣「開」的問題。

回來後，我查閱了李銳同志的文章：〈耀邦去世前的談話〉，李銳的看法和于光遠的上述看法，完全一致。李銳說，胡耀邦「代表了（十一屆）三中全會後的正確路線，都是關係黨和國家的安危、如何健康發展、走什麼道路的問題」。李銳還說，從他的親身經歷中體會到，胡耀邦是他接觸到的黨的領導人中，工作作風最好、最講民主的一個。我以為，以後研究黨史，應該研究如何評價胡耀邦，研究如何學習他的民主作風，絕不應該搞什麼「馬克思（實為史達林）加秦始皇」！

（三）在耀邦故居的錄影放映室，看完耀邦骨灰在江西共青城安葬儀式的錄影後，光遠同志問故居的負責工作人員：「你看過四

▲于光遠（右）與李冰封合影。一九九九年八月於長沙九所賓館。

卷本的《懷念耀邦》沒有？」答：「看過，是借來的。我們這裏買不到。」

　　光遠同志說：「這樣的好書，卻要在香港出版，而不准在大陸出版，這實在是一件怪事，這種作法，讓人無法理解。」

　　的確無法理解。現在，大陸出版的黨史著作中，「偽史」不少。而提供完全真實的黨史研究資料的書，卻偏偏不許出版，這到底是為什麼？是不是有些人怕出版了講真話的書，會吹掉了自己的烏紗帽，或打掉了自己特權的權杖？這就說不清了。這確要引起人們深思。

　　李銳在〈耀邦去世前的談話〉一文中的最後，也提到：「……《懷念耀邦》一、二兩集。（按：李銳寫此文時，才出了兩集）共五十二篇文章，約六十萬字，作者六十人，是耀邦在各個時期的

戰友、同事和部屬。所有這些書刊文章，當然都是研究耀邦其人和黨史的資料。我寫的這篇資料當然也可歸入其中。」（附帶一提的是：李銳是自己印出了這篇長文，送給朋友們，也送給了我。迄今為止，我還無緣看到《懷念耀邦》各集中的其他文章）。

（四）關於在耀邦故居的前面，建造耀邦銅像的問題。中和鎮的負責人，向光遠同志彙報了目前存在的困難：（一）這件事，尚未得到上級批准；（二）缺乏經費。

光遠同志說：「建造故居的耀邦銅像，不需要經過什麼地方批准。你們自己建造就是。在故居前面不建銅像，還能建到什麼地方去？」（這說法確很在理。在湖南建造一些革命先輩的雕像，除劉少奇、彭德懷的以外，據我所知，還有賀龍、羅榮桓等人。為什麼只有建造胡耀邦銅像就要經過上面批准呢？還插幾句題外的話：大概是在一九九九年，我就接到一封瀏陽的來信，說是要在瀏陽建造耀邦圖書館，籲請各方人士捐獻圖書。我接信後，連忙捐助了四百餘冊圖書，自己弄了一輛麵包車，送到瀏陽去。同時，還帶去黎維新同志捐助的兩百多冊書。書送到瀏陽時，瀏陽市圖書館負責人告訴我：籌建耀邦圖書館事，尚未得到上級批准。這上級是哪一級，我就弄不清了。二〇〇〇年三月十八日，我收到一份證書，證明我捐獻了多少圖書。證書上蓋的是兩個章子，一是「瀏陽市圖書館」，一是「耀邦圖書館籌建領導小組辦公室」。但迄今，四年過去了，我還未聽到耀邦圖書館已經開館的消息。大概是未辦好什麼批准手續吧！由此可見，凡有關紀念耀邦的事，都是多麼不容易辦到的。）

至於建銅像需要的經費呢？光遠同志說：「你們可以發動大家捐助。」據瞭解，許多人都想為這件事捐助一些錢。因為，胡耀邦活在很多很多人的心裏。

當天下午四時，我們離開胡耀邦故居往回走，車子仍然走的是泥濘的、坑坑窪窪的路，在有的地方還堵車。我們前後走的幾輛車走散了。我和黎維新、楊德嘉坐的車子，是過了晚上八時才到了長沙市區的。光遠同志和胡冀燕、陳敬坐的車子，何時到長沙，不得而知。光遠同志到長沙後，還得參加一個歡迎宴會呢！這一天，他什麼時候才能開始休息，也不得而知。我心中還老惦記著這件事呢。

二〇〇四年四月五日於長沙，原載二〇〇四年六月四日
《湘聲報・觀察週刊》，刊出時有刪節，此是原文

尊重歷史者，必受歷史尊重
——于光遠同志著《我親歷的那次歷史轉折》讀後

一

真理標準的討論和黨的十一屆三中全會的召開，無疑是當代中國歷史中十分重大的事件。去年，為紀念這重大事件二十週年，各類報刊理所當然的發表了許多紀念文章。在其中，我讀到了不少好文章。發表在《百年潮》、《同舟共進》、《炎黃春秋》、《隨筆》等許多著名雜誌上的不少文章，都很能啟人深思。一定還有不少好文章我沒有讀到。另一方面，也瀏覽了一些寫得不怎麼好的文章。一種主要的傾向是：它們都不那麼真實地記載這一次重要的歷史轉折，都在有意無意地迴避一些不應該迴避的重大問題，這樣，也就不可能全面地、如實地、本質地反映歷史。這實在不能不使人感到一種難言的遺憾。

伏爾泰有一句名言：「歷史只有在自由的國家裏才得到真實的記錄。」那麼，我們離「自由」是不是還有段很長的距離？

這確實要引起人們的思考。

最近，讀到于光遠同志著《我親歷的那次歷史轉折》一書（書名的副題是：「十一屆三中全會的臺前幕後」），精神為之一振。第一個感覺是：在思想領域中，我們一些可尊敬的老同志，正以百倍的努力堅持著對歷史做「真實的記錄」。這就給後輩們做出了榜樣。這也就有可能使偉大的歷史還它本來的面目，

從而使後輩從中得到信心、得到啟示、得到方向,在如今,這實在十分重要。

在這本書中,于光遠同志說:「不讓後人知道歷史真相,就不能深刻地吸取歷史的經驗和教訓,這是一種對歷史對後人極不負責的態度。我自始至終參加了中央工作會議和三中全會,作為這次歷史轉折的見證人,我覺得應該把自己親身經歷的事情和自己當時以及現在的想法寫下來。」又說:「……歷史的經驗和教訓是人類創造的財富,有的甚至是以慘重的損失為代價取得的寶貴財富,把重複的歷史經驗和教訓淡忘了,是很大的損失。……如果忘記了過去,就會有人去重複過去犯過的錯誤,使本來可以進步得更順利的未來世界受到損害。」(見此書的扉頁和序言)

說得太好了!

尊重歷史的人,必受歷史尊重!

凡是關心中國的前途和命運的有識之士,無疑都關心著最近二十年中國走過的道路,關心著這以前歷史的經驗和教訓。因此,如有更多的人,來讀一讀這本書,思考我們如何汲取歷史上的教訓,也就有可能避免「本來可以進步得更順利的未來世界受到損害」。

這是我讀到此書後,首先想到的、也是最重要的一個感想。

二

在中共黨史的領域中,十年來,我讀到兩本最好的書:一本是李銳同志的《廬山會議實錄》,另一本就是于光遠同志的《我親歷的那次歷史轉折》。

　　好就好在，這兩本書都是「信史」，都真實、全面地紀錄了中共成為執政黨後，在一個關鍵時刻中一些關鍵人物的所作所為。這些作為，都關係到了國家民族的命運。《廬山會議實錄》，寫了中共最高層如何在關鍵時刻犯了致命的錯誤，從而造成連續三年的全國大饑餓並導致六年以後的「文化大革命」，陷整個國家、民族於災難的泥潭；這一本《我親歷的那次歷史轉折》，則寫了中共的高層人士，如何在關鍵時刻依靠黨內的健康力量，糾正了錯誤路線，從而挽救了黨，挽救了中國。

　　《廬山會議實錄》出版於一九八九年四月，是「內部控制發行」。當時，讀者面不寬，但讀過這本書的知識份子，大都交口稱讚，認為李銳為當代中國做了一件大好事。這些知識份子中，包括一些著名的高級知識份子，如：錢鍾書、蕭乾、呂叔湘、王子野、畢朔望等。但另一方面，也有極少數的文人武士、大官小丑，咬牙切齒，惡毒咒罵，罵此書「損害毛主席形象」、「嚴重洩密」等等。到了一九九四年六月，時來運轉，此書改由河南人民出版社公開發行，海內外廣大讀者終於得以讀到此書，它的價值遂在知識界、出版界得到「可以傳世」的公論。

　　現在，于光遠同志的這本《我親歷的那次歷史轉折》，初版就印了一萬，且是公開發行，命運當然比《廬山會議實錄》好多了。我接觸到的一些知識份子，凡讀過此書的，也都交口稱讚，也都說于光遠同志為當代中國做了一件大好事。此書是一九九八年十一月印的第一版，現在，四個月過去了，輿論界還一直對它保持沉默，是不是有人對它不感興趣，因而要故意冷落它？原因不得而知。但我總相信，歷史是不容褻瀆的。此書也將和《廬山會議實錄》一樣，必可傳世。

▲一九九九年八月，《我親歷的那次歷史轉折》出版後不久，于光遠同志到了長沙。李冰封夫婦去看望他。于老正暢談他的這本重要著作。

三

《我親歷的那次歷史轉折》有一個突出的優點是：全書自始至終貫穿了實事求是的精神。

實事求是是唯物主義的原則。恩格斯把「應該發現出現實的聯繫來把臆想的人為的聯繫排除掉」，作為歷史的唯物主義區別於歷史的唯心主義的一個重要標誌。（見《費爾巴哈與德國古典哲學的終結》）。我理解，這也就是強調在歷史研究領域中必須實事求是。

此書自始至終貫穿著實事求是的精神，體現在如下三個方面：

（一）對事件發展，做了客觀的、如實的描述，全是「現實的聯繫」，完全不存在「臆想的人為的聯繫」。

書中的第一章，首先就介紹了真理標準的討論如何引起了中

央工作會議的召開。真理標準的討論，贊成的和反對的意見兼而有之，而且針鋒相對，分歧明顯，意見激烈。當時，不打破「兩個凡是」的枷鎖，中國就不能前進。鄧小平和葉劍英覺察到了這個重要的情況，決定「索性擺開來講」。華國鋒當時如何同意召開這一會議，此書作者並不清楚，但他如實道出，希望以後的黨史研究者設法弄清這一史實。

然後，全書用了三分之二以上的篇幅。詳細介紹了中央工作會議。這是一個開了三十六天、規模很大、規格很高的中央工作會議。從會議人員的組成、華國鋒的開幕講話、對原定三大議題的突破、爭取天安門事件的徹底平反、指名道姓批評汪東興、真理標準問題的交鋒、胡耀邦在中央工作會議上的傑出表現、人事與機構調整、鄧小平成為會議的核心和靈魂及《主題報告》亦即閉幕會上講話起草經過、葉劍英在閉幕會上的重要講話，以及華國鋒在閉幕會上的講話和此書作者對會議的評價，都做了詳細的敘述。讀了這些敘述，確實使人相信，中國共產黨高層的健康力量，經過三十六天的努力，終於使「命運之門向中國打開」了。

最後，作者只用了二十三頁的篇幅，介紹開了五天的三中全會，介紹全會開得成功的經過。其所以能開得成功，完全是中央工作會議為全會做了充分的準備。

去年有一些文章，寫三中全會，完全不談在這之前與其不能截然分開的中央工作會議，實在令人費解。是由於作者們這方面的知識貧乏，還是由於有「難言之隱」？

（二）對事件中人物的言論、行動和功過，做了完全客觀、公正的敘述。

▲大家又見面了。見面時難免喜笑顏開。站在光遠同志右邊的，是陳敬。背對
　著鏡頭、面對李冰封的是吳辛。站在旁邊的是黎維新。一九九九年八月攝。

　　首先，是對作為會議的核心和靈魂的鄧小平做了充分的敘述，其中特別側重於敘述他起草會議的主題報告（即後來題為〈解放思想，實事求是，團結一致向前看〉的重要文章）的經過，並認為鄧小平在黨內的領袖地位實際確立於此時。

　　其次，充分肯定了葉劍英的作用。書中第十章專門寫葉劍英的作用，認為「中央工作會議的成功，葉劍英功不可沒」。葉劍英在閉幕會上提出了關於「充分發揚民主和加強法制」的問題。葉劍英特別提到：「四人幫」製造的似乎實行民主就等於搞資本主義的奇談怪論，也是以封建主義冒充社會主義，而我們的重要任務就是要注意克服封建主義。葉劍英還講了領導幹部不要嘴裏天天講民主，可是稍微尖銳一點的意見一來，面孔就拉長了。（頁267）葉劍英還提出了「勤奮學習，解放思想」的問題。這兩個問題，到二十年

後的今天，似仍有十分重大的意義。現在有些文章講十一屆三中全會，完全不提葉劍英的作用，似是一大缺點。

再次，十分明確地肯定了胡耀邦的作用。也有專門一章（第七章）敘述這個問題。這一章的第二節，開頭就說：「我說胡耀邦是中央工作會議上非常重要的人物，沒有與鄧小平、葉劍英等常委同志相比的意思。但是我想說一句，這個會如果沒有胡耀邦，恐怕也開不了這麼好。」（頁164）胡耀邦當時是西北組的四個召集人之一，「西北組的許多重要行動，他都拿主意」，（頁164）那時，他的職務是中央組織部部長，參加了會議的許多具體組織工作。他在西北組的四次發言，前三次都算極重要的發言。這裏面涉及了天安門事件平反問題、許多重大的冤假錯案平反問題、「文革」中提出的許多錯誤觀點和理論澄清問題、「四人幫」統治時期幹了許多壞事的人的清查問題、「文化大革命」中的教訓總結的問題、農業要改變體制、充分發揮農民積極性的問題等等。在第三次發言中，還明確提到了：要繼續弄清大是大非，「勢必要接觸到如何評價『文化大革命』和如何全面評價毛主席的問題，這是即使想迴避也迴避不了的事情」。此外，還提到「要尊重實踐論，不能搞天才論、奴才論」。（頁173）這在當時，完全代表了黨心、民心，可謂一言九鼎，石破天驚！

去年，紀念十一屆三中全會的不少文章，完全迴避了胡耀邦，最後，有人甚至把一些寫胡耀邦的深受讀者歡迎的書，也打入冷宮。我以為，這種作法極端欠妥。這樣做，不但有違於歷史真實、有背於政治道德，而且也有失民心和黨心，同時不利於黨風的端正。胡耀邦作為新時期的一個重要的歷史人物，至少有三大方面值得人們很好地學習。一是不計個人得失，從黨和人民的根本利益

出發，來做事和考慮問題。這也就是他說的「我不下油鍋，誰下油鍋」的自我犧牲精神。二是刻苦學習且真正學以致用的精神。陸定一同志認為，老幹部中原來文化水平較低而下苦功學習，且大有長進的，「第一個就得數胡耀邦」（頁178）。三是清廉自守，兩袖清風，且處處關心人民群眾。這三方面，正是現在許多幹部所極端缺少的優良作風。幹部具備這些優良作風，就有利於大局的穩定。現在不是強調要「講政治，講學習，講正氣」嗎？要講這「三講」，就不能迴避胡耀邦。迴避了胡耀邦，從某種意義上來說，就等於迴避了上述傳統的黨的優良作風，因而不利於穩定。

又次，對曾濤、胡績偉、楊西光、王惠德等同志，在「天安門事件平反」等一些大事上所做的貢獻，也做了如實的敘述。（于光遠同志本人也參加了這些活動，因此有些事，他就知道得特別具體），這在去年的有些文章中，也都迴避了。

另外，對華國鋒在會議上的情況，也做了客觀的、公正的敘述和評價。第十一章有個附記：〈我對華國鋒的印象〉，寫了此書作者對華國鋒的一些好的看法，也寫了對他不好的看法。對於個人崇拜問題，寫得尤妙，分析得很中肯，並認為，反對個人崇拜的核心應是充分發揚民主。此外，還聯繫黨在歷史上的教訓，談了這個問題：「……就是像史達林、毛澤東那樣的人搞個人崇拜，好形勢一變，就可以看出原先崇拜他的人並不是真心崇拜，不過是在利用他，想通了，這種滋味也沒有多大意思。」（頁247）對華國鋒個人在三中全會的閉幕會上針對自己的情況提出了「少宣傳個人」的講法，此書作者認為，能這樣做也是不容易的。

對於汪東興、李鑫（原康生的祕書）等人，以及一些堅持「凡是」觀點的同志在會議上的表現，也做了如實的敘述。

▲于光遠同志與在湖南的三位出版工作者合影。左起：陳敬、于光遠、李
　冰封、吳辛。攝於一九九〇年上半年。

（三）對於這次中央工作會議，做了準確、全面的評價。認為：
它是強調科學思想的會議，充分發揚民主的會議，倡導改革的會議，
推進建設的會議，寬厚、團結的會議，善於引導的會議。這就像《史
記》中的「太史公曰」，對會議做了很好的總結。這裏的第十三章，
題目是〈命運之門向中國打開〉。總結得十分深刻，很值得細讀。

四

從真理標準的討論起，到中央工作會議及十一屆三中全會的召
開和閉幕，約有大半年的時間內，中國共產黨帶領著中國人民跨進
了一個新的歷史時期。這個新的時期，現在已經走完了二十年，跨
進了第二十一年，這二十年，儘管道路迂迴曲折，險象相繼叢生，
問題成堆，困難重重，但中國卻確確實實在大踏步前進了。現在回
過頭來，總結這二十年走過的道路，我以為，首先就應該很好總結

歷史轉變時期開頭階段的重要經驗。比如，中央工作會議如何充分發揮黨內民主，克服封建主義，正確開展批評和自我批評；如何突破「兩個凡是」的思想枷鎖，提倡崇尚科學，在黨的活動中，尊重來自實踐的科學，運用來自實踐的科學規律；如何把馬克思主義理論密切聯繫實際加以研究，勇於突破框框，倡導改革；如何順應黨心、民心，從實際出發，解決群眾中迫切需要解決的問題；如何以倡導民主為核心，反對神化、反對個人崇拜等等。總結了這些，必會推動中國的繼續進步，也就把歷史的經驗變成今日的財富，從而也就有利於黨風的端正和改進。去年，在有些地方，紀念十一屆三中全會二十週年舉辦的展覽，不是如實地反映歷史和現實，並以此教育黨員和群眾，而是由一些喜歡吹喇叭、抬轎子的「秀才」們，用來宣揚與十一屆三中全會毫不相干的某些領導個人的「政績」。這樣做，其實是以宣傳十一屆三中全會之名，行背離十一屆三中全會精神之實，實在很不應該。如果當初尊重歷史，很好地總結歷史經驗，此類怪現象本來是可以也應該避免的。為什麼會產生這樣的問題，無疑應引起人們的深思。所以，在這時候，提倡人們尊重和熟識新時期開始時的這段歷史，並聯繫歷史教訓，對幹部進行教育，就顯得十分必要。

結束本文時，附帶提一件事：于光遠同志此書中的一些文章，大半是先後應報刊編輯的約稿而趕寫出來的，寫後就拿去發表。這些文章彙集成書時，時間又較匆促，故書中有若干地方，前後舉例重複。等此書再版時，應該重新整理一下，刪除前後重複的地方，再補充一些成書時還來不及補充的內容，那麼，這部著作就好上加好了。

一九九九年三月十九日，原載《同舟共進》一九九九年第五期

「學而不思則罔」

現在，到處都在講「學習」，儘管有人真講，有人假講，有人半真半假，為了應付某種場合而隨便講講，但從表面上看，講學習總是可取的。問題在於：講學習而不提倡獨立思考，難免不出各式各樣、或大或小的偏差。

半個多世紀以來，我自己的思想歷程就經歷了這樣的偏差。

我是四十年代中期參加革命的，那時，年方弱冠，血氣方剛而閱世浮淺，因為缺乏思辨能力，且沒有實踐經驗，一聽說《聯共（布）黨史》是「共產黨員的教科書」，就把它奉為經典而深信不疑。一九四九年五月，從北平南下，我的背包中除極簡單的衣物外，只放了兩本書，像磚頭大小的《聯共（布）黨史》，就是其中的一本。一九五四年到中央高級黨校新聞班學習，有一門課叫做「馬列主義基礎」，是蘇聯專家講的，其實也就是照本宣科地講聯共黨史。由於缺乏獨立思考精神，不免學了許多「偽史」。什麼叫「偽史」？著名的雜文家嚴秀認為：「對中外歷史的要求都是一樣的：一要真實，二要公正，兩者缺一，便成偽史。」（見《隨筆》雜誌二〇〇〇年第二期，頁10）這《聯共（布）黨史》，是典型的雙料「偽史」而確定無疑了。也學了許多「史達林模式」的極「左」理論（諸如，社會主義建設取得的勝利越大，階級鬥爭也隨之越尖銳等等），還學了許多唯心主義和形而上學（甚至連「否定之否定」這一辯證法規律，也被史達林一筆勾銷了。其實，這恐怕是史達林擔心自己有一天會被徹底否定的心理狀態的反映），也學

了一些瞎捧史達林、為史達林製造個人崇拜的神話。這，作為我學習馬列主義的「基礎」，這「基礎」還能不打歪嗎？這「基礎」還能不離開真正的馬克思主義十萬八千里嗎？到如今，自己已年過古稀，還得不斷用實踐檢驗過的真理，來不斷糾正自己過去學習到的「基礎」中理論和史實上的錯誤。如果當年不打這「基礎」，或者當年在學習中能發揮獨立思考的精神，不隨波逐流、盲目輕信，豈不是我的理論根底要比現在強過許多？（不過，這只是對當年歷史的假設。而歷史是不能假設的。在當年那樣的大環境下，不隨波逐流或盲目輕信，幾乎是不可能的。）

如今說起這些，當然只能作為一種痛苦的教訓來汲取了。

這個痛苦的教訓並未過時。現在，人們在學習中，接觸到正確的或基本正確的、大體上經得起實踐檢驗的理論或知識，當然不少。但，在假藥、假煙、假酒、假文憑、假職稱、假黨員、假模範、假政績、假報導……流行的今天，也就難免有假馬克思主義，有既不真實又欠公正的「偽史」，有號稱「理論」而實則是大話、套話、空話、廢話、假話的冒牌貨，這就需要人們用獨立思考的精神，在學習中去分析、去觀察、去辨別、去擇取，取精用弘、去偽存真，這樣學到的東西，也才可能是真正有利於中國現代化的東西。

孔子曰：「學而不思則罔。」（《論語·為政篇》）楊伯峻的譯文是：「只是讀書，卻不思考，就會受騙。」（楊譯，見《論語譯注》，頁18）我認為，這則譯文，譯得準確、傳神；孔子的這句話，值得人們反覆深思。當然，孔子又說：「思而不學則殆」，光是胡思亂想，而不認真讀書學習，那也是危險的事。

二○○○年九月，原載《湘聲報》及《安徽老年報》，

《雜文選刊》二○○一年第七期轉載

對一種潛在危險的斷想

　　從一九七九年早春，到一九八二年暮春，我在湖南人民出版社工作過三年左右。這一段時間，舉國上下，撥亂反正；十一屆三中全會的精神，因適應了歷史潮流，大得民心，全國到處熱氣騰騰。這家出版社當時也不例外。加以平反冤假錯案之後，社內集中了不少有學識、有才幹的編輯，這些同志又都想做點事、發揮點作用，所以，那幾年確實出了不少好書，書的銷路也好，當時一版印上一萬冊左右的書，算是印數少的了。一版印十萬、八萬的，也並不少見。因為書好銷，出版社經濟效益算好，社內也有些民主空氣，因此，全社上下，物質生活和精神生活都還過得去。

　　這種真正的出版繁榮景象，不是無緣無故產生的。依我看，出現這種景象的主要原因是：（一）對「四人幫」在文化領域中法西斯專制的反彈。在「四人幫」統治下，「八億人民八齣戲」，人們在鬧精神饑荒。饑餓的人，即使吃些粗糙的食品，也覺得美如佳餚；何況這家出版社當時供應的精神食糧，大部分並非簡陋的食物。（二）順應了民心。十一屆三中全會以後，中國開始從封閉走向開放，人民要求瞭解外面世界的狀況，瞭解那些年中國為什麼會發生這麼多悲劇，要求反思這一段歷史。這就是當時民心總趨向。出版物即使能部分順應民心，也就能得到人民歡迎。（三）滿足了多數讀者的需求。由於厭惡「四人幫」統治時代假話、空話、大話的氾濫，許多知識份子希望面向真實、面向知識，希望從講真話和傳播新知識的書籍中重新學習，以實現國家的現代化。

以上三點，歸納起來，也就是一句話：對於「文化大革命」的徹底否定，要求在否定「文化大革命」的基礎上，使中國盡快實現現代化。當時的湖南人民出版社，以及在它的基礎上以後相繼成立的湖南幾家出版社，也和全國許多出版社一樣，那時其所以能弄得頗有生氣，其實是靠「得民心、順民意」這張底牌而繁榮、成長起來的。

早幾年，自從中國出現了一場大風波以後，我隨即離開了工作崗位。這家出版社以及湖南其他幾家出版社，出了什麼書，出書狀況如何，我已不甚瞭然，不過，懷舊的心情總不免縈繞心頭，對於自己和一些同事那幾年的工作，還不免時時回顧、留戀一番。特別是對於那些自己曾參與制定過選題、組稿或審定的書籍，閒來無事，總不免重新翻翻。早一晌，正是抱著這種心情，在同一天中，重新翻閱了兩本書。

一本是一九八〇年出版的樓適夷譯《芥川龍之介小說十一篇》，一本是一九八一年出版的李銳的《龍膽紫集》。這兩本書，都是「文化大革命」中的產物，其一是作者在「文革」中戴著「帽子」時譯的，另一是作者用棉花籤蘸著龍膽紫藥水，作於秦城監獄。這兩位作者，都是知名的老共產黨員。樓適夷同志是二十年代入黨的「左聯」老戰士；李銳同志是三十年代入黨的「一・二九」學生運動中的老戰士；他們出生入死，獻身革命，都始於弱冠之年。事有湊巧，這兩位老戰士在這兩本書的序言或後記中都提到了「文化大革命」，都提到要我們子子孫孫牢記這場浩劫，「絕不聽其再來」。這是他們總結了自己的遭遇和經驗，發自心底的聲音，當然就不是無的放矢。假如「文化大革命」完全不可能在中國再發生，這些中國的良心和智慧，還故意去說這些聳人聽聞的話，又有什麼意思呢？

　　由於重看這兩本書，又記起了一件往事：大約也在出版這兩本書的前後，美國民間出版了一本中文雜誌，名叫《知識份子》，這雜誌的創刊號上，刊登了美國的費正清教授對他的研究生的長篇談話。作為一個美國著名的中國問題專家，費正清教授在分析了當時中國形勢以後，判斷說：中國還可能發生「文化大革命」，因為中國社會仍然存在著這種條件。費正清說，當然，歷史不可能簡單地重複，如果重新出現「文化大革命」，它的規模、形式，絕不可能和過去一模一樣。我手頭現在沒有這本雜誌，又事過多年，當然也就無法照原文複述。但留在我記憶中的這意思，和原意是不會有大出入的。我記得，讀到這長篇談話是在一個春寒料峭、夜雨淅瀝的深夜裏。那晚，我竟一夜不能安睡，迷迷糊糊地睡著了，卻又被驚醒。我時時在想：這位美國學者的判斷準確麼？如果準確，那應該怎麼辦呢？如果再來一場「文化大革命」，即使是規模和範圍較小的「大革命」，那麼，我們這個國家、我們這個民族，有這個承受能力麼？承受不了，豈不是要瀕臨毀滅麼？這樣，越想就越覺得有點可怕。

　　兩位老共產黨員出自肺腑的對人們的忠告，一位精通中國情況的美國老教授明晰的判斷，從兩種角度，都講到了同一個確實潛在著的危險。到了若干年以後，我才體會到這種判斷的深刻性。

　　中國這幾年發生的一些事情，特別是鄧公南巡談話之前發生的一些情況，實際上也都在向人們說明了不可忽視上述判斷。

　　不久前，在一九九三年五月二十一日《南方週末》的《芳草地》副刊上，看到了一篇雜文：〈巴金的書被「開天窗」〉（作者：謝雲），那文章更是給這種判斷下了一個很好的注腳。那文章提出了一個頗有點駭人聽聞的事實：巴金故鄉的一家出版社，於

一九九○年九月初版、一九九一年五月再版了巴金的《講真話的書》，在它的一千零二十六頁上，卻只見〈「文革」博物館〉一文的題目，而內容卻竟無一字，有人把諷刺舊時代缺乏新聞自由的習慣用語挪用在現代，稱之為「開天窗」。其實，像這樣可稱為駭人聽聞的事，據我所知，也還不少，只不過是發生在別的地方，而不在四川，而對付的不是巴金的書，而是別人的書（其實，那些書，說的都是有益於世道人心的真話），用的辦法也不是「開天窗」，而是禁止發行，只不過許多人抱著多一事不如少一事的態度，沒有人去揭穿而已。

讀完這篇雜文，我連忙找出三聯版的《隨想錄》，又重新翻閱了〈「文革」博物館〉一文，想弄清楚到底為什麼它會被「開天窗」，讀著讀著，終於弄懂了。

為了省掉讀者翻檢書籍的麻煩，底下我想原原本本摘錄一些巴金先生文章的原話，引文較長，只好在所不計。因為這樣，才好使讀者和我一起弄懂這是怎麼回事。附帶說明，巴金先生不是共產黨員，但他和上述兩位老共產黨員的觀點完全一致。可見在中國，這件事是「人同此心，心同此理」。

巴金先生寫道：

　　……絕不讓我們國家再發生一次「文革」，因為第二次的災難，就會使我們民族徹底毀滅。

　　……那無數難熬難忘的日子，各種各樣對同胞的傷天害理的侮辱和折磨，是非顛倒、黑白混淆、忠奸不分、真偽難辨的大混亂，還有那些搞不完的冤案，算不清的恩仇！難道我們應該把它們完全忘記，不讓人再提它們，以便二十年後

又發動一次「文革」拿它當作新生事物來大鬧中華？！……誰能向我保證二十年前發生過的事不可能再發生呢？

　　……我並無畏懼，對自己幾根老骨頭也毫無留戀，但是我想不通：難道真的必須再搞一次「文革」把中華民族推向萬劫不復的深淵？

　　……要產生第二次「文革」，並不是沒有土壤，沒有氣候，正相反，彷彿一切都已準備妥善……因為靠「文革」獲利的大有人在。

　　……建立「文革」博物館，這不是某一個人的事情，我們誰都有責任讓子子孫孫、世世代代牢記十年慘痛的教訓。「不讓歷史重演」，不應當只是一句空話。要使大家看得明明白白，記得清清楚楚，最好是建立一座「文革」博物館，用具體的、實的東西，用驚心動魄的真實情景，說明二十年前在中國這塊土地上，究竟發生了什麼事情？！讓大家看看它的全部過程，想想個人在十年間的所作所為，脫下面具，掏出良心，弄清自己的本來面目，償還過去的大小欠債。沒有私心才不怕受騙上當，敢說真話就不會輕信謊言。只有牢牢記住「文革」的人才能制止歷史的重演，阻止「文革」的再來。

　　這真要命！除了要使大家看明白、記清楚以外，還要使一些人想想那十年間的所作所為。（那些人一想到這些，不是要出一身冷汗嗎？）脫下面具（脫了面具，那尊容不是太不雅觀了嗎？），掏出良心（恐怕良心早就不知丟到哪兒去了！），弄清本來面目（那不是混不下去了嗎？），償還大小欠債（這大小欠債能還得清

嗎？），這樣的文章，出自中國一代大作家之手，且讓它廣為傳播，影響群眾，豈不是有點太「那個」了嗎？

敬愛的讀者諸君，此文「開天窗」的道理何在，您明白了嗎？

有權下令使巴金的書「開天窗」的人，絕不是小蘿蔔頭；他掌握了一定的權力，凡是與他自己生存發展不利的東西，他是絕不會放過的，即使是中共中央早已做出決定了的事物，比如否定「文化大革命」，也是如此。這樣的人，還掌握了不小的一部分權力，而這種權力又缺乏民主的機制加以制約，沒有廣大人民群眾的有力監督，這就有點可怕。這就是新的「文化大革命」得以重新萌芽、生長甚至發生的一種土壤。此其一。

「文化大革命」實際上是封建主義在一個社會主義國家的復辟。靠這種復辟得利的人、爬上高位的人，現在當然還有（當然，其中也有一些已經改弦易張）。也有一些那時並沒有獲利，或與「文革」並不沾親帶故的人（特別是只求得到個人實利，缺乏理想，思想境界不高的那一部分），他們從耳聞目睹的事實中，多少會判斷到：如果他們存在於一種像「文化大革命」那樣沒有任何制約的權力環境中，最容易使他們繼續獲利、不斷獲利，維護「左」的東西，就最有利於他們的獲利。因此，他們從自己的利益出發，對於「文化大革命」那樣的封建主義大復辟，心理上是沒有什麼隔閡的，至少他們是不打算去防止、抵制這種封建法西斯復辟的。這也是新的「文化大革命」可能捲土重來的另一種條件。此其二。

其三，存在著群眾的心理條件。整個「文化大革命」的過程中，瀰漫著專制、愚昧、野蠻、殘忍的反人性氣氛。而在群眾心理上，處於這種氣氛中，既有盲從和迷信的一面，又有想通過非正常手段，為自己獲得意外暴利的另一面。（什麼「鬥私、批修」，絕

大部分人都知道，那不過是一個幌子而已。）這種心理狀態，事過二十餘年，並未消除，而且在某些地方、某些方面，還有變本加厲的趨勢。這當然是由於中國經濟、文化落後，法制不健全，教育、科學、文學、藝術等方面的工作又屢遭挫折而造成的後果。我生活的這個城市，清晨，在公園裏，經常都還有一批人在跳「忠字舞」。（什麼舞不好跳呢？要跳「忠字舞」！難道這「忠字舞」就特別優美，對鍛煉身體就特別有好處？）馬路上的汽車車窗上，把毛主席像和「出入平安」四字掛在一起。（我兒子就是汽車司機，他告訴了我底細：許多人這樣做，並非為了尊敬毛澤東，而是把毛澤東像當作神像，請求保佑。因為交通事故發生得過於頻繁，且有時發生得莫名其妙，一些人心理上失掉平衡，故只能求助於神明。）諸如此類的心理現象，屬於前者。而最近不斷出現的「車匪路霸」事件，乃至在城市大街上攔路搶劫錢財、首飾等現象，屬於後者。因為對於貧富分化造成了心理上的不平衡，有人自己又無力去進行有效的競爭，而且不想通過勤懇的勞動、合法的經營取得財富，於是，就想靠「文化大革命」中出現過的那種「無法無天」的手段，來為自己獲取暴利。對一些人的這種嚴重違法的犯罪行為，當然要繩之以法，但對於這些非正常的心理狀態，卻不可以簡單對待，要分析它的來龍去脈。此問題的根本解決，只能靠經濟文化的發展，靠教育的普及，靠法制的健全等等。但在未創造根本條件前，問題也總要逐步綜合治理的，其中的主要辦法之一，我認為，也要以倡導民主和法制作基礎，以「文化大革命」作為反面教材，徹底否定「文化大革命」。

其四，經濟改革和政治改革未能配套，社會上民主的缺乏，加以法制不健全，這就在滋長腐敗的同時，也造成了新的「文化大革命」得以滋長的一種土壤。道理自明，不贅。

以上種種，說明了「絕不聽其再來」，並非杞人憂天。因為它有著確確實實的客觀現實根據。

不過現在，在中國，絕大部分的人，都希望安定，希望團結，希望能在寬鬆、平和的環境中，改善自己的物質和精神生活，希望國家現代化。這些人中，當然包括大部分過去在「文化大革命」中上過當、受過騙，衝過、闖過，而現在覺悟了的人。有人想逆潮流而動，恐怕沒有那麼容易。何況當今世界潮流，是趨向民主、抵制專制。逆潮流，容易滅頂。所以，最好的辦法還是順應民心，接受巴金先生的建議，建立「文革」博物館，以徹底否定「文化大革命」，讓大家看得明白、想得清楚，這樣，安定團結才會有所保障。反其道而行之，「開天窗」，封別人的嘴巴，恐怕不是好辦法。

一九九三年七月三十一日於長沙

附：
巴金的書被「開天窗」

謝雲

　　下面這件事發生在八九十年代之交，簡直如同白日見鬼一樣不可思議。但事實俱在，不由你不信。

　　巴金故鄉四川的一家出版社，於一九九〇年九月初版、一九九一年五月再版了巴金的《講真話的書》，這無疑是一件大好事，奇怪的是在一千零二十六頁上，卻只見〈「文革」博物館〉一文的題目，而內容卻竟無一字，有人稱之為「開天窗」。

　　「開天窗」一說，少年時期聽到過，那是指舊社會報紙上出現的一種現象。這種現象的出現，大抵是由於某些消息和文章，未被官方檢查機關通過，而版已拼好，無法臨時抽換，於是只好留下一塊白花花的小天地。也有的是報紙編輯有意以這塊空白來揭示那號稱自由世界的自由真諦的，這就成了一種無聲的抗議。至於書籍上「開天窗」的事，似乎還未聽說過，或許這可能是我的孤陋寡聞。

　　從「文革」後期起，我在出版界吃過幾年飯。一本書已經打好紙型或者已經印好，而忽然發生了或大或小的政治事件，某篇或某幾篇文章因之不宜面世的事是有的。這時應變的辦法，通常是把有關文章抽掉，另補上其他文章，做得天衣無縫，或者雖有殘跡存留而一般讀者卻難明究竟。現在巴金的書裏竟然出現了一扇天窗，不知是貪圖省事，還是確有難處，不得不爾，總之算是奇聞了。

巴金的〈「文革」博物館〉一文，完全符合徹底否定「文革」的精神，所以一經面世，就得到社會各界的熱烈響應。聽說也有人不以為然或者感到很不舒服的，這也屬正常。人們有權借諸筆墨，堂堂正正地加以駁斥和批判，以期辯明是非，糾正舛謬。不此之圖，而用「開天窗」的辦法使該文內容淹沒無聞，不但損害了作者的權益，而且使神聖憲法所明文規定的言論自由蒙上了陰影，實為下策。

據說巴金曾明確表示：「開天窗」不是他的意思。其實這是不言自明的。一九八七年三聯書店出版的《隨想錄》中，這篇文章早已照收無訛，他怎麼會事隔三年忽然同意把這篇文章變成一頁白紙呢？那麼這件事究竟怎樣發生的？有副聯語：「子曰：如之何？如之何？佛云：不可說！不可說！」我們還是向佛祖學習，不去深究了吧！我寫此文的目的，原本也無意於尋根究底，能從中吸取一點教訓，於願足矣！

但不幸的是，這件家醜竟然外揚了。一九九一年秋，國際巴金學術討論會在成都舉行，中外與會者們得到了這本帶著「天窗」的奇書。驚詫之餘，有些有收藏癖的中外專家，竟利用那頁空白請人簽名留念。這很使我難過，因為在外國人面前丟了我們的臉，傷害了我們的愛國主義的感情和社會主義的自豪感。

據說，在第三版《講真話的書》中，那篇有目無文的文字將變成有目有文了。這是值得欣慰的，因為它表明我們的時代畢竟有了長足的進步。

在起草本文的過程中，看到一條消息：電影導演謝飛不久前呼籲對電影業立法，保障在法律範圍內給電影事業和藝術家以充分的經營和創作自由，以便改變誰都可以隨便對影片橫加干涉的情況。

我想也許可以把這呼籲略加擴展，把新聞、出版以及各種文藝事業的立法都包括在內。巴金〈「文革」博物館〉一文「開天窗」，雖然算不得什麼大事，但它確實又一次說明了有關立法的迫切性。

改革開放以來，歷屆人大及其常委會在立法方面做了大量的工作，卓有成效。但呼籲已久、企盼已久、醞釀已久的有關新聞、出版、文藝等方面的立法，卻千呼萬喚未出來，不免稍感遺憾。現在新一屆人大已經誕生，是否可以將上述立法工作列入議事日程，並早日完成，以便既保障憲法所規定的自由，又防止濫用這種自由，以適應形勢發展的需要呢？筆者寄厚望焉。

原載一九九三年五月二十一日《南方週末·芳草地》

三十年後的備忘錄

如果從「五‧一六」通知發佈之日算起，那麼，到一九九六年五月，離「文化大革命」的大發動，正好三十週年。

三十年前開始的這場全民族浩劫，在多災多難的中華民族歷史上，應該說，都是少有的。成千上萬的民族精英，蒙冤受屈，死於非命；成千上萬倖存的民族精英，遭受非人的折磨，無法施展才能，為社會貢獻力量；數以百萬計的家庭，妻離子散，家破人亡；「打、砸、搶」被封為革命，「無法無天」被認為合法；人性中最醜惡的陰險、欺詐、兇殘、奸猾、弱肉強食、恬不知恥等等特性，發揮到淋漓盡致；正氣淪喪，道德滑坡，流風所及，在三十年後的今天，還在嚴重影響著正常社會風氣的建立。這場浩劫，給全民族帶來精神上和物質上的大損害，還有待以後公正的歷史學家對它做出精確的評估。

「實踐證明，『文化大革命』不是也不可能是任何意義上的革命或社會進步。」這是一九八一年黨中央決議中對它性質的定評。既然不是任何意義上的革命和社會進步，那麼，當然應當徹底否定它。

可是，三十年後的今天，我的視野所及，到處歌舞昇平，燈紅酒綠，在一片表面的繁榮景象中，似乎缺乏了一件最重要的東西：對國家和民族的憂患意識。不少人早已把三十年前的那場惡夢，忘得一乾二淨了。

哲學家桑塔亞那有一句名言：「凡是忘掉過去的人註定要重蹈覆轍。」中國人是不是準備重蹈覆轍？

　　不記得誰說的另一句名言：「一個不能從災難中總結並吸取教訓的民族，是沒有前途的民族。」中國人要不要民族前途？

　　作為一個普通的中國知識份子，我在盛年親歷的那場民族災難，現在回想當年情景，心中猶感劇痛。因懷著不敢忘記過去、不願國家民族重蹈覆轍的心情，對於那場浩劫，做了如下提綱式的反思。不知對此反思，讀者諸君以為然否？

　　（一）「文化大革命」的錯誤，實際上，是和反右派鬥爭的錯誤，以及發動「大躍進」、反右傾，以及由「大躍進」引來的全國性大饑餓等，一切由於決策上的錯誤引起的災難，一脈相承。那都是由於對權力缺乏有效的監督和制約。「權力是腐蝕人的，絕對的權力絕對腐蝕人。」是不是還可以說，缺乏監督制約的絕對權力，一定會導致絕對的災難？為了避免重蹈覆轍，怎樣實行對絕對權力有效的監督和制約呢？

　　（二）「文化大革命」是封建思想沉渣的大泛起。從「早請示，晚彙報」到「忠字舞滿街跳」，從「萬壽無疆」、「永遠健康」到「一句頂一萬句」，實際上，都是封建皇權思想在當時條件下的全面復活。早幾年，有人在各種名義的掩護下，對反對封建主義思想回潮的義舉妄加指摘，這實質上是為「文化大革命」中的封建回潮重新招魂。要避免重蹈覆轍，只有提倡民主、提倡科學。五四運動提出這口號，再過三年就是八十週年了，但任務迄今遠未完成。「革命尚未成功，同志仍須努力」。

　　（三）為避免「文化大革命」這種災難重新出現，為了避免全民族重蹈歷史覆轍，一定要保護民族精英。特別是要保護代表了民族的智慧和良心的精英，並創造一種自由討論的輿論環境。「文化大革命」摧折社會棟樑，一直到三十年後的今天，元氣尚未恢復。

中共黨內的各類精英，從劉少奇、彭德懷……直到鄧拓、顧准、張志新，被摧殘至死者，何止千萬，這暫且不去細說；在黨外，這類精英，被摧殘折磨，死於非命者，也何止成千上萬！比如，陳寅恪，「近三百年來一人而已！」（見曹聚仁《中國學術思想史隨筆》第五部分。陳在史學上的貢獻，且不去細說。他懂的文字，除英、法、德、俄、希臘文以外，還包括拉丁文、梵文、巴利文、滿文、蒙文、藏文、突厥文、西夏文、中古波斯文、匈牙利的馬扎兒文等等）。這樣的奇才，這樣耀眼於世界的學術星辰，也殞落於這場浩劫。其他，如傅雷，如老舍……一切知識界知名和不甚知名的精英，死於浩劫或在浩劫中受嚴重摧殘者，只要寫出名字和他們的簡短經歷和主要貢獻，恐怕也就是一部幾十萬字的大書！如果這些人不死，當時，都能讓這些人在各自的崗位和專業中，發揮特長，中國下一代的人才成長，到今日現狀如何，當可不言而喻。這樣的歷史教訓，難道以後還能允許重複？

（四）要利用各種教育形式，教育下一代以至幾代人，千萬不要再去重蹈覆轍。有人希望人們淡忘「文革」，可能因為他們手上留有血跡，身上留有污點。但一切良知未泯的中國知識份子，切勿上當，一定要使人們不要忘記那慘痛的過去。建立「文革」博物館，開展「文革歷史」和「文革學」的研究，拍攝表現「文革」的電影和電視連續劇，編寫有分量的「文革」大辭典等等，都屬於教育後人勿忘過去的舉措，只有做到這些，避免重蹈覆轍，庶幾有望。

這就算作三十年後的備忘錄吧！我覺得，這備忘錄裏，有鮮紅的血、苦澀的淚，也有無數死者英靈之光的返照。

一九九六年五月十六日凌晨，原載《炎黃春秋》一九九九年第五期

注：此文於一九九六年五月寫出後，曾先後投寄五家報刊，皆未能
　　發表。據說，內部有個通知，此時要發表有關「文革」的文
　　章，都要「送審」。「送審」就等於不要你發表了。《炎黃春
　　秋》將此稿壓了三年以後，換了個題目，還是把它發表了。這
　　件事證明「公道自在人心」。

拜謁記感

二○○○年七月，我們機關的老幹辦，組織全體離休老同志，去拜謁毛澤東、劉少奇、彭德懷的故居。這三個地方，過去我都去過。因工作關係，去韶山次數尤多。倒是離休以後，去得少了，不知近年有何變化？

——

彭總的故鄉烏石鄉，八十年代中期，我去過兩次，那時剛修復彭總故居。除故居外，沒有別的地方可看。這一次，車先開到新建的紀念館大門。紀念館建在一高地上。高地旁數百米處有一高坡，聳立著彭總雕像。像高八點一米。雕像上的彭總，身著軍裝，巍然挺立，憂心忡忡，雙眉微蹙，深情地凝望中國蒼茫大地。雕像背後是一片藍天。遠處起伏的山峰、青翠的林木，都在雕像基座底下。彭總雕像確實雄偉極了。正因為雄偉，不免使人又感到悲壯。

進了紀念館後，才發現，建造雕像和紀念館的資金，大部分來自軍隊和民間的捐助。（這是否也反映了民心？）我們這些歷盡滄桑的老人，進館後，許多人眼裏飽含淚水。

紀念館的展品、照片和說明，大體上也表現出了彭總一生的坎坷經歷。這位湘潭鄉間的農家子弟，討過飯、放過牛、當過礦工、入湘軍當過兵；大革命失敗後參加共產黨，一九二八年策動平江起義，上井岡山，經二萬五千里長征，可謂身經百戰，戰功卓著，遂成為共和國元帥；一九五九年，在廬山會議上，出於一個共產黨員

的責任感，對「大躍進」的錯誤，善意地提了些平和、中肯的意見，竟觸犯了毛澤東，從而蒙冤受屈，「文化大革命」中，又慘遭非人的折磨和凌辱，終因患癌去世。去世後，以「王川，三十二歲，四川人」的假名字、假年齡、假籍貫，火化遺體，終結了他悲壯的一生。紀念館中，大體展現了這一切。不知為何，我看了這展出後，卻突然想起巴金提出的要建立「文革」博物館的建議。這建議是得到無數有識之士積極回應的。但看來，它的實現恐將遙遙無期。那麼，我們何不換個思路，在已建成的、與「文革」的前因後果有著密切關聯的名人紀念館中，化整為零，實現巴金的這個重要建議呢？比如，這彭德懷紀念館，至少可以做這樣三點補充和描述：

（一）關於盧山會議悲劇的實質。黃克誠在他的回憶錄中，對盧山會議做了這樣的概括：「這個事件對我國歷史發展的影響巨大深遠。這不是一個人或幾個人的悲劇，而是我黨的悲劇。從此，黨內失了敢言之士，而遷就、逢迎之風日盛。」黃克誠說的是黨的悲劇呀，在當前體制下，執政黨的悲劇就不能不成為國家和民族的悲劇呀。著名翻譯家、詩人楊憲益有詩云：「千年古國貧愚弱，一代新邦假大空。」這位知識份子兩句含有哲理的詩，和一位將軍對盧山會議的評論，事實上存在著一種內在的邏輯關係。由於專制主義造成了這樣一種局面：剛正不阿的敢言之士遭難了，走邪門歪道的小人得志了，於是「假大空」的醜劇愈演愈烈，社會貧困、百姓愚昧、國勢贏弱的可悲狀況，不但不可能加以扭轉，還要在厄運的泥潭中愈陷愈深。二十多年，中國不就在這條可悲的道路上顛躓蹣跚著嗎？一直到十一屆三中全會以後，許多高層人士才覺悟到不能再這樣走下去了。但在實現民主和法治這個問題上，至今仍步履維

艱，困難重重。這場歷史悲劇的實質，在這紀念館中應有深刻的表現。

（二）廬山會議這場悲劇的導演是毛澤東，他與這場悲劇有關的各種表現，在紀念館中應有如實的反映。應該還歷史以本來面目。

一九五九年七月，廬山會議批彭以後，彭曾對他身邊的工作人員發過這樣沉痛的感慨：「他（指毛）怎麼能這樣看待這個信！過去打仗時不是經常有爭論嗎，爭論過後還是照常工作，哪個去計較？現在怎麼變成這個樣子，一點意見也聽不進了！這樣下去，同史達林晚年有什麼兩樣！」又說：「主席很注意研究歷史，對歷代帝王興衰成敗很熟悉，但把那些東西用到我們黨內來，那就危險了！」（見《南方週末》二〇〇年七月二十日第十版）

彭德懷的這些感慨，至少說明了：毛除了完全聽不進不同的意見外，還把封建帝王的「權術」搬到黨內，使黨走上了危險的道路。

此外，根據許多材料記載，毛在全國解放後，對彭提出的不要搞個人崇拜，不要唱《東方紅》，不要在中南海弄個文工團、招收女團員之類的建議，也很有意見，甚至懷疑彭要「造反」，還無中生有地懷疑彭「裏通外國」等等，所有這些，除說明毛個人思想品德上的缺陷外，也說明沒有制約、監督的權力，是一種多麼危險的權力，說明在現代社會實行專制主義的危險性。

現在，做此事並不困難，一些公開出版物中的權威資料，如《彭德懷自述》、《廬山會議實錄》（李銳著）等，都有可靠記載。二〇〇〇年七月二十日和七月二十七日《南方週末》十版，刊載了〈彭德懷蒙冤前後的一百天〉長文，也提供了不少鮮為人知的史料。問題在於：做這件事，要有勇氣打破舊的思想框框。

（三）廬山會議造成的歷史性危害，應有明確的反映。廬山會議以後，緊接著在全國範圍開展反右傾運動，那時筆者正在農村，親眼見到基層幹部中一些弄虛作假、瞞上壓下、急欲趁「運動」邀功請賞、急切要踩著別人往上爬的棍子們，乘機整人，除有些是公報私仇外，還公然把一些比較關心群眾、不習慣吹牛弄假、作風較正派的幹部，定為「右傾」，批鬥、毆打，且又把這種殘酷鬥爭擴展到農民中去。在批鬥會上，打死人的事，時有所聞。真是一幅「人吃人」的恐怖圖景。由是，黨與人民群眾的關係空前緊張。在「大躍進」中已開始醞釀著的全國性大饑餓，因此進一步惡性發展。那時，據保守估計，全國餓死的有兩千餘萬人，其中有一大半是廬山會議後餓死的。這慘絕人寰的圖景，真的說明了，在現代社會中，政治上如缺乏民主，風行專制，且民智不開，不但經濟不能發展，而且還會是餓殍遍野，乃至血流成河！這就使人理解到：實行政治改革，逐步實現民主化，對於受封建主義深重影響的中國，實在太必要了。前車之鑒，確實不可掉以輕心。

廬山會議，以及此前兩年的反右派鬥爭，實際上導致了「文化大革命」。這紀念館，如能加以補充，難道不就是「文革」博物館的一小部分嗎？

二

那天，吃中飯後，就離開烏石，下午二時到了韶山。安頓好住宿的地方後，就先去參觀毛主席雕像和滴水洞。

新的毛主席雕像是在毛百歲誕辰紀念那年，從外地運來樹起的。過去我們沒有見過。去瞻仰毛主席雕像的路上，在車中，導遊小姐向我們講述了些「神話」。先說這雕像運來，路過井岡山時，

汽車就開不動了，但仔細檢查，車上機件無任何毛病。這說明毛主席要「重上井岡山」，要在那裏過夜。好，那就在井岡山過一夜吧。第二天清早，汽車很順利地開動了，離井岡山去韶山。又說，雕像運抵韶山，正是毛主席他老人家百歲誕辰的前幾天。那天中午，天上竟是「日月同輝」，一邊出太陽，一邊有個月亮。也在那天，韶山方圓九公里，漫山遍野映山紅同時盛開。總之，說得玄之又玄。

我們之中有人問：「這是真的麼？」

「當然是真的。上面發下的材料這樣寫的，要我們照著材料講。」導遊小姐回答。

車到井岡山，汽車機件不出毛病，怎麼會開不動？雕像運到的中午，天上同時出現太陽和月亮，這當是古書上講的「日月合璧」。這是古人用來附會「帝王祥瑞」的天象。其實，如真的出現這天象，是因為月球正運行到太陽與地球之間，成一直線，從地球的某地看去，日月像是同時升落。查資料，這天象只能出現在陰曆每月初一，即朔日。且在我國不易看到。查二百五十年陰陽合曆，毛百歲誕辰的一九九三年十二月二十六日，為陰曆十一月十四日，接近望日了，提早一星期左右吧，也就是初六、初七，怎麼可能出現這種天象呢？那年天氣變暖，個別地方映山紅提早開花也有可能，怎麼又會在雕像運到那天，方圓九公里映山紅同時盛開？退一萬步說，即使真有這些現象，這與雕像運到又有什麼必然聯繫？總之，講不出科學道理，使人覺得這種宣傳有點離奇，且附會封建時代宣傳帝王「祥瑞」那樣，去宣傳毛主席，不很正常。這也就應驗了馬克思說過大意是這樣的話：在農民佔全國人口大多數的國家裏，眾多小農，是滋生皇權主義最適宜的土壤。

▲拜謁彭總雕像。雕像聳立在彭總的故鄉湖南湘潭烏石鄉。彭總憂心忡忡，雙眉微蹙，深情地凝望中國蒼茫大地。

　　瞻仰了雕像後，去滴水洞。滴水洞就是「文革」剛開始時，毛主席稱之為「西方一個山洞」的那地方。其實，那裏並沒有什麼山洞，只是在山坳裏蓋了兩幢高級住房。一號樓是平房，作為毛的別墅。二號樓是兩層樓房，作為隨從人員住房。在一號樓旁的山坡下，掘地而進，修一套可防核彈的地下室，與一號樓相連。修這兩幢房子和地下室，據說花了近一億元。房子蓋好後，毛只在那裏住過十八天。其餘時間全部空著。但那空房子，還是要派一連警衛戰士守衛。毛去世後多年，仍然如此。滴水洞和早些年比起來，增加了許多商店。那當然都是為了適應旅遊需要而蓋起的。許多工藝品商店賣各式各樣毛主席塑像。最妙的是，還有一種在佛寺中「開

過光」的，據說，「請回去」，供在家中，可以逢凶化吉、消災避禍。在滴水洞的大門口，還有許多小販，拿著有毛主席像的「護身卡」，向旅客兜售。那是一張巴掌大的金屬片，鍍了金。說是身上帶有這一張卡，就能百病消除，永保平安。一些小販，跟在你身後，絮絮叨叨，一定要你掏錢買它，實在使人厭煩之至，很煞風景。昔日滴水洞，由於四周林木茂密、峰巒滴翠，給人一種清幽、靜謐的感覺，現在那感覺一去不復返了，而代之以喧鬧、粗俗、蒙昧、怪誕，這也不免使人十分憋氣。

第二天上午，去參觀近幾年新建的毛主席詩詞碑林和毛主席紀念園。參觀紀念園的人還有幾個；看詩詞碑林的人更少，簡直寥若晨星。在紀念園遊覽時，導遊小姐告訴我們先一天晚上發生在我們住的賓館中一件好笑的事：有四個從浙江來旅遊的客人，到賓館的「保健室」按摩。按摩小姐對他們「戴籠子」（湖南土話：設圈套之意。）要進行「性服務」。還沒開始，當地派出所來人敲門抓嫖客。結果，被抓的人，每人罰款七千元才了事。原來，那些按摩小姐經常和派出所串通，聯手敲詐，合夥分贓。毛主席如還健在，聽說他的家鄉發生諸如此類怪事，不知作何感想？

三

在韶山提早吃中飯，飯後即去花明樓。

劉少奇故居和過去沒有什麼兩樣。只是在故居附近，劃出一大片高地，種了大片樹木，作為少奇同志的陵園。從石板砌成的甬道拾級而上，但見少奇同志雕像矗立於陵園上端，神態安詳、剛毅。雕像基座四周，環繞著生氣盎然的青松翠柏。見到少奇同志有這個比較像樣的陵園，我們心裏也平靜多了。

到這裏，主要想起兩件事：

（一）一九六○年，劉少奇在王光美陪同下，返回故里，調查研究「大躍進」造成的嚴重後果，這次調查，使他感到形勢嚴峻，於是在七千人大會上講了「餓死人，以後要寫上歷史的」，講了「三分天災，七分人禍」，這就觸犯了毛澤東。劉少奇為人民的苦難講了真話，竟成了他以後含冤致死的重要原因。這件事太重要了。這說明共產黨和黨領導的國家，如果實行封建式的專制主義，連共和國主席講真話後的生命安全，都缺乏保證，更何況他人？在陵園中，似應有一幅大型壁畫或雕塑表現這個主題，有優秀的藝術家，有志於此乎？

（二）在盧山會議上，劉少奇在批判彭德懷時說了許多過頭話。在會議閉幕的第二天，還開了中央工作會議，他在會上做主要發言，講了如何對待群眾運動和個人崇拜問題。這講話等於在全黨全民中，對毛澤東個人的盲目崇拜起了推波助瀾的作用，從而大大抬高了專制主義，使毛以後得以順利發動「文化大革命」。劉少奇客觀上幫助了一種沒有制衡的危險權力，走上了更危險的道路。李銳在《盧山會議實錄》一書中，對此事做了這樣的評價：「劉少奇後來的遭遇，使我不禁想起兩句杜牧的文章：『秦人不暇自哀而後人哀之，後人哀之而不鑒之，亦使後人而復哀後人也。』」宣揚盲目的個人崇拜，是對馬克思主義關於群眾與領袖關係學說的異化。劉少奇這一個關係到國家命運和個人命運的慘痛教訓，到現在，似乎都還應該引起全黨、全民的反思。

出陵園後，當晚，我們宿寧鄉灰湯溫泉療養所，翌日就回了長沙。

　　在回長沙的車上，我想著這兩天的見聞，覺得我們既接觸了悲劇，也接觸了喜劇，還接觸了笑劇和滑稽劇。既看到了歷史，也看到了現實，還從歷史和現實的連接點上，看到了中國要實行民主和科學的啟蒙教育，任務實在艱鉅。總的說來，收穫還是不小的。不記得是誰講過大意是這樣的話：一個民族未來的歷史，往往取決於他們對自己現在所處的環境和所選擇道路的清醒認識，也取決於他們對自己過去歷史的清醒認識。對過去的歷史失去記憶，或對過去歷史不去正確認識的民族，肯定是不能大有作為的民族。我覺得這些話講得很好。我們從來就是奮發圖強、力爭大有作為的民族。不知這話對我們有無參考價值？

二○○一年三月十二日初稿，四月二十一日改寫於長沙，

原載《同舟共進》二○○一年第六期

文革的準備階段當始於一九六三年

　　這篇文章，是二十三年以前就準備寫的，因材料不足，未能動筆。事情的原委是這樣的：

　　上世紀七十年代末至八十年代初，我在湖南人民出版社工作。當時，黨的十一屆三中全會剛開過不久，全會精神深得民心、黨心，舉國上下，熱氣騰騰，撥亂反正，方興未艾。在這樣的大環境下，這家出版社，出書的狀況也十分紅火。一九八〇年三月，劉少奇的平反大會剛開過不久，湖南人民出版社就出版了《懷念劉少奇同志》一書，深受讀者歡迎，第一版第一次就印刷了七十八萬冊，很快銷售一空。書中收有呂振羽的〈少奇同志和南京談判〉一文。組稿的編輯，見到了呂老及其夫人江明，回來後，向我談到了呂老的有關情況——

　　歷史學家呂振羽是一九六三年年初就被拘捕的。當時，他是中央高級黨校歷史學教授兼歷史教研室顧問。被拘捕的原因，誰都不知道。公安部門並派人通知他的夫人江明，不准對任何人談到呂振羽的去向，只能說他出差去了。呂被拘捕不久，擔任過最高法院院長的謝覺哉來呂家看望呂老，江明也只是不斷哭泣，不能說出呂老的去向。到一九六六年，「文化大革命」開始後，呂被正式逮捕。在呂被捕期中，審訊約八百次，其中有七百多次，都是關於一九三五年十一月開始舉行的、歷時九個月的國共兩黨談判聯合抗日一事。去南京談判的共產黨代表是周小舟，聯絡員是呂振羽。開始談判時，呂尚未入黨，在談判期中才參加了共產黨。談判的指

揮，是北方局負責人劉少奇，當時化名陶尚行。整個談判期間，呂振羽並不認識且未見過劉少奇。直到一九四一年，他在蘇北根據地的華中局黨校，才第一次見到這位當年談判的幕後指揮員劉少奇。

七百餘次審訊呂振羽的重點，是要他製造偽證，證明劉少奇進行了「配合蔣介石消滅紅軍，取消蘇維埃政權的陰謀活動」，並說劉少奇等人「跪在蔣介石腳下，充當了革命的內奸」，硬說南京談判是背著毛主席、黨中央幹的。

這件事，實際上已內定了劉少奇是「叛徒、內奸、工賊」，想方設法，多方製造偽證，來為這三大重罪定性。

當時我就覺得，這就是暗無天日的「文化大革命」準備階段的開始。因為，「文化大革命」主要的目的之一，就是要搞掉劉少奇。因此，應該寫文章弄清這件事的來龍去脈，因為這是研究中國文革史的一個重要項目。但由於材料不足，且有些材料也只是「孤證」，還要進一步研究，故文章沒有寫成。呂老也於當年（一九八〇年）七月，因心臟病突發去世。

直到去年（二〇〇二年）年底，一個偶然的機會，讀到了一本書：《呂振羽和他的歷史學研究》（朱政惠著，湖南教育出版社一九九二年五月出版，朱政惠是吳澤教授的博士班研究生，而吳澤又是呂振羽早年在北平中國大學教書時的學生。）此書是朱政惠在他的博士論文《呂振羽歷史學研究》的基礎上，擴充寫成的。其中第十章

▲呂振羽。

〈最後的奉獻〉，詳記一九六三年，呂被捕後十二年中的情況。除了有些情況是江明的口述外，主要引用了這段時間呂振羽的詩文、歷史學家侯外廬等人的記述，以及呂逝世後張愛萍等人的悼詩、悼文，材料甚為豐富。

由於受朱政惠這段文字的啟發，我又找出了《周小舟傳》（「周小舟傳記編寫組」著，參加編寫的人員有：周小舟的祕書張式軍以及湖南社科院及湖南黨史辦的高級研究人員楊慎之、王中杰、黃顯孟等，全書由伍國慶執筆，編寫組人員集體審定修改，湖南人民出版社一九八五年十一月出版），書中詳記了南京談判的經過，有較高的史料價值。此外，還翻閱了《劉少奇選集》下卷有關文章，並重看了《懷念劉少奇同志》一書，重新參閱李銳的《廬山會議實錄》等。面對史料，經過綜合思考，覺得以下各點主要事實，都可完全證明「文革」的準備階段，當始於一九六三年。當然，其中有個別問題，還要找更多材料，進行更充分的研究。

分述如下：

（一）一九六二年十二月，紀念王船山逝世二百七十週年學術討論會在長沙召開。呂振羽參加了這個學術討論會並在閉幕式上講話。同時，他還到湖南邵陽師專做了一次學術報告：〈談對歷史人物的評價〉。因為邵陽離呂在抗戰開始時創辦的有名的塘田戰時講學院很近，離呂的故鄉武岡也近，所以他還有可能回這些地方看看，故於一九六三年一月才乘火車返京。傳說，返京時，車到豐臺，呂即被拘捕，公安部門並通知他的家人，不許外傳呂的去向。從一九六三年一月到一九六七年一月，拘捕期內，實際上是要他寫出偽證，證明劉少奇在南京談判期間，充當內奸。但拘捕沒有達到這個目的。這段期間，呂身邊只有《人民日報》和《光明日報》，

但他仍然潛心於他的學術研究，寫出了各種史學評論二十萬字，約二十餘篇；並撰成《學吟集初草》約十萬言。一九六四年二月二十三日（農曆甲辰正月十一日），他在被囚禁的地方寫下〈甲辰元旦試筆〉一詩，詩云：「腦力衰頹羨歲華，倔強猶欲看朝花。近今史事須雕續，往舊吟哦待選拔。民族餘編胸有數，哲人補述尚多家。卅年假我殷勤學，夫婦同窗願不賒。」此詩說明他雖被拘禁，但心境平和，仍想努力做史學研究。

到一九六七年一月，他被正式逮捕投入京郊監獄，前面講的「審訊約八百次，其中七百多次都是為了南京談判」，估計就是在這時進行的。但他仍沒有屈服。一九六八年十二月，他在獄中獲悉劉少奇被永遠開除出黨的消息時，萬分震驚，成詩云：「二十世紀『風波』寒，三頂帽子絕代冤，忠奸功罪全顛倒，籲天辨誣董狐篇」。詩的末句是說，他要籲天辨誣，用董狐之筆，為劉少奇鳴不平。他自己也在獄中，處境十分艱難，敢於這樣寫，敢於講真話，實在也要有很大的勇氣。寫這樣的詩，也證明他拒絕提供偽證。

一九七五年一月，鄧小平主持中央工作，呂的夫人江明上書鳴冤，呂才被無罪釋放。從一九六三年一月到一九七五年一月，他被囚禁整整十二年。

（二）一九三五年十一月開始的南京談判的過程，大體上是這樣的：

一九三五年十一月，呂振羽收到國民黨政府鐵道部科長、湖南同鄉諶小岑的一封信，大意是說：東鄰侵凌，姜龔兩府宜聯合禦侮，兄如願作伐，請即命駕南來。姜、龔兩府，即暗指蔣介石一

▲劉少奇與夫人王光美。

▲1962年，朱德、周恩來、陳雲、劉少奇、毛澤東、鄧小平（左起）在北
京「中央七千人大會上」。

方和共產黨一方。這封信，是宋子文找了國民黨政府鐵道部常務次
長曾養甫，由曾出面，找諶小岑寫的。諶小岑請當時擔任南京政府
司法院副院長覃振的祕書翦伯贊（也是湖南人）牽線，找到了呂振
羽。呂當時是北平中國大學教授，中共北平市委領導下的自由職業
者大同盟書記。呂接信後，即把此信交給北平市委的周小舟。周小
舟說，市委討論後再答覆。過了數日，周通知呂立即去南京，探明
此事係何人發動和主持。

　　這裏有一個重要情節，應著重說明。原中共中央組織部部長安
子文為此重要情節寫了證明材料。他證明：周小舟就南京談判事，
請示了北方局，北方局報告了毛澤東，並建議派周小舟、呂振羽去
談，毛回電同意。這就是說，不是後來辦案人員說的「背著毛主席
和黨中央幹的」。安子文的證明材料原件，現存中共中央組織部。[1]

以後，多次談判過程中出現的分歧，如：人民的集會及結社自由和言論及出版自由問題、組織國防政府問題、軍隊改編問題、釋放政治犯問題、承認蘇區合法地位問題等等，雙方都有妥協，但距離仍大。當時的形勢是：國內民族資產階級、人民大眾與日本帝國主義的矛盾，大大超過了國內各階級之間的矛盾。一九三五年，毛澤東在瓦窰堡會議上的報告也指出：在這種形勢下，只要加強統一戰線工作，有可能逼迫國民黨中的某些人轉向抗日。且談判中雙方有某些妥協和存在距離，也是自然的事。一九三六年八月，國民黨政府遂通知「南京談判到此終止。以後由武漢電臺和陝北電臺直接聯繫」。曾養甫還表示，希望周恩來來南京，或張沖和他自己去陝北，繼續談判。

南京談判的過程，自始至終都是在北方局領導下進行的。北方局也都及時報告中央。八月，周小舟還攜帶全部材料去延安，向毛主席彙報南京談判的全部經過和有關情況。據呂振羽在〈少奇同志和南京談判〉一文中指出，這次談判的全部材料，在「文化大革命」前，尚存中央檔案館。當時，周小舟到延安後，還深得毛澤東的賞識，旋即擔任毛的祕書。

這說明了：「文化大革命」中，「捏造事實，羅織誣陷，顛倒黑白，人妖不分」的主要特點，在它的準備階段已就暴露無遺了。

（三）在黨的「七大」以前，劉少奇就是黨內公認的「第二把手」。什麼時候，因為什麼原因，他變成了「躺在史達林身邊的赫魯雪夫」，而且對這個「赫魯雪夫」要用製造偽證的辦法，栽誣以大罪，置之於死地？這個問題，應該是研究中國文革史中的一個重要問題。

　　我從公開發表的文字中看到，一九五八年八月十七日，在整所謂「彭、黃、張、周右傾機會主義反黨集團」的盧山會議閉幕的第二天，還開了一個中央工作會議，會議由毛澤東主持，劉少奇做主要發言。劉少奇的發言，遠離了實際狀況，講了許多過頭話。他在講話中進一步讚揚毛澤東，並積極提倡對毛澤東的「個人崇拜」。

　　劉少奇說：「我們中國黨，中國黨中央的領導，毛澤東的領導，是不是最好的領導、最正確的領導？我看是可以這麼說的。如果還不滿意，還要更正確一點，既不左，又不右，那麼，請馬克思、列寧來，是不是會更好一些？我看也許可能更好一些，也不見得，也許更壞一些。」

　　劉少奇又說：「在蘇共二十大以後，我們黨內也有人在中國反對『個人崇拜』，彭德懷同志就是有這個意見的，在西樓開會的時候，幾次提議不要唱《東方紅》，反對喊『毛主席萬歲』，這次又講了什麼『史達林晚年』，什麼『沒有集體領導』，『毛主席沒有自我批評，把一切功勞都歸於自己』等等，實際上，二十大以後，他就要一貫在中國搞反『個人崇拜』的運動。我想，我是積極地搞『個人崇拜』的，積極地提高某些個人威信的。在七大以前，我就宣傳毛澤東同志的威信，在七大的黨章上就寫上以毛澤東思想為指導思想這一條。」

　　劉少奇還說：「反對史達林的『個人崇拜』的運動，赫魯雪夫搞這一手，我看也有許多不正確的地方，不應該那樣搞。所以二十大以後，有人要反對毛澤東同志的『個人崇拜』，我想是完全不正確的，實際上是對黨、對無產階級事業，對人民事業的一種破壞活動。」[2]

這時，劉少奇當然還沒有變成赫魯雪夫。但他講這話的時候，中國人民在「大躍進」的口號下，正經歷了一場大災難。這一年和第二年，據最保守估計，約兩千萬人以上因饑餓而死亡。難怪《盧山會議實錄》的作者李銳對這些話寫了一段發人深省的感慨。李銳說：「劉少奇後來的遭遇，使我不禁想起兩句杜牧的文章：秦人不暇自哀而後人哀之，後人哀之而不鑒之，亦使後人而復哀後人也。」李銳在《盧山會議實錄‧結束語》中，又寫了一段更發人深省的話：「無情的歷史說明：沒有監督、制衡的民主機制，個人迷信、個人崇拜的後果，就是一旦領袖犯了錯誤，就必然導致全黨跟著犯錯誤，造成長期的全局性的錯誤。」[3]

這好像有點「跑野馬」了。好，又回到劉少奇何時、因何原因變成了「赫魯雪夫」的話題上。

「餓了兩年飯」（劉少奇語），一九六一年初，為糾正農村中「左」的錯誤，黨中央重新提倡調查研究，中央許多領導都下到基層進行調查研究。劉少奇於一九六一年四月到湖南長沙、寧鄉兩縣做了四十多天的調查。一九六一年五月七日，在他的家鄉寧鄉炭子沖和農民的談話，就講得很實際，入情入理。他講了解散食堂的問題（筆者當年曾被下放到離寧鄉不遠的洞庭湖邊的農村基層「監督勞動」，親眼見到因為大辦食堂，砸鍋毀灶，弄得農民一家呼天搶地，哭哭啼啼，民怨沖天。以後，劉少奇提出可以解散食堂，大得民心。「文化大革命」中，農村中開會批判劉少奇時，有青年上臺講話，老農民就在臺下罵：「忘恩負義的忘眼畜生！沒有劉少奇來散了食堂，你骨頭就敲得鼓響了，還能批判！」安徽有一位省委副書記張愷帆，是一九二八年入黨的老黨員，下到安徽無為縣基層瞭解情況，因看到搞食堂勞民傷財，群眾又吃不飽，民怨很深，動

了惻隱之心，解散了食堂，結果，遭毛澤東嚴厲批判，並被疑為階級異己份子，受撤職處分，隨後又被祕密逮捕。已故皖籍女作家戴厚英有〈愷老，您好！〉一文，記張愷帆事蹟甚詳。）[4]又講了保護山林問題（當年寧鄉縣在大煉鋼鐵中，砍樹煉鐵問題特別突出，有許多百年老樹都被砍掉了。）還特別強調幹部辦事要講民主，要由社員當家作主。一九六一年五月三十一日，劉在中央工作會議上講話。講〈當前經濟困難的原因及其克服的辦法〉，第一次在會上提出「三分天災，七分人禍」，並說，他問了山西省委書記陶魯笳同志，陶也說，工作中的缺點錯誤是造成目前困難的主要原因。河北、山東、河南的同志也是這樣說。劉少奇還說：「說到責任，中央負主要責任，我們大家負責，不把責任放在哪一個部門或者哪一個人身上。」[5]在一九六二年一月二十七日召開的七千人大會上，劉少奇的講話，重提了「三分天災，七分人禍」，並提到一些錯誤的口號要糾正，如「人有多大膽，地有多大產」，又如，把講要重視客觀條件的觀點，叫作「條件論」或「唯條件論」，這都是不對的等等。過去，這些錯誤觀點，都受過毛澤東的支持。此外，講話中還特別強調要「加強民主集中制，加強集中統一」的問題，強調了「實事求是」的問題。周恩來、陳雲、彭真等中央領導，也在會上大講實行民主集中制的重要性，公開批評過去不講民主、壓制批評、過火鬥爭等種種不民主作風帶來的弊端。會議雖然也強調毛澤東的領導，也引用了不少毛澤東的語錄，但不講要對毛澤東的個人迷信、個人崇拜了。毛澤東這時仍是念念不忘「不要丟掉史達林這把刀子」，念念不忘「躺在史達林身邊的赫魯雪夫」。過去，崇拜和迷信自己的人，現在都在不指名地大講特講自己的錯誤和缺點了，這還了得？這不是「赫魯雪夫」又是什麼？於是，劉少奇就被

想當然地變成了「赫魯雪夫」了，或者，再加上有人在毛身邊無中生有，製造謠言，過了八個月，即一九六二年九月黨的八屆十中全會上，毛澤東做了〈關於階級、形勢、矛盾和黨內團結問題〉的報告，提出「千萬不要忘記階級鬥爭」的口號，強調對階級鬥爭要「年年講、月月講、天天講」，對階級鬥爭做了擴大化和絕對化的論述。於是，迫不及待地就要準備對劉少奇動手了。

以上大半引用公開發表的文字。以後，如果還有人對此問題進一步深入研究，並能利用一些未公開發表的材料做些分析，當能比這樣的敘述更為深入。

（四）呂振羽在被囚禁期中不做偽證，氣概非凡，表現了他高尚的人品。歷史學家侯外廬曾引用了歐陽修「寧以義死，不苟幸生，而視死如歸，此又君子之尤難者也」的話，稱讚他這種非凡的氣概。侯外廬說：「振羽同志在冤獄中所表現的共產黨人的高尚氣節，不愧為我們黨內和學術界敢於和林彪、『四人幫』的封建法西斯主義作殊死鬥爭的英雄楷模。」侯外廬在《韌的追求》一書中還提到，呂振羽在獄中鬥爭的故事，「多到一時耳塞」，「振羽在冤獄中對黨始終忠貞，對馬克思主義堅信不疑，拒擋了一切構陷劉少奇同志的陰謀，對林彪、『四人幫』、陳伯達之流的邪惡勢力表現出旋風般的仇恨」。呂逝世後，侯外廬並在悼文中稱他是二十世紀的董狐。和呂相知甚深的張愛萍將軍也賦悼詩云：「華中抗日同疆場，海灣養傷情難忘。深求史學聆教益，縱讀時事鬚眉揚。獨創一格多論述，爭鳴百家富新章，人民歷史人民寫，夫子坦蕩氣軒昂。頌君乘鶴從容去，立學高風世馨香。」[6]呂振羽這種誓死拒做偽證的高尚行為，以及許多黨員和群眾在獄中表現出的各種高尚的行為，很可能延長了「文化大革命」的準備階段，從而推遲了「文化大革

命」發動的時間。不過，這要詳細研究過一些專案的審訊紀錄及各種相關材料後，才能確定。

原載《書屋》二〇〇四年第十一期。

發表時，改題為：「籲天辨誣董狐篇」

注1：見《周小舟傳》，湖南人民出版社一九八五年十一月版，頁17。

注2：見《廬山會議實錄》，春秋出版社、湖南教育出版社一九八九年四月聯合出版，頁359-360。

注3：見《廬山會議實錄》頁360、374。

注4：載《隨筆》雜誌一九九二年第三期。

注5：見《劉少奇選集》下卷，頁337-338。

注6：均見朱政惠著《呂振羽和他的史學研究》第十章〈最後的奉獻〉，頁243-244、254-256。

抄來的兩則軼聞

幾個月前，老友徐德駟兄來訪。在閒談中談到：在中國，到了近代，許多政治領域中的頭面人物都喜歡人們喊他「萬歲」或祝他「萬壽無疆」。有的人，甚至還要人們喊他「萬歲」。徐兄和我都認為，這是嚴重的封建主義皇權思想的表現，是社會缺乏民主、要推行專制主義的一種反映。從這件事中，也可看出某些頭面人物的思想素質。竊國大盜袁世凱尤為突出，篡權當了臨時大總統還不夠，還明目張膽地要做皇帝，結果當了八十三天皇帝，就弄不下去了。不久也就一命嗚呼。

徐兄說：有一個例外，孫中山對別人喊他「萬歲」，祝他「萬壽無疆」，很反感，堅決反對，且身體力行。所以值得人們尊敬。他說，不久前，他看到一份「剪報」，講的就是這件事。徐兄回去後的第二天，就把孫中山的有關軼聞抄出寄來，現摘錄如下：

（一）辛亥革命後，孫中山就任臨時大總統，上街時，聽見有人向他高呼「大總統萬歲！」孫回到辦公室後對祕書說：「封建專制制度已經推倒，還有人呼我『萬歲』，這很不適當。」祕書說：「各省臨時都督發來的電文之中，個別的也有『恭祝大總統萬壽無疆』這樣的詞句。」孫中山嚴肅地說：「這種封建流毒必須肅清。我們已革了帝制的命，難道誰還要作皇帝嗎？你們對那些電文上祝我『萬壽無疆』的人，應勸導幾句。以後如再這樣，把電文原件退回。」

▲徐德馴（右）與李冰封。攝於二○○六年五月。

　　（二）孫中山為促進南北統一，一九一二年四月一日，辭去臨時大總統，由袁世凱繼任。四月十九日，孫中山從上海乘「聯鯨號」軍艦去福州，軍艦停在馬尾港時，因見到歡迎人群中，有人打著「孫大總統萬歲」的旗子，從而不肯下船。孫生氣地說：「總統職務辭去後，就是平民了，怎麼還可以稱總統？至於『萬歲』兩字，本是臣民對皇帝稱呼，我們的革命先烈，為了反抗帝制，流了多少鮮血，丟了多少頭顱！我如接受這樣的稱呼，如何對得起許多先烈呢？」孫中山要求把這些旗子拿掉後，才下船。（兩則軼聞均見一九九八年八月二十八日《中華第三產業報》）

　　後面這則軼聞，我小時候也聽說過。因抗日戰爭以前，我就在馬尾讀小學，聽老師講過這故事，我父親也對我說過。那時，孫中山已去世多年。

　　徐兄抄了這兩則軼聞後，在信中說，這是孫中山對「萬歲」一詞最明確、有力的詮釋和批判。我贊成徐兄的觀點。但我要補充的是：呼喊「祖國萬歲」或「人民萬歲」，則完全可以而且應當。而向任何個人呼喊「萬歲」，或類似「萬歲」之類的諛詞，就等於承認「朕即國家」，承認「終身制」，則都是要不得的，都是捨棄民主、傾向專制的一種表現，應明確加以反對。今抄來這兩則軼聞，也算是對辛亥革命九十週年的一個小小紀念。

二○○一年十月二日於長沙，

原載二○○一年十月十二日《湘聲報‧觀察週刊》

《新湖南報》丁酉之災側聞

十四年後的說明與感想

底下這篇文章寫於近十四年前。寫出後不久，適逢胡耀邦同志被迫下臺，思想界形勢急劇變化，北京的那位同行原定要編的書被迫流產，這篇約稿也就未能發表。一九八九年春，還想再找個地方刊載，結果來了那場政治風波，思想界風聲鶴唳，人人自危，這文章自然也就擱置起來了。此次，《新湖南報》的老同事們，要編一本丁酉紀事文集，廣泛徵文，我才又把它找出來，略做少量修改，奉呈求教。

文章題目叫「側聞」，並非自謙，只是表明其中許多事情，不是親身經歷，而是從旁聽到的。因為，從一九五四年八月到一九五六年七月，我離開了新湖南報社到中央高級黨校新聞班學習，這兩年報社中的一些變化，特別是一九五六年三月關於農業的報導，以及以後由此在編委會中引起的一場大爭論，我並未參加，爭論的情況只是從旁聽到一些同志介紹並看了一些材料後才知道的。從中央高級黨校畢業回報社後，一九五七年三月，我又調離了，報社「反右」前的整風，以及「反右」開始時的情況，也知之甚少。把我召回報社批鬥時，窮兇極惡的打手孟樹德，曾用譏諷的口吻對我說：「你劃上右派，是本性決定的，是自己找來的；兩頭的事，你都沒有參與，要是覺悟高一點，聰明一點，完全是可以躲過去的。」他這樣講，實在是過於「抬舉」我了，可惜我沒有他那

種「覺悟」和「聰明」。我當時倒是認為，人一倒楣，落在官健平、孟樹德這些角色的手上，那倒是「在劫難逃」。你如果不想出賣自己的良心和人格，那是想躲也躲不過去的。當然，這應算是題外的話了。

「側聞」寫作的時間是一九八六年十二月。寫此文時，當然不可能看到鄧鈞洪同志的文章：〈追記《新湖南報》的反右鬥爭〉（載上海《新聞記者》雜誌一九八九年第六期）和朱正同志的文章：〈丁酉年紀事〉（先載於九十年代香港《二十一世紀》雜誌，後載於《黃河》雙月刊一九九八年第二期）。這兩篇文章都寫得很好，真實、系統，抓住了事件的實質。朱正同志的文章寫得更好些，除上述的三個特點外，還顯得更詳盡、更深刻。我這篇「側聞」，是不能望其項背的。比如，第六節中提出的反思，現在看來就很膚淺。有了鄧、朱的兩篇文章，此文本來也可以不發表了，但過後一想，它多少也可以從另一個角度，作為上述兩文的補充，所以還是拿出來了。

在重讀這篇舊文時，猛然想起老友胡遐之兄〈南浦〉一詞中的詩句：「我自華胥夢醒，奈眼前桑海費思量」（見《荒唐居詩詞鈔》，頁196）不免萌發了一些感想，一併寫出，好留個思想上的雪泥鴻爪：

（一）不知道為什麼，在當前中國，總結歷史教訓竟是如此困難。總有一些人，不許人們去反思、去總結。不許總結「反右」，不許總結「大躍進」，不許總結「文化大革命」，對過去，說好才行，說錯誤就「不利於穩定」。甚至有人還有意無意地編造些歷史，捏著鼻子哄自己，也哄一哄不諳世事的年輕人。不去總結過去慘痛的教訓，真的就有利於穩定麼？造成全民族的失憶，不瞭解

一些民族悲劇產生的來龍去脈，就真的能保證以後人們不去重蹈歷史覆轍麼？重蹈了覆轍，迎來的怎麼可能會是穩定呢？因此，從這角度來看，原《新湖南報》的一些老同事們，著手編一本這樣的文集，回憶慘痛往事，從典型事件中去總結歷史教訓，使後人不再重蹈覆轍，是做一件極有意義的大好事，這件事，雖然動手晚了幾年，但現在把它做好，還不算太晚。如今既已著手，就應該衝破種種障礙，堅持做下去。

　　（二）似乎可以這樣說，一九五七年的反右派鬥爭，是毛澤東套用「史達林模式」以壓制知識份子的一次大行動。一九五三年，史達林逝世後，「史達林模式」的弊端和惡果愈加顯露，幾乎有混不下去的趨勢了，這一點，當時毛澤東大體上是看到了的。所以，根據當時的國際形勢，他曾試圖走一條新路，即用更加寬鬆的辦法來解決知識份子問題。「論十大關係」、「百家爭鳴、百花齊放」，都是在這樣的大背景下提出的。一九五六年十月的匈牙利事件，使他十分震驚（其實，中國當時情況與匈牙利有極大不同，當時知識份子的絕大部分，都是衷心擁護並愛戴中國共產黨的），再加上黨的八大會議，為適應國際潮流，反對個人崇拜，在黨章中刪除「毛澤東思想」之類的事情，使他極端擔心「大權旁落」，這才決定要重新撿起史達林這把「刀子」，用扼殺民主、自由的辦法來解決知識份子問題。且解決它的主要方法是：「引蛇出洞，聚而殲之」，這也就是他自己以後說的，採用所謂「陽謀」

▲本文作者像。攝於丁酉之災前一年。

的方法來解決它。不論是「史達林模式」，也不論是中國式的「陽謀」，都是封建專制制度的翻版（封建專制制度的核心是「朕即國家」），它和民主、法治是完全背道而馳的。一九四九年，中國革命取得勝利後，沒有採取有效的方法繼續徹底地反封建，我以為，這是一九五七年反右派悲劇得以產生的更深層次的一個原因。徹底反封建是實行民主化的前提。這個問題，到現在都也還沒有很好的解決。這是反右派的大悲劇在某種氣候下得以重新出現的一種土壤。這不能不引起人們深思。

（三）在做好一切準備、採用「引蛇出洞」的方式來開展反右派鬥爭的大背景下，像周惠這樣的黨的高級幹部，過去一直認為《新湖南報》這些愛提意見的知識份子是「發揚民主過了頭」、「有小資產階級的瘋狂性」、「和匈牙利事件是一碼事」，現在時機一到，當然就要充分利用這種形勢，對他們狠狠加以打擊，「聚而殲之」。這樣的領導幹部，在反右派鬥爭中恐怕並不少見。但周惠在運動中使用的人，卻是像官健平這樣有嚴重政治歷史問題的人，卻是像孟樹德這樣思想品質極端惡劣的角色，要他們去打擊真正堅持原則的共產黨員和過去一直和共產黨站在一起的知識份子，這樣的事例，那時在全國卻並不多見。這樣做，實際上直接削弱了中國共產黨的力量，並使黨喪失了民心和黨心。到現在，在歷史上的某些重要時刻，在某些地方和單位，這樣慘痛的教訓，恐怕也還沒能充分吸取。

（四）在《新湖南報》的「反右」鬥爭中，還充分顯示了共產黨的幹部工作體制存在著一些嚴重問題。像官健平這樣的在歷史上有嚴重問題的人，除了會吮癰舐痔、吹牛拍馬以外，其他什麼本事也沒有，為什麼卻能在混入黨內的短短幾年時間中就爬上高位？像

孟樹德這樣有歷史問題、心術嚴重不正的人，只要倚靠了某種類似幫派的勢力，為什麼也就能毫無忌憚地幹盡壞事？這裏面是不是反映出在現有幹部工作體制中，對各級領導提拔、使用幹部的權力，缺乏有效的制約和民主監督？對幹部的歷史和現實表現，缺乏有效的審查？這個問題，幾十年了，如今不但沒有得到合理解決，且愈演愈烈，不可收拾，賣官鬻爵者竟比比皆是。這實在關係到黨和國家、民族的生死存亡。可惜這問題一直沒有採取切實有效的措施，加以改革。

（五）在《新湖南報》「反右」事件中，關於知識份子本身的問題，在十四年前的舊文中已有某些反映。這個問題還值得進一步探討。我以為，歸根結蒂，還是與幾十年來一直不尊重知識份子的人格、尊嚴和獨立性有關。此處從略。

寫到這裏，感想大體寫完了。現在再插補一段小笑話，以結束這篇「引言」。一九八六年下半年，我曾在我工作的單位上閒談過，說自己準備寫文沉痛紀念反右派鬥爭的三十週年。在一九八七年初「山雨欲來風滿樓」之時，竟有人為此向我的上一級領導「告密」，說我準備參加一九五七的「紀念活動」，可見此人「右派本性」未改云云。事後，我聽了此事，當然只好一笑置之。這樣的小丑，這樣的水平，你值得認真地去對待他的胡鬧麼？時間又過了十四年，這一次，真的要發表這樣的「紀念」文章了，該不會有人再去「告密」了吧！如果再出現這樣的「告密者」，倒也可以再探究一下這件歷史小笑料，弄好了，說不定還可以供哪一位高手寫一篇雜文呢！「噓」一聲，也就夠了。

二〇〇〇年五月十六日

十四年前的舊文

一

一九八六年九月，和北京來的一位同行一起坐火車從長沙到大庸開會。在車上閒談，他談到，準備編一本書，紀念「反右」的三十週年，擬請各式各樣的當年「右派」，寫各式各樣的「紀念文章」，述說當年遭遇、發表種種感慨，並從理論上進行探討，中國為什麼會出現這一場悲劇，以後如何防止類似悲劇的重演。聽他一講，覺得這確是好主意。「三十大慶」，不可無文，此其一。其二，當年最年輕的「右派」，如今也都是五十歲上下了，韶華似水，人生易老，不趁此時為後人留下信史，確是憾事。從一九四九年十月到黨的十一屆三中全會，中國從興旺到式微的轉捩點，一九五七年發生的事，應是其中重要的一個。對這個轉捩點的主要情況，如果具體記載太少，告誡後人不再去幹這種蠢事、壞事，也就少了具體教材。同時，沒有「具體」就無法「抽象」，要做理論上的探討和概括，也就難得深刻。當時就想，對這個好主意，應該竭盡綿薄之力，助其實現。

那位同行問我：有沒有什麼好題材可寫？我推薦了一九五七年新湖南報事件。現在的《湖南日報》，當年叫《新湖南報》，那時編輯部全體人員共約一百四十餘人。一九五七年，編輯部共劃了兩個「右派集團」。一個是以原社長鄧鈞洪同志、副總編輯蘇辛濤同志為首的「黨內右派集團」，這個「集團」包括了十二名編委中的八名，「成員」大都是報社中、上層的業務領導，且都是共產黨員和共青團員。劃他們為「右派」的主要原因，是因為他們在辦報的「路線問題」上與以省委副書記周惠同志為後臺的總編輯官健平、

副祕書長孟樹德進行過較激烈的爭論。另一個是民主同盟成員唐蔭蓀等同志主張辦「同人報」的「小集團」。一九五七年四月，毛澤東提過，可以由黨外人士辦報，和黨報唱「對臺戲」。毛的這個主張並經過各種管道往下傳達。唐蔭蓀等同志想辦「同人報」，正是想響應毛的這個號召。但這也不過談談而已。因為，他們辦報的物質基礎，諸如報社開張的經費、紙張供應、印刷和發行條件、報社社址等一系列重要問題，都沒有認真考慮過，且都無法落實。

但「反右」運動一開始，他們的這個想法，卻成為他們「劃右派」的主要依據，並被加上了「民盟右派集團安放在本報的坐探」、「充當鄧蘇右派集團向黨進攻的急先鋒」等罪名。此外，還有一些零星的「單幹戶」，這些「單幹戶」多發表些與主要當權者官健平、孟樹德等人不盡相同的意見，或沒有發表任何意見，而僅僅由於「同情鄧蘇右派集團」而被戴上「右派」的帽子。這些被劃為「右派」的同志加起來共五十四人，約佔全編輯部總人數三分之一強。這些在一夜之間成為「人民敵人」的人，幾乎全是多年來忠心耿耿、埋頭苦幹的業務骨幹。

那位同行覺得這是一九五七年全國少見的一個十分典型的事件，應該從一個「群體」的角度寫這個事件。當時他就約我來寫。我答應試試看，但因為年代已久，資料不全，這裏記述的僅限於「黨內右派集團」的部分主要情況，而且記述也只是粗線條的，詳細的敘述有待其他同志一起動筆。辦「同人報」的「右派集團」的情況，因未掌握足夠的材料，在本文中，只好付之闕如。當年的五十四位同志，其中已有數位作古。但倖存的四十餘人，如果每人都寫一篇記述當年情況和自己遭遇的文章，當也可以單獨彙輯成書，公之於世，好留一個歷史的真實記載，把對歷史的戲弄者們永

遠釘在歷史的恥辱柱上，且悼念死者、激勵生者。當年報社中一位極受人尊敬的老領導，在七、八年前就倡議做這件事，因各種原因，未果。現在大家動手做這件事，似乎還有意義。不知當年報社的「右派」諸公，有意於此乎？

二

在敘述《新湖南報》一九五七年事件的來龍去脈以前，有必要對這家報社在一九五七年前的歷史和社內狀況，做一個十分簡明的介紹：

《新湖南報》創刊於一九四九年八月。創刊時期，報社工作人員主要由以下幾部分人組成：（一）南下的同志。他們中間大部分都是原冀察熱遼解放區群眾日報社的幹部和工人，離冀察熱遼進城後，分別在北平和天津做了幾個月城市報紙工作。這支隊伍中，有延安時期的老報人，有解放戰爭中從蔣管區到解放區參加革命的青年學生，以及在熱河本地參加工作的學生和工人。南下途中，在開封和武漢又加入了一部分同志。南下時，由李銳同志和朱九思同志帶隊。（二）到長沙後，加入了一部分地下黨從事新聞工作的同志。這些同志到《新湖南報》後，和南下的同志很好地進行合作。李銳同志曾回憶說：「我印象最深的是南下的與本地的兩部分同志一開始合作共事，就親密無間，水乳交融，取長補短，相得益彰。」[1]能夠做到這樣，應該說，是不容易的。（三）長沙解放後，辦起的新聞幹部訓練班的學員。這些學員大部分都是地下黨介紹去的進步青年學生，學習幾個月畢業後，一部分分到報社。以上三部分的同志，籍貫、年齡、出身、經歷都不盡相同，是標準的「五湖四海」、「為了一個共同的目標，走

到一起來了」。但在「反右」時，孟樹德等人卻誣衊他們是「宗派集團」。

李銳同志以後曾經這樣評價這個工作班子的特點：「這個班子的成員，從領導到幹部到工人，對工作都能得心應手，有條不紊。即不論從方針政策，版式內容，編輯採訪，到印刷發行；也不論從全黨辦報，群眾路線，到讀者服務等等方面，都有了一套比較成熟的經驗。總之，這是一個戰鬥的、齊心合力的班子，尤其事業心比較強，黨性比較強，懂得如何實事求是貫徹黨的方針政策，為人民服務。」[2]

由於報社班子狀況較好，所以，當時工作相當出色。在政策宣傳、時事宣傳、開展批評與自我批評、與讀者密切聯繫、反對假報導、理論聯繫實際、解決群眾思想問題等方面，在當時全國的省報中，都可說是首屈一指，多次受到中央和中南局有關部門的表揚。

當時報社內部有兩個最重要的特點：

（一）民主空氣較濃厚。在冀察熱遼辦報時即有這個傳統。如：發動大家每天評報。報紙出來後，每個人都對當天報紙提意見，哪裏好，哪裏不好，什麼問題提得深刻，什麼報導膚淺，有沒有差錯等等，大家寫出來，公之於眾。這些意見都是善意的。每天大家都注意看看，「擇其善者而從之」。到湖南後，仍然保持並發揚了這個傳統。不論下面對上面，或上面對下面，經常互相提意見。意見多是表現同志間的互相關心和對工作的負責。群眾對領導有意見也直率批評。提的意見即使不十分準確，領導也從不介意。所以大家心情舒暢，積極性得到較好的發揮。因為民主得到充分發揚，工作人員覺悟又較高，紀律狀況很好。

（二）上下左右緊密團結，大家都盡力為辦好報紙獻計獻策。
當時還形成這麼一種風氣：哪一個做了不利於團結的事，人們都有一
種義憤，群起而制止之。我參加工作四十年，在許多單位做過事，現
在回憶起來，這是四十年中經歷過的團結狀況最好的單位之一。

一九五二年和一九五三年，李銳同志和朱九思同志先後調離
後，這種傳統和作風大體上保持著。

三

或許是因為報社的這些同志愛提意見，被周惠等人認為「發
揚民主過了頭」，有「小資產階級的瘋狂性」；或許是因為樹大招
風，引來了一些誹謗或非議；或許還有其他什麼更深層次的原因；
總之，一九五五年，上面派來了一位總編輯和副祕書長。他們在公
開場合都說：「我們是來貫徹省委的意圖的。」好像原先在報社的
那些人，個個都是不貫徹省委意圖的、調皮搗蛋的「資產階級知識
份子」，而他們才是真正的「無產階級」。「文化大革命」中的一
種運作方式：大老粗管臭老九，從那時起，實已萌芽。他們就是前
面提到的官健平和孟樹德。

官健平是在第三次國內革命戰爭期間混入地下黨的。入黨時，
隱瞞了他反革命的政治歷史。以後查明，他的檔案中的姓名、年
齡、籍貫以及大部分經歷，都是假的，只有性別這一項是真的。
他曾當過土匪，還追隨「反共救國團」抓過農民領袖、殺過共產
黨員，以後，又擔任過國民黨第四戰區游幹班的工作隊分隊長。
四十年代初，在廣西一所中學擔任訓導主任時，又祕密擔任國民黨
湘桂鐵路特別黨部的監察委員。此時，由於他結交了這所中學的湘
籍地下黨員何某，開始與湖南地下黨的某些同志有了些交往。抗戰

勝利後，他到長沙，騙取湖南地下黨領導的信任，當上了長沙地下黨工委書記。由於他善於吹牛拍馬、阿諛奉承，解放後，很快就當上了省委的統戰部副部長。在報社，他經常說：「我是靠黨性吃飯的。」他所謂的「黨性」，並不是我們通常所講的無產階級階級性最高的表現，而是緊跟個別領導，聽話，曲意逢迎。凡關係到他官運能否亨通的頂頭上司，要他說一，他絕對不會說二。

此人的政治歷史狀況已如上述。到新湖南報社後的兩三年中，在工作和日常生活中，也充分表現出了他是地道的「兩面派」，並有一種「媚上壓下」的本性。且舉兩例：

一例：有一年（大概就是一九五五年），湖南省委提倡各部門過春節只搞搞團拜就行了，不要向領導去拜年，更不要請客送禮。官健平在頭一天向編委會傳達了省委的這個意見，並說：「要堅決執行省委指示，大家今年都不要去拜年了。」但第二天一清早，他就在小汽車後面放上大包小包的「土特產」，作為拜年的禮品，向一些領導拜年去了。

二例：有一年冬天，他晚上乘車外出，回來時已經夜深，守大門的老頭睡著了。小轎車在大門外按喇叭，未見老頭開門。司機下車一喊，老頭醒了，大概開門的動作也慢了一些。官健平立刻威風凜凜地下了車，「媽的×，你幹什麼去了！」啪，啪，一上去就摑了老頭兩個大耳光。

「事上諂者，臨下必驕」，就是這麼回事。

此人的文化水平最多也不到初中程度。因為他弄不清巴金寫了什麼最主要的作品，鴉片戰爭或戊戌變法是怎麼回事，發生在哪一年。這是我在一九五六年下半年從高級黨校新聞班畢業回報社仍輪值晚班時，耳聞目睹的千真萬確的事實。

　　孟樹德是老報人，解放前在國統區報紙上發表過一些揭露性報導的同時，也發表了一些吹捧蔣介石和國民黨反動派的文章。此人往上爬心切，急切地想攀龍附鳳，依附上某種勢力，使自己飛黃騰達；且心境陰暗、器量狹窄，善於翻雲覆雨。這性格就決定了他在「反右」中一系列的行動，在「反右」開始前的整風中，有人只在會上說他有些陰陽怪氣，像個「鼴鼠」，這位同志後來就被打成「右派」。有人引胡喬木「短些，再短些」的文章中的比喻，提到報上有些枯燥無味的大文章，像大地主霸佔了土地一樣霸佔了版面，他就抓住了這句話，說某人某人污衊省委領導是大地主，因而這就成為一些同志被劃為「右派」的一條主要罪狀。在「反右」中，他把五十四位同志打成「人民的敵人」，弄得一些人妻離子散、家破人亡，他卻得意洋洋地說：「抓出了這麼多右派，是我生平一大快事。」十一屆三中全會之後，這些同志全部平反了，他對他們一句道歉的話也沒有說。

　　這樣，兩個人到了《新湖南報》，再加上他們的背後有了周惠這樣的人作後臺，從此天下多事矣！

四

　　官健平、孟樹德來到報社後，他們的思想作風、工作方法和報社多年來形成的民主風氣和團結戰鬥的傳統，自然格格不入。編輯部許多同志對他們的一些錯誤作法進行了抵制，並按歷來的傳統，當面提了這樣那樣的意見。孟樹德很不習慣這種作法，認為有人有意搞他的鬼，是「宗派情緒」的反應。

　　這樣，官、孟兩人和編輯部絕大多數同志之間的矛盾日益擴大。省委個別領導如周惠，卻支持他們。有一次，周惠當面問省

委第一書記周小舟：「《新湖南報》的知識份子要反對我，你看怎麼辦？」周小舟沒有表態。這就使矛盾進一步激化。如何評價一九五六年三月份的報導，成為了矛盾激化的導火線。

　　一九五六年三月，在農業合作化的高潮中，《新湖南報》連續發了九篇都是好幾千字乃至一萬字以上，有關農業社包工定額的長篇經驗介紹，其中有一些是並不成熟的經驗，羅列了許多枯燥的數目字。有一篇〈長沙縣合心鄉農業社進行分季分級定額的作法〉，長達一萬字，文中定額就佔了全文的百分之六十。連要發表這文章的單位，也認為這經驗「並不成熟」。報社農村部有關編輯看稿後，認為有壓縮的必要，向孟樹德請示，他不同意壓縮。於是，這樣「不成熟」的經驗登出來了，而且登了一整版。為什麼登這樣的文章？背景在於，毛主席當時批評了「小腳女人」，周惠等人怕當「小腳女人」，因此要大造聲勢，要大登關於合作化的文章，並頗為奇特地提出：同樣的文章可以「今天登了，明天還要登」。官健平、孟樹德為了討好領導，就盲目執行這個「指示」，還宣傳辦好報紙主要在於要突出「中心」（即：可以不顧質量，完全以數量來突出中心）。這種作法引起編輯部同志們的當然不滿。

　　由於這件事，在編委會內部，由總結一九五六年三月份報導開始，就引起了一場關於如何辦好省級地方黨報的爭論。

　　這場爭論的要點如下：

　　（一）省報應該如何宣傳工作經驗？以後被劃為「右派」的多數編委認為：黨報應該宣傳馬克思列寧主義、毛澤東思想，應該突出思想性，介紹工作經驗也應該如此。在黨報上發表的工作經驗，必須是相對成熟的。五七年被封為「左派」的官健平、孟樹德則認為，黨報既然要突出宣傳黨的中心工作，就要著重報導工作

經驗（把宣傳黨的中心工作等同於報導工作經驗，用局部概括全體）；離開宣傳這些工作經驗，就是「空談思想，脫離實際」（這就是說，所有其他形式的對於黨的中心工作的宣傳，都是空談，都是脫離實際的）；官健平更明目張膽地主張不一定要宣傳成熟的工作經驗，他說：「要求所有先進經驗都要十分成熟了才能宣傳，顯然也是不可能的……如果一定要等待有十分成熟的經驗才能宣傳，那就會喪失時機，貽誤工作，變成馬後炮了。」（〈對爭論中幾個問題的意見〉）這就是說：管他是好經驗還是不好的經驗，登出來就是！後果如何，那就在所不計了。從中國共產黨成立到一九五七年，中國共產黨辦報也有三十多年了，這樣辦報的奇談怪論出現，可能還是第一次，而在一九五七年，這種奇談怪論竟被作為「正確辦報路線的代表」！

（二）黨報應該如何看待聯繫群眾的問題，當時叫做「天線」和「地線」之爭。以後被劃為「右派」的多數編委認為：黨報既要有「天線」（貫徹中央和省委的指示），也要有「地線」（反映群眾的聲音，反映他們的要求、願望），而且「天線」和「地線」要很好地在黨報中結合起來，黨報應該成為黨聯繫群眾的「紐帶」。從這個意義上來說，黨報反映「群眾的輿論」和黨的聲音應該是一致的。而當時的「左派」官健平、孟樹德則認為，辦報就「應該伏在黨委的胸脯上傾聽黨委的呼吸」、「有了天線就得，不一定要有地線」。[3]這種主張實質上是要改變黨報的「紐帶」性質，主張黨可以高高在上，脫離群眾。執政黨最危險的一種傾向，當時竟被作為最正確的主張被肯定著。

（三）關於在報紙上開展批評和自我批評問題。以後被劃為「右派」的多數編委認為，報紙上應該開展正確的、充分的、經常

性的批評和自我批評。這些批評和自我批評，體現了群眾對黨的幹部和黨的工作的監督。「報上有無批評和自我批評，是衡量報紙的黨性的重要標準之一。」官健平和孟樹德也承認報紙應該開展批評和自我批評，但不主張「經常」、「充分」，怕批評會「影響團結」，影響報社與各部門之間的關係。在「反右」以後，主張黨報應充分、經常開展批評和自我批評的同志，都被扣上了「揭露陰暗面」的帽子。

（四）關於突出中心和照顧一般問題。以後被劃成「右派」的多數編委認為，報紙上既要突出中心（黨的中心工作）也要照顧一般（一般工作以及各種有關群眾生活的多方面的報導），報紙突出思想性政治性的同時，也要注意知識性（那時還沒敢講也要有可讀性、趣味性之類）。官健平、孟樹德則認為，只要抓住黨委的中心工作就行了，一般有關群眾生活的報導可有可無。講「知識」，就是「資產階級的貨色」。當時報紙上登載了少量的「提倡姑娘們穿花衣」、「長沙名菜：一鴨四吃」等等，都被認為是「資產階級吃喝玩樂思想的反映」。

（五）最後，關於報紙特點問題。以後被劃為「右派」的多數編委認為：正如任何事物都有它的特點一樣，報紙工作應該有它自己的特點。報社的領導應該掌握報紙的特點，從報紙的特點出發，更好地做好黨的宣傳工作。官健平則認為，報紙的性質、任務決定了報紙的特點（這基本上是對的），而所謂報紙性質、任務，他則把它簡單地歸結為報導中心工作、宣傳中心工作（這就把複雜的問題簡單化了），並認為，這就是無產階級報紙與資產階級報紙最主要的區別點，講特點講過分了，就會陷入「資產階級的新聞觀點的泥坑」等等（這就由簡單化走向了荒謬）。孟樹德贊成官健平的這些觀點。

這樣的爭論一直持續到一九五六年的下半年，各執一詞，彼此都不能說服對方。一九五六年下半年，一部分編委想繞過一些主要爭論，從討論工作入手，研究如何改進報紙報導，也沒有結果。到這時候為止，爭論都還局限於編委會內部。

到一九五七年，大鳴大放開始，編輯部內絕大部分同志都十分天真，認為真正可以爭鳴一番了，要求公佈一九五六年的爭論。於是，這次爭論中的一些發言，印了兩本「爭論集」，發給編輯人員。在五月開始的整風中，圍繞這些問題，結合實際，討論得煞是熱烈。六月，風雲突變，「陽謀」出臺。於是，凡以上五個觀點，與官健平、孟樹德有不同意見的，幾乎沒有一個不被劃為「右派」。這五個完全是工作上爭論的問題，竟變成了劃分資產階級和無產階級的分水嶺。

官健平、孟樹德一時變為炙手可熱的人物，他們正好利用了這個機會，排除異己、扶植親信，一個好端端的中國共產黨的省級黨報，一個經過多年形成起來的民主空氣較濃、紀律性較強、上下緊密團結、共產黨領導的戰鬥集體，就這樣斷送在他們手上了。《新湖南報》從此一蹶不振。這件事的後遺症，直到今天還在顯現著。

五

在「反右」的過程中，官健平、孟樹德怎樣無中生有，捏造事實，深文周納，羅織誣陷；怎樣公報私仇，「斬草除根」，寡人之妻，孤人之子；這些事情要寫起來，大概也有十餘萬字可寫。這就有待受害的同志，在本文第一節倡議要編的那本書上寫去，此處略而不提。

　　這裏只講在《新湖南報》的「反右」中，對於大部分同志來講，兩個最大的教訓（至少，我認為是這樣）：

　　（一）由於當時的封閉政策，造成幹部中的盲目和蒙昧，而這種盲目和蒙昧，又是和相信毛主席、忠誠於黨、忠誠於人民的觀點揉合在一起，所以，在運動開始以後，當毛主席寫的社論〈文匯報的資產階級方向應當批判〉公佈，講話和指示一傳達，確實有許多同志誠心誠意地認為自己確實錯了，是「資產階級思想沒有得到改造」、「動機和效果不一致」、「主觀上雖然想改進工作，但客觀上卻做出了危害黨和人民的事情」，因此，確實誠心誠意地在「向黨交心」、「認罪檢查錯誤」。而官健平、孟樹德就狠毒地利用了這一點。當時，報社編了一個內刊，叫《新湖南報人反右派鬥爭專刊》，孟樹德就把這內刊掌握在手上，利用運動的聲勢，擴大篇幅，在省委各部門和社會上廣為散發，成篇累牘地刊載一些「交心」、「認罪」的材料。特別是報社內部一些頭面人物的「交代」一發表，就在客觀上瓦解了「軍心」，並在社會上造成一種輿論壓力。

　　這種盲目和蒙昧，其實由來已久，只是「反右」運動把它發展了。以後的反右傾中又進一步發展，直到「文化大革命」，使它發展到了登峰造極。一場民族悲劇，從某種意義上說，乃肇於這種盲目和蒙昧。

　　（二）官健平和孟樹德，還狠毒地利用了當時《新湖南報》幹部，其實也是當代中國一部分知識份子中比較普遍存在的性格上的弱點，比如，在榮辱得失面前，往往計較太多，為自己考慮太多，骨頭不硬，不能臨危不懼等等。他們利用了這些弱點，利用了一些同志企圖僥倖過關的心理，驅使他們互相「檢舉」、「揭發」，自

相殘殺，然後達到「一網打盡」的目的。運動開始，他們還選定了目標，動員一些人「起義」，當時也欺騙性地許諾說：只要你檢舉揭發得好，重新站到「黨的立場」上來，也就可以不戴帽子，「允許重新做人」。一些同志，在這場災難面前，由於恐懼，或由於害怕自己失掉太多，於是上當受騙，不但給自己無限上綱，對別人，也就捏造了一些莫須有的「罪狀」。比如，當時有所謂「反黨的丁家會議」，實際上就是一些同志，在自己的交代中無限上綱，並以此也無限上綱地揭發別人而弄出來的。事實上，根本就沒有這個會議。就是幾位同志在丁明凱同志家中，閒談起改進報紙爭論中的一些問題，各人發表了自己的看法。這件事，經孟樹德的「啟發」、「授意」，有的同志為了迎合孟的險惡用心，在「檢討」和「揭發」中，硬把它上升為「反黨」的會議。當時，報紙上要搞「反右」報導，這些「反右」報導也都是利用這些「起義」的將領和士兵，去寫、去罵、去上綱。等到你檢舉完了、揭發完了，該寫的文章和新聞報導寫完了，互相不信任的氣氛也造成了，他們該利用的一切都利用過了，於是，找個藉口，甚至不要藉口，把臉一翻，「給你戴上個帽子，是為了讓你更好地改造」（當時，打手們經常講的一句話），那就好吧，和原先劃為「右派」的人一起改造去吧！

　　這兩個教訓，我總認為，到三十年後的今天，再想一想，多少還有點實際意義。

六

　　思考使人受難，受難又使人思考。「反右」運動過去三十年了，我總覺得，對中國當代歷史上的這個重要轉捩點，人們思考得嫌太不夠了。

　　新湖南報事件只是「反右」的狂風惡浪中一滴水珠。但這滴水珠中的內涵如此繁複、駁雜，面對這滴水珠，人們不能不思考一番，當時中國為什麼發生這樣的事情。比如，當時為什麼要用一種十分殘酷的方式，來推行「外行領導內行」的既定方針，並把它說成是「普遍規律」？為什麼有意要造成一種「萬馬齊喑」的局面？（附帶插幾句離題的話：在「反右」以後的一九五八年，我看到〈介紹一個合作社〉一文中轉引龔自珍的詩：「九州生氣恃風雷，萬馬齊喑究可哀，我勸天公重抖擻，不拘一格降人才。」不知為什麼，我很快就想起了果戈理在《巡按》中借劇中的主角在臺前講的一句話：「你笑什麼，笑你自己！」當然，在當時，這是「腹誹」，嘴巴上是不敢講的）。為什麼要「槍打出頭鳥」，針對一些敢於思考、敢於發表意見的人們開刀？為什麼要在「百家爭鳴」的口號下，剝奪黨員和人民中間本來並不太多的民主和自由的權利？為什麼有意無意地鼓動一些有嚴重政治歷史問題的人以及心術不正的人，諸如官健平、孟樹德之流出來充當打手？為什麼要在知識份子中造成一種自相殘殺的氣氛和條件，不鼓勵人們在業務和道德上去進取、去完善，而是鼓勵一種靠不正當手段，比如，靠「告密賣友」之類的行徑來輕易攫取某種利益？等等。要對這些問題做出答案，對於總結歷史的教訓，進行反思，無疑是有益的。但這就不在本文的範圍之內了。

一九八六年十二月十一日凌晨一時半寫畢，原載《1957：新湖南報人》

注1、2：李銳〈初創時期的《新湖南報》〉，見《李銳往事雜憶》，江蘇人民出版社，一九九五年，頁112。

注3：孟樹德在爭論中的發言。

作者附記

　　此文及其前言〈十四年後的說明與感想〉最後刊於《1957：新湖南報人》一書中。該書編好後，曾聯繫多家出版社，皆未能出版；最後，是申請到了一張准印證，由作者們集資印了一千冊，贈送親友。作者們這樣做，只是為了要給歷史留下一份見證，希望中國以後再不要重蹈覆轍。

　　感謝加拿大的陶世龍先生，他主持的「五柳村」網站，曾摘要刊載該書的主要部分，使海內外許多關注當代中國歷史及反右派鬥爭情況的讀者，得以初步接觸這些史料。不過，據我所知，許多讀者仍想讀一讀《1957：新湖南報人》這本書，只不過不容易找到罷了。

　　這一次，我編這本個人的散文隨筆集，決定仍收入此文，目的是使讀者便於知道當年這樁歷史冤案的來龍去脈。

　　此外，還收入兩篇重要的文章作為附錄。一篇是李銳同志的〈《1957：新湖南報人》序〉。這篇序言，實際上是對一九五七年中國的「反右」歷史做了簡明的理論概括。歷史已經證明且將繼續證明這種概括的正確性。另一篇是柏原同志的〈人造的災難〉。這篇長文從個人經歷的角度，詳細記錄了這個歷史事件的前因後果。由於柏原同志寫到的，絕大部分是他本人親歷的事，在寫作以前，他還詳細翻閱了各種有關的檔案和書籍，這就使這篇長文具有更準確的史料價值。關心這個歷史事件的讀者，一定有興趣去閱讀這樣紮實的史料。

二〇〇五年六月三日

附一：
《1957：新湖南報人》序

李銳

一九四九年春，全國解放在即，我從東北到北平，奉命回湖南工作，負責籌辦省委機關報《新湖南報》。基本班子是冀察熱遼《群眾日報》的一批人，這都是我原來的老同事。南下途中，在河南和武漢，又有一些同志加入了這一支隊伍。那時，長沙新聞界地下黨的力量相當強大，一進入長沙，即同地下黨的同志會師。長沙是八月五日解放的，八月十五日，《新湖南報》就創刊了。

報紙創刊之初，我們辦了一個新聞幹部訓練班，經過地下黨推薦，招收了一批政治素質和文化教養都比較好的青年，計一百四十多人，經過短期的政策教育和業務訓練，就讓他們當起編輯記者，到實際工作中去鍛鍊了。幾年之後，其中有的人入了黨，成了業務上的骨幹。

就是這樣幾部分人：南下的、地下的以及新招收的年輕人，大家通力合作，可以說，把一張報紙辦得有聲有色，在全國省級報紙中頗有一點名氣。記得那時《人民日報》的「報刊述評」欄還很注意介紹《新湖南報》的情況和經驗。

一年多以後，我調至省委宣傳部工作，離開了報社。一九五二年，大規模經濟建設即將開始，我調離湖南，轉到工業戰線，被派

到燃料工業部負責水力發電建設工作。從此各忙各的事情，和原來
報社的同事，就是書信來往也很少了。

　　一九五七年，發生了一場反右派鬥爭。在自己的崗位上，我
是謹小慎微的，專心幹業務工作，外界的情況所知甚少。後來才知
道，新湖南報社是重災區。直到一九七九年我復職後才知其詳：和
我一同南下的同志、地下的同志、還有新幹班的學員，都有人被劃
為「右派份子」，編輯部上百個幹部，劃「右派」的竟有五十四人
之多，都是骨幹份子。比徐鑄成主持的《文匯報》和章伯鈞、儲安
平主持的《光明日報》兩個報社劃的「右派」加起來還要多！成為
當年全國新聞界的第一大案。他們之中，有些是我很熟識的。在我
的印象中，都是一心一意辦好報紙的好同志，有的還經歷了艱苦的

▲《新湖南報》老同事重聚。左起：胡遐之、劉皓宇、俞潤泉、柏原、李
　銳、李冰封、吳辛。一九九八年攝於長沙九所賓館。

戰爭環境的考驗，到了十一屆三中全會以後復查，他們全部屬於錯劃，這五十四人中間，並無一個反黨反社會主義的「右派份子」。當然，這不過是全國反右派鬥爭的一個縮影。據薄一波《若干重大決策與事件的回顧》所提供的數字，全國的「右派份子」，百分之九十九已經被宣佈屬於錯劃，予以「改正」了。

從一九四九年到一九七八年，我們是在不斷發展的政治運動即同資產階級「你死我活」的鬥爭中過來的。回想在每一次政治運動中，總是號召人們提高警惕，擦亮眼睛，不要把壞人當作好人，錯把敵人當作同志。為什麼就沒有說提高警惕，不要錯把好人當作壞人，錯把同志當作敵人呢？在反右派鬥爭中，小到一個新湖南報社，就把五十四個同志當作敵人了；大到全國，就把五十五萬多知識份子和幹部當作敵人了，這個數目等於當時全國知識份子的十分之一，而且其中大都是精英啊！這是何等沉痛的教訓。當年直到「文革」十年，對為什麼要那樣反對並整治知識和知識份子，是應當總結其教訓的，從「理論」到實踐，都要徹底弄清楚。

一九七九年春，我回了一趟長沙，聽了一些報社遭難的同志談往事，為之感嘆唏噓。曾提議他們把各自的經歷寫下來，為這一頁歷史留下一份真實的記錄，使後世知所鑒戒。那時大家剛恢復工作，都以全副精力投入本身的業務，無暇及此，回應的不多。多年過去之後，大家都從工作崗位上退下來了，回顧往事，有的人也有了寫出這一段經歷的願望。印在這本書裏的，就是二十四位同志的自述和對已故者的懷念。

這都是極具體的個案。這樣編成一集，讀後對於當年報社的反右派鬥爭就有了一個相當完整、相當具體，甚至可以說是感性的瞭解了。炮製出這個「全國第一」的大案，當時報社主其事的負

責人當然有不容推卸的責任，這一點，書中的各篇都已經寫得相當充分了。不過，我想再補充一點，就是書中沒有怎麼說到的事情的大背景。應該看到這是極「左」路線的一次突出的表現。它不是某一地區、某一單位的事情，而是全國的問題。看過這些材料之後，我想，假如那時我還沒有調離報社，對於上級佈置下來的反右派任務，也沒有可能頂著不辦吧。當然，我不會去製造這種「全國第一」的大案，但也不能夠不按照上級下達的指標，比如毛澤東在〈事情正在起變化〉一文中說的「百分之一、百分之三、百分之五到百分之十」（《毛澤東選集》第五卷，頁424），劃幾個「右派份子」交差吧。正因為這是全國的問題，是極「左」路線的問題，才更有必要總結其歷史教訓了。

當然，回顧歷史必須重視細節，要解剖個案。從這書的各篇裏，可以看到這些同志及其家人在二十二年的漫長歲月中承受了怎樣的苦難，有的甚至妻離子散、家破人亡。不過，我們僅僅從這個角度、這個層次來看反右派鬥爭在歷史上的作用，看它所造成的災難性的後果，那我們就還是只見其小未見其大了。經過開放改革二十年，回頭再看，就比較看得清楚了：（一）反右派鬥爭改變了黨的第八次全國代表大會所決定的路線，回歸到八大以前的「以階級鬥爭為綱」的路線了。（二）實行了言者治罪。再無人敢提意見，使隨之而來的「大躍進」沒有遇到任何批評地進行。（三）把一些加強社會主義民主、社會主義法治的主張，一些有利於發展生產力的主張（如引進外資、幹部應該懂得專業等等）都當作錯誤言論來批判，從而顛倒了是非，損害了社會主義民主和法治的建設，損害了生產力的發展。第四、一些說假話的、告密賣友的、當打手的、落井下石的、趨炎附勢的人得到升遷和獎勵，從而敗壞了社會

道德。這是對幹部隊伍的一次大規模的逆向淘汰，降低了幹部隊伍平均的道德水平和專業水平，給事業造成長時期的損害。要談反右派鬥爭在歷史上的作用，就得從這樣的角度、這樣的層次來談，庶幾較接近於真實。鄧小平說得好：「毛澤東的領導在一九五七年反右派的鬥爭以後，錯誤就越來越多了。」（《鄧小平文選》第二卷，頁294-295）可見他也是把反右派鬥爭看作是歷史的分水嶺的。

　　書中的一些作者以為，我是這書最早的倡議者，因此希望書前有我的一篇序言。我也樂於從命，正好借此機會，簡單說一下我對這事的看法。

二〇〇一年十一月二十八日

附二：

人造的災難

柏原

歷史上有許多災難是由少數人製造出來的。對於中國知識份子來說，最早的一次當是兩千年前的焚書坑儒；最大的一次當是「反右派鬥爭的擴大化」，以及極其野蠻化的「文化大革命」了。我不幸正當有為之年遇上了反右派，硬被加上了反黨反社會主義的罪名。到了「文化大革命」，就歸於「黑五類」之列，遭到殘酷的毆打與凌辱。我和我的家人淪落到社會的最底層，過著悲慘屈辱的生活長達二十二年之久，只僥倖留得性命；直到黨撥亂反正之後，才重見天日。正是「二十餘年如一夢，此身雖在堪驚」（宋・陳與義詞〈臨江仙〉），多麼可怕的一場惡夢啊！

一場工作上的爭議

我於一九五八年被劃為「右派」，是因為一九五六年，在黨的會議上，按照「百家爭鳴」的指示提出了不同的工作意見。還有，不該寫日記，更不該老老實實地把它交出去。

一九五六年，我在《新湖南報》（後來改名為《湖南日報》）任編輯委員，這年三月十二日下午，報社的編委、編輯部各部的負責人和值班編輯照例開編前會議。這是行之已久的一項制度。會議的內容是：通報第二天見報的稿件、評議前一天的報紙，交換編輯

▲柏原（右）與李冰封。一九八六年四月，同訪冀察熱遼群眾日報社舊址
（在今內蒙古自治區寧城縣境內）。

工作的情況和意見。這天會上，大多數人對先一天見報的〈長沙縣
合心鄉農業生產合作社進行分季分級定額的作法〉提出異議。這是
一篇介紹農業社經驗的文章，長一萬多字，佔了一個整版，光是其
中的「定額表」就佔了大半個版。它將一百六十九項農活，按春夏
秋冬四季分為一至七級，訂出工分標準，十分瑣細。編前會上，有
的說，這樣長的介紹農業經驗技術的稿子發得太多了，把群眾喜聞
樂見的新聞和文章擠掉了不少；有的說，這種稿子除了少數農村領
導幹部外，大多數人都不願意看，讀者對此很不滿意；有的說，這
種稿子可以登在內部刊物上，直接發到有關的領導幹部手裏去；

有的說，應該讓出版面來，多登些群眾來信和反映群眾生活的文章……主管農村宣傳的編委、副祕書長孟樹德則辯解說：（一）這一篇和另外幾篇長文是省委常務副書記周惠指示要登的，或是某某部、委、辦、廳、局的領導人要求登的，有的必須執行命令，有的必須照顧關係；（二）鞏固農業社是當前的中心工作，為此，必須介紹管理經驗和生產技術。我的看法和大多數人差不多。我以為，省委領導同志指定要發表的稿子，一般地說，必須遵命刊登；如果報社覺得有不妥之處，應該請示報告；至於黨的中心工作，報紙當然要抓，先進的經驗技術也必須介紹，但主要的還是要按照中央的決議，著重從思想政治方面去抓。

從一九四八年起，我一直做黨報工作。《新湖南報》創刊以後，我先是做記者在農村裏採訪，後來擔任農村組（一九五五年改稱農村部）組長，對於農村宣傳方面的得失有些體會。《新湖南報》原是全國有名的、數一數二的省報。湖南解放之初，第一任社長李銳很重視評論和讀者來信的工作，重視向廣大群眾進行時事宣傳和黨的方針政策宣傳。繼任的社長兼總編輯朱九思很重視向幹部群眾進行政治思想教育，先後在報上開展了「李四喜思想討論」，向農民群眾進行社會主義前途教育；開展「張官長工作方法的討論」，向廣大幹部進行「關心群眾生活，注意工作方法」的教育。

這些成功的宣傳工作在省內外產生了很大的影響，受到讀者的熱烈歡迎，黨中央、中南局、省委和《人民日報》的表揚，並向外省的兄弟報紙和某些兄弟國家介紹過經驗。第三任社長兼總編輯鄧鈞洪和副總編輯廖意林、蘇辛濤蕭規曹隨，繼續領導全社發展成功的經驗，改進報紙的缺點。經過長期的共同努力，報社編輯部有了一個共識，就是：報紙必須面向廣大幹部和群眾，經常反映人民群

眾的生活、思想和要求；在指導各項工作上應當著重抓思想、抓政
治。另一方面，過去的農村宣傳也有較大的缺點和失誤，主要是發
表領導機關「向下灌」的東西太多，反映人民群眾的生活和意見的
較少。尤其是在指導中心工作上，習慣於製造聲勢，滿版刊載有關
的指示、號召和內容重複的報導，而且一般化、八股腔、空洞無物
的官樣文章不少，目的無非是督促農村幹部和群眾「大幹快上」。
報社幹部和廣大讀者對此都不滿意，由於種種原因，一直未能徹底
改正。

　　當時分管報紙的省委常務副書記周惠和頭年調來的總編輯官
健平、副祕書長孟樹德，無視人民群眾的意見與報社多年的經驗教
訓，把報紙當作發號施令的手段，用來「貫徹」他們的長官意志。
根據周惠的指示，孟樹德向他分管的農村部佈置宣傳任務說：「我
們的宣傳報導以介紹經驗技術為主，經驗技術抓好了，我們的宣傳
就成功了。」因此，他要農村部準備兩套稿件，一套關於農業社定
額三包的，計劃訂了九篇；一套關於推廣農業先進生產技術的，有
七篇（如選用良種、深耕密植，多施肥、種油菜、種柑橘等，主要
是介紹一般的農業生產知識，談不上先進）；因此，介紹經驗技術
的稿件佔了農村部發稿的百分之六十以上。可見他們的指導思想就
有偏差。因為根據一九五四年，黨中央做出的《中共中央關於改進
報紙工作的決議》，「對於有重大價值的先進經驗和生產技術，應
當從它們的政治意義和經濟意義來進行宣傳」。孟樹德等的作法顯
然不符合《決議》的精神。

　　當時，我在編委中的分工是主管理論宣傳和黨的生活，農村部
發什麼稿件和我沒有直接關係。不過，作為編委會成員，我對整個
報紙負有責任。編委會是集中辦公的。在辦公室裏，大家就編前會

提出的問題繼續議論，官、孟二人堅持說，他們是按照省委（實際是周惠個人）的意圖辦事的，沒有錯。孟樹德說得更形象，他說：「我們要伏在省委的胸脯上傾聽省委的呼吸。」黨中央和人民群眾的呼吸要不要傾聽？他沒有說。副總編輯蘇辛濤、祕書長傅白蘆、副祕書長張雨林、編委蔡克誠、袁家式和我的意見基本一致。前社長鄧鈞洪已經調到省文教辦公室任副主任，仍住在報社，有時也跑到編委辦公室來參加談論。我們這幾個人從《新湖南報》創刊起長期共事，新聞觀點基本相同是很自然的。後來在反右派運動中，被誣為「右派反黨集團」。

這個月中，官、孟先後下鄉去做調查研究。三月十八日，官健平返回報社，在他家裏召開編委會來統一認識（除孟樹德下鄉未回，其他編委全部參加）。從三月二十六日到四月三日，先後開了幾次會，加起來約十七小時，有時又稱之為「十七小時會議」。大家心平氣和，暢所欲言，最後一致同意，今後按照《中共中央關於改進報紙工作的決議》來進行經驗技術的宣傳，決定寫一個編委會的決議，由編輯部共同執行。官健平還做了總結發言，認為會議開得很成功，大家的認識統一了。散會時我特別向他提出：孟樹德沒有參加會議，他那「介紹經驗技術為主」的指導思想是不符合決議的。官健平說：「他回來以後，我會說服他。」會後，由梁念之起草，傅白蘆根據《中共中央關於改進報紙工作的決議》和省委關於貫徹執行上述決議的決定，審定了《編委會關於改進農村工作經驗與技術宣傳的決議》，送請官健平和全體編委過目，大家都簽名同意，隨即向編輯部公佈。爭議似乎就此解決了。

其實不然，三月底，孟樹德回到報社。起初，他只是說：「對決議本身我沒有什麼意見，在文字上有點意見。」不久，又改口

了，說：「十七小時會議是簡單粗暴的搞法。」官健平也不再提決議的事，好像他從來沒有同意過這個決議，也沒有簽過名。黨的民主集中制就這樣被他們「粗暴」地破壞了。

這時候，黨中央機關報《人民日報》開展了改進報紙工作運動，在社內外廣泛徵求意見之後，寫了一個檢查報告，上報中央。它檢查出自己的嚴重缺點是：

對黨的政策宣傳不及時、不系統、沒有力量。

報紙上新聞少……反映群眾生活情況的更少。

教條主義和黨八股作風嚴重。打開報紙一看，就是長篇大論，題目呆板、寫法笨拙，使讀者望而生畏。

沒有不同意見的討論，無論學術問題和政治問題都沒有自由的討論，只許我們一家獨唱。

報告進一步分析了產生嚴重缺點的原因，確定了改進的目標和具體的辦法。它寫道：「我們改進工作的中心目標是《人民日報》能夠多方面反映客觀情況和群眾意見，及時地、深入地宣傳解釋黨和政府的政策，更多地反映地方工作的經驗，對於廣大人民所迫切關心的工作上、生活上、思想上的問題展開討論，使《人民日報》成為受群眾歡迎的、生動活潑的報紙。」

《人民日報》是在毛主席倡導「百花齊放，百家爭鳴」方針的號召下，做出檢查和改進決定的。它的報告由中共中央向各級黨委批轉。中央著重指出：「中央批轉這個報告，認為《人民日報》改進工作的辦法是可行的。中央還希望各地黨委所屬的報紙也能夠進行同樣的檢查，以改進報紙的工作。」

《人民日報》的決定和黨中央的指示，給新湖南報社絕大多數同志以極大的鼓舞。我和多數編委一樣，認為自己的新聞觀點和

對本報經驗教訓的認識基本上是正確的，應該堅持下去。那時候，大家把黨中央和毛主席的指示當作金科玉律，把《人民日報》視為泰山北斗。於是，《新湖南報》也在內部開展了改進報紙工作的運動。先是官健平召開編輯部大會做動員報告，隨後黨總支召開先進工作者表彰大會，邀請鄧鈞洪出席講話，他也根據中央的指示精神講了改進報紙工作的問題。全編輯部都行動起來了，分頭學習文件、檢查報紙，獻計獻策。

編輯記者大都是二十出頭的小青年，工作熱情、思想單純、血氣方剛。在學習討論中，既談成功的經驗，也批評報紙的嚴重缺點。新湖南報社有發揚民主的傳統，討論問題時涉及誰就是誰，不管你是社長也好，編委也好，部主任也好，直言不諱。對三月份的農村宣傳，大多數人都不滿意，不免觸及官、孟的問題。兩人便寫信向省委彙報，說報社有人在背後操縱，藉口檢查報紙來排擠他二人，實際是反對周惠。他們企圖把工作問題引向人事糾紛，以製造混亂。

編輯記者中有人建議，最好搞個展覽會，把成功的宣傳和有爭議的稿件陳列出來，發動社內職工一齊來評議。經過包括官、孟在內的編委會同意，黨總支指定由讀者來信部負責籌辦；由於爭論的焦點在三月份的農村宣傳，農村部也辦了一個展覽。前者內容廣泛，大家稱之為大展覽，後者內容單一，便稱之為小展覽。兩個展覽會佈置就緒，主辦人來請編委會去人審查指導，官、孟二人推辭不去。適逢我和傅白蘆在辦公室，兩人商量了一下，覺得編委會不去人看看，不但有失職責，而且會挫傷群眾的積極性，便一同前往。

▲在冀察熱遼群衆日報社舊址附近，與當年報社的鄰居攝影留念。
　一九八六年四月。

　　大展覽設在二樓大會議室，牆上、桌案上陳列著許多剪貼的
報紙、黨的有關文件、原始稿件、統計表和圖畫等等。看那大字標
題，內容大致分為三部分：第一、本報過去成功的宣傳報導，其
中突出的是「關於李四喜思想的討論」；第二、現在存在的缺點
和問題，陳列了已經見報的有爭議的稿件，如介紹農業合作社經營
管理的具體經驗；盲目推廣生產技術，造成重大損失的如「青森
五號」粳稻等。它們多屬大塊文章，上述長沙縣合心鄉的經驗是其

中之一。編者在有關稿件旁邊加了一些按語，如「究竟是『內部刊物』，還是黨報？竟用如此大的篇幅來刊登一篇只供少數人閱看的東西！何況以前已刊登過不少類似的了。難怪人們說它是『大地主』」。另外，對有些冗長的文章加了「裹腳布」、「黨八股」、「佈告牌」等諷刺性詞語。展品的第三部分是改進報紙工作的建議和希望。其中最引人注目的是一篇名為「《新湖南報》發展遠景的狂想曲」，文章大意是說，到若干年後，《新湖南報》將發展成為國內外讀者最愛讀的報紙之一。它的基礎設施如何現代化，發行量之大如何驚人，以致每天的報紙需要若干架飛機、多少列火車向外運送。文章旁邊還配了一大幅圖畫，上邊畫著聳立如林的高樓大廈，那是報社的辦公樓、工廠和宿舍大樓；天上有翱翔的飛機，地上有吐著長煙的火車，那汽車更是密密麻麻，像螞蟻隊伍似的，想當然都是運送《新湖南報》的。

我們也去看了小展覽會，內容大同小異。我們兩人交換了一下意見，覺得舉辦的同志費了不少心血，改進報紙的願望與熱情是應該充分肯定的；但也要注意穩妥才是。例如「大地主」、「佈告牌」、「裹腳布」之類的詞語雖然是黨的文件或中央某些領導人早就使用過的，但是有些稿件涉及某些省委領導同志或省直主管部門，最好不用這些字眼；個別稿件是省委領導同志指定要發表的，最好不要展出。我們說的話很快地傳播開來，有幾個性情急躁的編輯大為不滿，當天晚上就跑到鄧鈞洪家裏，說傅、柏二人思想保守，阻礙報紙改進運動，他們要在討論會上公開提出批評，經鄧鈞洪勸說才改變了態度，同意對展品做一些修改。

社內大多數人看了展覽，都表示讚賞，唯有官、孟二人看罷不動聲色，徑直跑到省委去彙報。他們對周惠說：報社裏把他交去的

稿件稱作劣稿，公開展覽出來，還加上「大地主」、「大惡霸」的標題，反對省委，甚為猖狂云云。周惠大為惱火，到處宣稱：「報社的展覽會就是反對我周麻子的。」周小舟也親自來視察。他說：「報社的同志要改進報紙，這很好嘛！光報社的力量還不夠。」他囑咐省委宣傳部部長唐麟發一個通知，要省委委員和省政府各廳局負責人都來看看。省裏的許多負責同志奉命前來看了。周小舟又特別派省委副書記李瑞山、部長唐麟、省文教辦公室主任華國鋒來看了回去彙報，他想聽聽他們的意見。

李瑞山來看展覽是由我陪同的，他以前擔任省委農村工作部部長，我在報社當農村組組長時，工作上與他接觸較多。他一邊看一邊發表觀感。他說：「看得出，這些年輕的編輯記者很想把報紙辦好，這種熱情是很好的；但是也有點主觀主義的狂想，那幅狂想曲的畫兒就表現得很明顯嘛！官健平作為總編輯，要多聽聽群眾的意見，好好引導才是⋯⋯」後來聽說他和官健平談了話。

唐麟部長對展覽持批評的態度，說它表現了「小資產階級的狂熱性」。

華國鋒對展覽無褒無貶，不發一言。

之後，周小舟書記傳話給報社：編委會對辦報方針有爭議，可以按照毛主席提倡的「百花齊放、百家爭鳴」的精神展開討論，讓各人盡量發表意見，求得一致，最後報告省委，做出結論。同時派了李瑞山、唐麟、華國鋒來參加會議，瞭解討論的情況。

討論會於一九五六年三月至六月份多次舉行，全體編委加上原社長、總編輯都參加了。上述三位省委領導同志始終蒞會。編委個個都發了言。意見明顯地分為兩方：官、孟為一方，其他編委和鄧鈞洪為一方。爭論的焦點集中於三月份的農村宣傳搞得好不好？在

與此相連的指導思想上，報紙應當以抓經驗技術為主，還是以抓思想、政治為主？官、孟以前者為是，其他編委以後者為是，各人都引用黨的基本準則和事實、經驗為論據。按照省委的指示，每個人都把會上的發言原樣寫下來，上報省委。所有的人包括官健平都如實地寫了，唯有孟樹德沒有照辦，他加了許多會上沒有講過的東西進去。

現在要把當年的發言一一複述，既煩瑣又無必要。如果有人研究當代中國新聞史，想解剖《新湖南報》大冤案這個典型，可以去查原始資料《新湖南報關於改進報紙工作的爭論意見》。它於一九五七年由《新湖南報》祕書處編印成冊，保存在湖南日報社和省檔案館內。這裏有必要把我在那個會上的發言簡略地報告一下，因為它是我被劃為「右派」的主要「罪證」。

首先，我聲明擁護省委的指示，按「百花齊放、百家爭鳴」的精神暢所欲言，把辦報方針弄清楚。同時，我認為我們討論的是工作問題，不同於學術問題，不能無休止地爭論下去，必須按照組織原則，由省委做出結論，大家貫徹執行。

其次，爭論存在於幾個方面，我只談一點，就是辦報方針集中體現的：以抓經驗技術為主，還是以抓思想、政治為主（我個人的提法是抓思想、抓政策）。我主張後者，理由是：

（一）黨報是黨的宣傳工具，宣傳工作的主要任務是做思想工作。

（二）中共中央宣傳部部長陸定一說過：他從事宣傳工作三十餘年，最主要的一條經驗是要抓思想。省委宣傳部部長唐麟曾向我省宣傳部門推廣這一經驗。

（三）《新湖南報》創刊以來的成功經驗也是抓思想。

（四）引蘇聯《真理報》為例，真理報社向中國新聞代表團介紹它的觀點是：「《真理報》不是專門介紹生產技術的報紙，而是政治報紙。它對任何先進經驗的介紹和傳播，都要從政治任務出發，同時要能夠為廣大讀者所接受。」

編委討論會開完了，爭論雙方未能取得一致，誰也沒有說服誰。最後，李瑞山講話，認為雙方各有是非。唐麟則批評多數編委對黨的中心工作認識不夠，缺乏感情，因而對三月份的宣傳看法片面。兩人都聲明，這只是個人的意見，不代表省委，不是組織結論，將把討論的情況報告省委，做出最後結論。華國鋒依然不發一言。

中共湖南省委於當年八月十八日召開擴大會議，討論《新湖南報》關於辦報方針的爭論。周小舟在會議開始時講話，強調應按中央和省委關於改進報紙工作的決議為指標，以後在會議進行中未再發言。周惠則大肆批評報社多數編委。會議結束時，周小舟命唐麟到報社傳達省委擴大會議的意見，要說明，這不是省委的結論。

唐麟來到報社，召開擴大編委會，除了編委參加之外，通知編輯部各部（組）的負責人也參加。他的傳達講話全文刊載於《新湖南報關於改進報紙工作的爭論意見》（第二期）。這裏摘要如下：

（一）

問題還得從三月份報導說起。似乎有這麼一個看法：三月份的農村報導特別壞，灰溜溜的一大片：脫離群眾，死氣沉沉，既不生動，又不活潑，像個內部刊物一樣。

報紙是思想工具……主要在於抓思想、抓政治，但是，碰到了工作中的經驗問題、技術問題，怎麼辦呢？

應該肯定，抓思想、抓政治是黨的機關報的職責。要研究的是：思想如何抓法，思想從哪裏來，思想工作不能同政治、經濟、軍事鬥爭分開⋯⋯只有密切結合政治、經濟、軍事鬥爭，又著重從思想、政治的角度去考慮問題，才會有思想性、政治性。

政治鬥爭、經濟鬥爭、軍事鬥爭都有經驗、都有技術，離開了這些具體內容，就有空談思想和脫離實際的危險。

（二）

《中共中央關於改進報紙工作的決議》指出：「對於有重大價值的先進經驗和生產技術，應當從它們的政治意義和經濟意義著眼來進行宣傳。」省委認為，首先應該這樣去理解這個指示：一切工作都離不開經驗技術，一切經驗技術都有其政治經濟意義。

黨委所抓的中心工作代表了大多數人的最大利益，它是和經驗技術分不開的。

對三月份的爭論主要是由於對黨的中心工作理解不夠。

（三）

省委對所有的問題不做結論，希望大家再研究一下。

唐部長的講話顯然不能解決爭論的問題，到會的人員只有官、孟聽了很高興，其他人都心中不服，我也一樣。因為解決問題的途徑無非兩條：一是組織服從，而省委又說這不是結論，要大家繼續研究；另一條是以理服人。可是唐部長的講話對於爭論的核心問題

——是抓經驗技術為主，還是以抓思想政治為主，那一番推論能夠說服人嗎？

他抽象地肯定，黨報是思想工具主要在於抓思想、抓政治；可是，當多數編委主張在三月份的農村宣傳應當抓思想、抓政治時，他就說，你這是主張脫離中心工作，即脫離實際去抓思想、抓政治。

中央的上述《決議》關於經驗技術的宣傳，明明說的是「有重大價值的、先進經驗和生產技術」。可是，在他的「理解」中，「有重大價值的、先進的」換成了「一切經驗技術」。而且他認為「一切經驗技術都有政治意義和經濟意義」。所謂「一切」自然包括了價值不大的、不成熟的，甚至是誤導的等等在內。照此說來，那種虛報浮誇畝產數十萬斤糧食的經驗，那種盲目推廣不適合本地條件的農業技術等等，也有政治意義和經濟意義了。（不言而喻，「意義」一詞在《決議》中指的是積極意義。）

這是典型的偷換論題、偷換概念的把戲。正如俗話說的：「牛頭不對馬嘴」。

唐部長在湖南，被公認為是個博覽群書、大有學問的人，他經常在報紙上發表大塊文章，在幹部學習理論、時事的會上做長篇報告，旁徵博引，論證古今，顯得水平很高。他不可能不知道對中央的《決議》是不能那樣理解的，他的推論是自相矛盾的。

那麼，他為什麼偏要那樣說呢？十年以後，才道出其中的緣由。

原來，「文化大革命」初期，人們不瞭解偉大領袖毛主席的真正意圖，誤以為他要把過去迫害無辜群眾的冤假錯案歸咎於「走資派」而予以清查和推翻。湖南有些群眾組織發現了《新湖南報》「反右」大冤案，便組織「新湖南報政治迫害案聯合調查團」，向

有關當事人進行調查。唐麟這時任湖南大學副校長，是調查的人物之一。

　　一九六七年十月十六日下午和十七日上午，他在調查會上引經據典地論證：《新湖南報》的「右派」所堅持的辦報方針是正確的。他態度鮮明地指出：「新湖南報一場持久的激烈的大是大非之爭，就是這樣地被資產階級法西斯專政壓制下來，大批堅持原則的革命幹部被趕出了黨的組織，趕出了報社，趕出了幹部隊伍，開始了長期遭受迫害的歷程。」他承認他所傳達的省委「不是結論的結論」，是由他「盡量加工」而「修飾得更完整了」的，是「謬論和詭辯」。他更具體地揭發了周惠、官健平、孟樹德等人製造《新湖南報》大冤案的黑幕，他坦白地承認，自己懾於周惠等人的威勢，不得不向他們一邊倒去；並為自己和他們站在一邊而「深感咎責」。

　　「文化大革命」中波譎雲詭，撲朔迷離，不可能「把顛倒了的是非重新顛倒過來」。那個調查活動以失敗告終。隨後，唐麟也墜樓身亡了。有人說是自殺，有人說是他殺，死得不明不白。那時候無法無天，無端喪命的人不計其數，沒有人出面去追查。說實在話，過去我對他的印象不是太好，我被劃為「右派」，受到最嚴重的處分也與他有關。但是，他的悲慘結局卻引起我的同情。他是個富有才華的高級知識份子，卻也做了左傾路線的犧牲品；在他離開人世前，為《新湖南報》錯劃「右派」的人說了公道話，又引咎自責，表示懺悔，那是出自真誠的。他是個有良心的學人！當年在「反右」和「文化大革命」中造了種種罪孽的人，有幾個能像他那樣表示懺悔、公開謝罪的呢？李銳在〈悼唐麟〉的詩中寫道：「劫波歷盡泯恩怨，大節分明見是非。」可謂公允之論。

冤案製造者

唐麟的傳達等於宣判：多數編委敗訴了。可是，我們這些書呆子還抱著對黨的《決議》和雙百方針的信念不放，以為自己在維護黨的利益，在堅持真理，最終是會勝利的。我曾跟鄧鈞洪私下議論，我們沒有輸在理上，而是輸在權上，「胳膊扭不過大腿」嘛！不過，這是暫時的，我相信「真理總會為自己開闢道路的」。

官、孟抱的大腿就是周惠，省委常務副書記。據唐麟說，從一九五三年起，周惠就掌握著省委的實權，當時人稱省委一霸，第一書記周小舟也要讓他三分。更有人說，周小舟已經大權旁落。周小舟和他也的確是兩路人，周小舟是個受過高等教育和長期革命鍛鍊的知識份子，原則性很強，對人謙虛和藹，彬彬有禮。五十年代初，他擔任省委宣傳部部長，每天晚上都要到報社來審閱重要的稿件，與報社領導人和某些編輯記者研究工作，促膝談心，非常關心愛護。周惠是所謂「土派知識份子」（引權延赤的《天道——周惠與廬山會議》的用語）。自以為是與工農兵結合的知識份子，言語舉動做出大老粗的樣子，開會做報告，忘不了說些粗話或痞話。有時又拋出幾句古詩古文，表示肚子裏還有墨水。在我和他有限的接觸中，我覺得他很高傲，特別瞧不起所謂的「洋知識份子」。有一次他問鄧鈞洪：「你們報社像蘇辛濤那樣的坯子還有幾個？」當時我聽了甚為驚訝，坯子是半成品的意思。據我所知蘇辛濤讀了不少馬列主義的書，會寫文章，資歷不比他淺，年紀不比他小，在他的眼裏還是個「坯子」。可見他自視有多高了。

「土派知識份子」不一定成為一霸，這又與他的品性有關。他為人的特點是：權勢欲強，好玩權術。舉一個例，權延赤寫的《天

道——周惠與廬山會議》實為周惠吹噓自己的傳記。出版以後，引起不少知情人的批評。就中趙清學寫了一篇評論，發表在《南方週末》上，題目是〈勿往臉上抓肉〉。文章指出周惠在廬山會議上，初期和彭、黃、張、周一起反對左傾。會議後期，他被毛主席喊去「挖彭德懷的牆腳」挖出去，回到湖南搖身一變，變成了批判「反黨集團」的主帥。十一屆三中全會以後，黨中央為「彭、黃、張、周」平了反，恢復了名譽；在人民群眾中他們一直受到崇高的敬仰。這時，傳記卻暗暗地把周惠的名字塞進「彭、黃、張、周反黨集團」裏去，稱之為「彭、黃、張、周、周」（見該書頁9），還自稱是周小舟「敦厚誠摯」的戰友，曾經如何盡力地保護周小舟，真是自欺欺人。他大概以為人們都忘記了他一九五九年從廬山回到湖南以後的所作所為。趙清學的文章點出了他在湖南省委擴大會議主席臺上批判「反黨集團」時眉飛色舞的表現。

報社被他劃作「右派」的鄧鈞洪、蘇辛濤曾被他召去，發動他們揭發周小舟。當時，他得意忘形，一個金雞上架跳到椅子上說：「我和周小舟鬥了好幾年，他學得烏龜法，在常委會上慢慢伸出頭來，我就敲他一下，他馬上縮回去。再慢慢伸出頭來，我又敲他一下，現在好了，他從高處跌下來，連烏龜殼都打碎了。」目睹耳聞的人記憶猶新，演出的人難道真的忘記了？

在周小舟任湖南省委第一書記的時候，周惠排名第三，他分管《新湖南報》，社長兼總編輯為鄧鈞洪。他多次指示鄧鈞洪：省委的指示和文章要登在一版頭條，可以用碗大的字做標題，今天登了，明天還要登。說的時候還用手比劃著碗有多大。鄧鈞洪回來向編委們傳達，大家都笑，以為周惠書記是故作誇張之詞，沒有在意，沒有誰見過哪家報紙這麼幹過。後來，他多次重複地這樣講，

我們才知道他的真意所在，是要報紙突出地宣傳他和他直接管轄的工作。所謂省委，實即他的代名詞。報社無法按照他的要求去做，因為黨中央對黨報的辦報方針有明確的規定，既不能突出地方，一般地說，也不能突出某個人。只有毛、劉、周、朱幾個中央領導人可以在一版頭條出現，對領導人文章署名的字體大小，也是規定了級別的。在某些具體稿件的處理上，報社違拂了他的意思；於是，周惠認為報社這批「小資產階級」不聽他的招呼，不可能成為他的馴服工具，遂下決心逐步撤換報社的領導。

一九五五年初，終於將鄧鈞洪調離報社，派了他的心腹官健平到報社任總編輯。

官健平長期隱瞞罪惡的歷史，混入黨內，爬上省委部長級的職位，這事湖南老幹部盡人皆知，青年人還不熟悉，有必要稍加介紹。此人原名官棟華，於一九一二年一月生於福建省連城縣（一說生於一九〇九年）。他的叔父是個土匪頭子。他於一九二六年投奔叔父的手下當土匪。同年，他叔父將土匪隊伍改為偽民團（即地主武裝），他當團丁。第二年，即一九二七年，他的地主父親自行組織了桃坪民團，並任團長；他改任這個民團的隊長。據一九六八年，他在被人揭發後，向黨交代：

> 從這個時候起，我依仗著父親和叔父的勢力，在群眾中作威作福，幹了很多壞事。有一次和廟前民團一起，在上杭古田圩抓了一個財主，敲詐了一千多元毫洋。兩個民團的人分了。

> 偽團防局徵收清鄉善後經費時，我父親⋯⋯要我造出名單，強行向農民攤派，如果有的農民不願交費時，民團

就派人把他抓來審問，我也參加過捆綁、審問農民這一罪惡活動。

一九二八年五、六月間，偽團防局通知民團配合「清鄉」活動，我……按父親的意旨，由我帶了四、五個團丁到魷魚壩一帶參加巡邏。

我父親是個大煙鬼，我也跟著抽過鴉片，還和團丁一起喝酒，搞過賭博、嫖過女人等。

以上只摘引了他自己交代的一部分，別人檢舉揭發的不提。

到一九二九年，當地農民運動迅猛發展起來，他在當地站不住腳，被迫逃亡到了廣東。改名官健平，籍貫改為廣東南雄；出生改為一九一五年。從一九三二年開始，投入廣東國民黨軍隊，當個班長。先後住進國民黨的陸軍醫院、教養院。以上情節，他長期向黨隱瞞，謊稱他六歲起在廣東先後讀了小學、中學和廣州大學。

一九三九年底至一九四〇年初，他在國民黨四戰區游擊幹部訓練班接受訓練，並由軍統特務、游幹班教務長和中隊長介紹加入國民黨、三青團，隨即被任命為隊副和分隊長。一九四二年，他跑到廣西三江縣國民中學擔任訓導組長，並擔任該校國民黨區分部宣傳委員。在這裏，認識了中共地下黨員何大群。通過何大群與我地下黨另一些同志交往。

抗戰勝利以後，他跟著地下黨的同志跑到長沙，取得湖南地下黨中層骨幹的信任，於一九四六年三月，經劉國安、鄧鈞洪的介紹，被正式吸收為共產黨員。

中國共產黨是一個組織特別嚴密的政黨，對入黨對象的審查極其嚴格，特別是對出身、歷史、社會關係非常重視，然而像官健平

這樣罪惡累累的人居然能夠混進來，闖過一次又一次的政治運動，真算他有本事。

官健平十四五歲就當土匪，沒有讀過幾年書，本是個不學無術的人，他到《新湖南報》任總編輯兩年之間，我只見過他寫了一篇題目叫〈趕快下去〉的社論，說農村中問題不少，領導幹部要趕快下去抓，全文長不過二三百字，空空洞洞，一派陳詞濫調，編輯記者們傳為笑話。後來，我有機會看到他在被人揭發前向黨寫的自傳，竟長達一萬餘字，不但把他那罪惡歷史掩蓋得滴水不漏，而且給自己編了一個有頭有尾的故事，說得有鼻子有眼的，像真的一樣，使你不能不佩服他的「虛構」才能。

認識官健平的人，公認他最大的本事是善於巴結上級，諂媚逢迎，無微不至，卻裝得十分誠懇而熱情。他正是那種「大奸似忠，大詐似信」的人。因此，所有的長官，包括精明的周惠在內都被他騙過了，都很喜歡他。自從混進共產黨以後，他如同坐上了直升飛機似的，直上青雲，由長沙市工委文化支部書記──長沙市工委書記──湘中地工委書記──益陽地委組織部長──邵陽地委副書記──省委副祕書長──省委統戰部長……他在益陽地委任職時，討得地委書記周惠的歡喜，很快成為心腹。此刻，周惠要掌握《新湖南報》這塊宣傳陣地，便把他從省委統戰部調來。

湖南地下黨中資歷比他老的、德才勝過他十倍、百倍的大有人在，卻沒有一個提升得像他這樣快的。直到「文化大革命」興起，由於他爬得太高，照例歸於走資派一類，經群眾一查歷史，才發現他從入黨起，所填的履歷表寫的自傳，其入黨前的部分全是假的，除了姓和性別。

如果說，像官健平這樣的大騙子在新中國絕無僅有，倒也不見得，我就聯想起五十年代初轟動一時的李萬銘，老舍先生曾以他為原型寫了一個劇本叫《西望長安》。此人原係國民黨軍隊的一個下級軍官，曾被我人民解放軍俘虜後釋放。解放後偽造歷史，到處招搖撞騙，一會兒是老紅軍，一會兒是抗美援朝的戰鬥英雄，最後騙到副軍長的名義，終於被識破而送上法庭，判處二十年徒刑。他其實並無大的歷史罪惡，只是騙到了高層領導，有損黨和政府的威信罷了。官健平雖然一度被開除了黨籍，但後來又被從寬處理而恢復了。一九九九年病死，還享受到副廳級離休老幹部的待遇。惡始而善終，可見「天網恢恢，疏而不漏」，不過是善良的人自我安慰之詞罷了！

官健平一到《新湖南報》就任命他的老婆彭心耿為人事科科長，任調來不久的孟樹德為副祕書長。孟樹德的歷史沒有官健平那樣複雜，卻也不簡單。孟是湖南桃江縣人，在廣州中山大學經濟系讀過半年。一九三八年在沅江縣第二區擔任國民黨政府的抗日民訓副大隊長兼副區長，一九三九年在湘鄉縣加入中共地下黨，一九四一年脫黨；一九四六年在湘鄉縣又加入了國民黨，填了表、領了黨證。同年五月進入長沙《中央日報》，寫了些歌頌蔣介石、國民黨和辱罵共產黨的文章，受到上級重視，被任命為特派員，旋升為採訪部主任。一九四七年與已經是共產黨員的官健平認識，經官報告上級黨組織，恢復了孟樹德的組織關係。一九四八年初，未經黨組織同意又加入了一般的反動組織「中國土地改革協會湖南分會」和「湖南民主經濟協會」。

周惠對於這位在共產黨和國民黨之間進進出出的特派員似乎有所瞭解。他對報社的「右派」說：「對孟樹德我是清楚的。但這次

他投機投對了，我們歡迎、支持。你們休要不服，你們看，我馬上就要送他去農村，起碼改造兩年。」在他的眼裏，孟樹德的特點是投機。「這次」二字說明以前還投機過，「這次投機投對了」說明曾經投錯過，話中有話。

孟樹德的另一特點是慣於搞宗派。湖南解放以後，他在湘潭地區《建設報》任社長和地委宣傳部任副部長時，因為培植親信，排斥異己，飛揚跋扈，專橫武斷，引起報社職工強烈的不滿。部分編輯記者寫信向中共中央中南局、湖南省委和《新湖南報》予以揭發，《新湖南報》派了記者羅印文前去調查瞭解，寫了個調查報告登在報社內部刊物《情況簡報》上，引起了湘潭地委的重視，又派人進一步複查核對，證明揭發的屬實，決定給予孟樹德以當眾警告的處分。孟當時表示願意改正錯誤，卻對揭發他的人懷恨在心，伺機報復。在掌握新湖南報社「反右」大權時，羅印文果然落入他的黑手。

以上三人就是《新湖南報》大冤案的製造者。他們具有絕對的權力優勢，可以奪取報社這塊宣傳陣地，剪除異己。一九五六年還在準備階段，需要等待時機，一年以後，機會到了，這就是反右派運動。

一九五七年在北京

一九五六年八月底，我經過考試和審查，奉命到北京中央高級黨校新聞班學習。臨行時，鄧鈞洪、蘇辛濤和其他編委囑咐我把爭論的材料帶去，請中央宣傳部新聞出版處和黨校的專家評判一下。到北京以後，我只跟黨校新聞班教研室的同志談了，把帶的材料交去請他們研究後提出意見。過了一晌，教研室的某同志約我面

談。他曾是一個省報的負責人，對地方報紙是熟悉的，他談的要
點如下：

（一）中央最近提出：黨委的機關報又是人民的報紙，過去我
們辦報只注意黨的一方，不大注意人民的一方，因此有脫離群眾的
現象。今後改進報紙工作，中心是加強人民性。

（二）黨報當然要指導工作，但不能只指導工作，不反映整個
國家生活。

（三）關於指導工作，過去強調由上向下「貫」，往往忽視群
眾的輿論，即群眾的反映。

（四）報紙主要抓思想政治是對的，但是經驗技術的宣傳不能
沒有，也不可多。

這位同志講得很原則，我覺得他強調報紙應加強人民性這一
點，跟我們的想法是一致的。但是對於《新湖南報》的爭論，他沒
有明確表示支持哪一方。

放寒假我回到長沙，向多數編委報告了上述意見。大家的反應
平淡，一則因為不是權威的意見，又沒有明確表示支持我們；二則
周惠在省直機關幹部整風動員大會上，公開批評了多數編委，措詞
很嚴厲，說什麼報社的爭論與匈牙利事件是一碼事。去年十月，匈
牙利首都布達佩斯的大學生和工人上街遊行示威，反對蘇聯和蘇聯
支持的匈牙利共產黨書記拉科西，蘇聯出兵鎮壓。黨中央和毛主席
贊成蘇聯出兵，把匈牙利事件定性為反革命事件。周惠這樣提出批
評，不知是否經過省委研究，是他自己的看法，還是代表省委？總
之，他把爭論問題訂為敵我矛盾了。多數編委心情沉重。官、孟則
趾高氣揚，他們豈肯聽我的不入耳之言，所以我見了他們什麼也沒
有說。寒假結束，在我動身回黨校之前，蘇辛濤忽然拿了他向省委

做的檢討書，執意要我提出意見。我知道這是要連帶負責任的，卻又不習慣推三諉四，便提了一點：我反覆想我們所堅持的辦報方針是根據黨中央決議來的，並沒有錯；辦報爭論是遵照省委指示進行的，但省委始終沒有做結論。現在就一概承認錯了，是否有悖於實事求是的精神。後來得知蘇辛濤把他的檢討書改動了幾處，阻礙蘇辛濤做檢討就成了我的「右派罪行」中的一條。

我回到黨校，感到北京政治氣候跟湖南完全兩樣。開學不久，黨校就組織學員聽一個非常重要的錄音報告，即一九五七年二月二十七日，毛主席在最高國務會議第十一次擴大會議上的講話，也就是後來正式發表的〈關於正確處理人民內部矛盾的問題〉的原話，〈講話〉指出：史達林的嚴重錯誤之一，就是「混淆敵我矛盾和人民內部矛盾，拿對付敵人的辦法來對付人民」。毛主席兩次闡明「百花齊放，百家爭鳴」和「長期共存，互相監督」兩個重要方針，我和同班學員本來就對他無限崇拜，聽了他的講話更是歡欣鼓舞，覺得〈講話〉把他那博大的胸懷、雄偉的韜略發揮到極致。我認為，他遠勝於史達林，有了他的新思想、新方針，中國將避開蘇聯的歧途，迅速建成社會主義。我們所堅持的辦報方針和「百家爭鳴」的精神是符合他的思想的，而周惠等卻混淆了兩類矛盾，錯把人民內部矛盾當作敵我矛盾來看待。

北京的新聞界也出現了新動向。

三月十日，毛主席邀請了新聞出版界的代表人物王芸生、徐鑄成和鄧拓等人開座談會，中心話題是「雙百」方針。他盛讚徐鑄成和他主辦的《文匯報》，說它在宣傳「雙百」方針方面起了表率作用。

兩天以後，毛主席又在全國宣傳工作會議上，重申他在最高國務會議上的講話精神，《人民日報》沒有立即做報導和發表評論，

引起了毛主席的赫然震怒，斥責報社領導人是「死人辦報」，是「對中央的方針唱反調」。人民日報社上下悚懼，趕緊組織了一系列社論大力宣傳毛主席講話的新精神，並公開做了自我批評。

四月一日，由毛主席過問，胡喬木出面，敦請黨外人士儲安平就任《光明日報》總編輯，以代替原任總編輯共產黨員的常芝青。

在毛主席大力倡導下，再經過《文匯報》、《光明日報》、《人民日報》等黨內外報紙的大力宣傳鼓動，知識份子和民主人士逐漸解除顧慮，大膽地鳴放起來。

四月三十日，毛主席登上天安門城樓，懇請各民主黨派幫助我黨整風。五月八日，中央統戰部帶頭邀請民主人士舉行座談會，鼓勵大家以大鳴大放的精神向黨提出批評意見。座談會上的發言逐日在《人民日報》上刊登。全國各地也先後召開同樣的座談會，地方報紙也照樣全部發表。到五月中旬，座談會的鳴放達到最高峰。

接著，北京的大學校園裏又掀起了用大字報鳴放的熱潮，我和新聞班的同學相約去北大、清華觀看了大字報。記得的有著名的第一張大字報〈是時候了〉，有譚天榮的〈一株毒草〉。這些勇敢的學生，聲稱舉著「五四」的火把，繼續發揚科學民主的精神，目標是「火葬陽光下的一切黑暗」。青年人的敏銳和勇敢精神，引起我的共鳴和敬佩。但是我畢竟經過政治風浪和黨性教育，我只能心儀而不敢公然表示贊同。

大約是五月下旬，高級黨校也舉行座談會，開始鳴放。我們班開了三天會，三十幾個學員個個發表了意見。只有我一個人未發一言。主持會的黨支部書記也沒勉強，因為我正患牙痛，天天捂著腮幫子，愁眉苦臉地聽會，得到大家的諒解。其實，那是次要的，牙齒再痛，也不致連話也說不出，實在是因為拿不准說什麼好。前

一段在大鳴大放的熱潮中，「引蛇出洞」和「放長線釣大魚」的傳言我略有所聞。雖然不相信那是真的，但還是以慎重為好，當「蛇」、當「大魚」都不可取。

　　過了幾天，在黨校研究班學習的湖南省委書記徐啟文召集在校的湖南幹部開座談會，我去參加了。徐書記動員大家給湖南省委提意見，重申「知無不言，言者無罪」的精神，鼓勵大家「鳴呀！放呀！」到會的二十多人都是部委廳局級幹部，職級在我之上，我就讓人家先講。座談會開了兩天，個個都講了，只剩下我一個人沒發言。這時候，我的牙齒已經不痛了。如果指定要我發言，我也會講的，可是，徐書記大約忘記了還有人沒發言，或者是到會的人對我不熟悉，就沒有人點我的名。座談會宣告結束。我對自己之不受重視毫不介意。

　　一九五七年六月八日，在中國歷史上有了特別的意義。這一天，《人民日報》發表社論〈這是為什麼？〉，同一天由毛澤東主席起草的《中共中央關於組織力量準備反擊右派份子進攻的指示》向黨內發出，黨內外同時宣告一場規模空前的政治運動開始了。知識份子和民主人士的大多數驚惶失措，一大批知名人士昨天還是響應號召幫助黨整風的朋友，忽然變成了反黨反社會主義的罪犯。受到上下讚揚的《文匯報》、《光明日報》，忽然成了資產階級向黨進攻的工具。全國各地一片討伐聲、一片謝罪聲。事情來了一個一百八十度的翻覆，以前聽到的「引蛇」、「釣魚」的猜測，原以為是「以小人之心度君子之腹」，現在竟不幸被言中了，我感到迷惑和悲涼。

　　中央高級黨校乃黨的心腹之地，也展開了「反右」鬥爭。全校第一個被指控的正是新聞界的，名叫王譚，原《廣西日報》的社長

兼總編輯，受全校大會的批判。我記得他的主要罪狀是：他認為史達林和蘇共中央所犯的錯誤，在我們黨內和毛主席身上也有，應該吸取老大哥的經驗教訓，加以改正。他從入學起就堅持這個觀點。另一個受批判的也屬新聞界，他是著名的《大公報》記者徐盈。記得他被指控的罪狀是對黨的陰暗面興趣過大，他在黨校讀了馬恩列斯毛的經典，為了理論聯繫實際，就到學校附近的鄉鎮做調查研究，搜集了一些不滿言論，加以「誇大」和宣揚。王譚、徐盈和其他鬥爭對象，照例被斥為「態度不老實」，其辯解聲被臺下的怒吼聲一再喝斷。

我暫時還不是鬥爭對象，沒有感到特別沉重的壓力。不過，接連發生好幾起自殺事件，使我震驚，他們都是廳局一級的老黨員，有的上吊，有的服毒，有的投入昆明湖。學校照例開全校大會，宣佈開除他們的黨籍。根據黨內的不成文法，共產黨員是不允許自殺的。有個自殺的學員除了被開除黨籍，還被指責為「連死也死得不勇敢」，我開始體會到「殘酷鬥爭」、「無情打擊」意味著什麼了。

我們新聞班也開始「反右」，第一個被指定檢查的名叫姚北樺，南京《新華日報》的編委兼祕書長，他和我是親近的朋友，我至今想不起他有什麼反黨反社會主義言論，不過他為人直率，大概在鳴放的會上講得太多了，犯了「言多必失」的忌諱，班上開他的批判會，校部一個領導人特來參加。會後，領導人召集支部委員和小組長做指示，我是小組長，參加了這個會，領導人說：「對於右派要『一棒子打死』！根本不是什麼批評幫助的問題。因為他們是敵人，鬥爭敵人的會不能是這種開法。」一席話猛然把大家的政治水平提高了一截，勝過讀了一年的經典。自那以後，班上的批判會

便升溫了。發言人都扳起面孔、提高嗓門。不過，只此而已。「反右」鬥爭比起「文化大革命」來，畢竟還是處於「初級階段」。

我班受批判的第二個「右派份子」名叫徐雁，浙江日報社的編委，店員出身，真正的工人階級，生得一副白淨面皮，舉止文雅，揪出他來真出人意料。我從批判會上才知道，他的罪過主要是「歪曲了馬列主義理論」。徐雁出身貧寒，讀書不多，進了黨校以後，學習馬列主義經典著作十分用功。黨校一貫提倡理論聯繫實際的學風，他就聯繫中國共產黨的實際，說什麼中國共產黨違背了馬克思的遺教，馬克思稱讚巴黎公社實行的「真正的民主制度」，包括：公社的領導人由普選產生，對選民負責，隨時可以撤換；從公社委員起，自上至下一切公職人員都只領取相當於工人工資的薪金等等。蘇聯沒有遵照實行，中國共產黨也沒有實行，這不是違背遺教是什麼？

我班共有學員三十人左右，共反出三個「右派」，按毛主席在〈事情正在起變化〉一文中的估計：「右派大約佔百分之一、百分之二、百分之五至百分之十。」已達到了最高的標準，領導人可以向上級報告「勝利完成任務」了。

我雖然平安度過了黨校「反右」這一關，心中卻惶惑不安。其一，這裏揭發批判的許多「右派言論」，實際上我也有類似的想法，只是沒有發表罷了。其二，我原來工作的新湖南報社，在進行「反右」鬥爭，越來越兇猛。九月初，《新湖南報》上宣佈：反出了唐蔭蓀、鍾叔河、朱純等「右派小集團」，他們的罪名是籌辦「同人報」，我很熟悉他們，都是編輯記者中的骨幹。九月中旬，報紙又宣佈了蘇辛濤、傅白蘆、蔡克誠「右派小集團」，他們的罪狀是堅持「資產階級辦報方針」，「反對省委的領導」，具體內容

就是在辦報方針的爭論中，多數編委堅持的那些主張。隨後，早已調離的原社長和總編輯鄧鈞洪被納入這個集團，並被指定為頭領，稱之為「鄧、蘇右派反黨集團」，而我和他們觀點一致、關係密切。雖然調離報社已有一年之久，但是，那兒算的是舊帳，自然少不了有我一筆。《新湖南報》我天天可以看到，我的妻子金玉潔仍在報社工作，時常寫信來通報那裏「反右」的情況。

黨校「反右」在十月間基本結束。新聞班原定要學習兩年的，校部宣佈縮短半年，於一九五七年年底提前結業，要求學員各寫一篇總結作為畢業論文。我開始忙著寫論文。

這時，我的妻子寄來一封長信，信上說：報社的祕書長孟樹德和副祕書長梁中夫要她動員我趕快交代問題。報社正在向鄧、蘇、傅、蔡等進行批判鬥爭。編委袁家式被策動宣佈「起義」，對鄧、蘇等反戈一擊，揭發和交代了不少問題。領導上對他大加讚揚，說要給予從寬處理；同時號召其他跟隨鄧、蘇犯了錯誤的人向他學習，立功贖罪。至於我離開報社已經一年多了，問題也較小；但是我和鄧鈞洪的關係特別密切，應該知道「鄧、蘇集團」的一些內情，至今沒有檢舉揭發，這對自己是很不利的。希望我及早轉變立場，與該集團劃清界限，主動交代和揭發……她還告訴我，報社裏揭發和批判鄧、蘇的大字報鋪天蓋地，空氣緊張得很，個別大字報還點了我的名，她很替我擔心。

我很快寫了回信，要我的妻子相信：根本不存在什麼「鄧、蘇右派反黨集團」，也沒有什麼不可告人的密謀，一切是按黨的規定進行的。「請你不要怕，唯物主義者是無所畏懼的。」信的結尾我是這樣寫的。這句話是我在黨校學來的。其實我並沒有真正理解它，更不知道它的輕重。信寄出以後，過了一段時間，黨校通知

我：湖南來函，調我回新湖南報社去，可以即刻辦理離校的手續。這時，新聞班學員的總結都快寫完了，結業在即，卻命我提前離校，相好的同學對我說，只怕情況不妙。

可憐的新湖南報人

一九五七年冬天，北京的冷風像刀子一樣割臉，回到長沙，又感到陰寒砭骨。大概是我的心情異常的緣故吧！走進報社，遇見的人大都拿眼睛看看我，有的點一點頭，匆匆走開。我體會到什麼叫「道路以目」了。回到家裏，四個孩子照樣嘻嘻笑笑，問爸爸給他們買了什麼東西。他們都很小，大的才六歲。妻子強作歡顏，卻掩不住滿腹愁腸。向我敘說了「反右」的情況之後，要我稍微休息一下，去見一見官健平和孟樹德，現在他們獨攬大權，劃誰的「右派」、不劃誰的「右派」，兩人說了算。

第二天我到了官健平家，孟樹德也在那裏。官健平拉長著臉，孟樹德則笑嘻嘻地端詳著我。我剛坐下，官便開門見山地問：「聽說你到北京去向中央告了狀？」

「沒有。」我把黨校徵求意見的經過說了一遍。

「有人說：你告到了中央宣傳部。」

我否認了，官健平仍舊咬住不放：「你實際上向中央告了狀。」

孟樹德接著派定我的罪名：「你是鄧蘇右派反黨集團骨幹之一，這是早已確定了的。不過，你去北京一年，他們有的活動你沒有參加也是事實。我們想，對你處理比李冰封還輕一些，就要看你的交代情況如何了……」

李冰封也是編委。一九五六年編委會爭論的時候，他在高級黨校新聞班學習，不在報社。一九五六年秋季，他畢業後回到報社，關於辦報方針，他和多數編委是一致的。

從官健平家裏出來，我心裏似乎踏實了一些，自以為摸清了他們的底。原來，他們最恨的是我「向中央告狀」，這不能構成什麼罪名。黨章有規定嘛，共產黨員有權「向黨的上級組織直至中央提出請求、申訴和控告，並要求有關組織給以負責的答覆」。何況我還沒有告到中央去。事實證明，我太天真了。豈不知權力大於一切！「莫須有」可成罪名。

我蹲在家裏把我在爭論會之外的有關言行寫了交出去，要寫的本來不多，寫完了就閉門讀書看報。沒有人登門，我也不去給別人添麻煩。這樣過了很久都沒有動靜，我猜想是社裏要打擊的對象太多，官、孟騰不出手的緣故。新年過後的一天，忽然黑板報上發表了一篇罵我的稿子。給我派了個頭銜：「鄧、蘇反黨集團的軍師」，說我起了「搖鵝毛扇」的作用。想不到竟這樣抬舉我。不過，它是個信號，表明快要對我開刀了。果然，沒隔兩天，「反右」辦公室的專幹曹田壽就來通知我：晚上開我的批鬥會。

自參加革命以來，我參加過不少的批判鬥爭會。過去都是批鬥別人，這一次是我第一回挨批鬥了，心中有說不出的苦澀滋味。不知是否有人研究過批鬥會的發展史，它好像來自蘇聯。在蘇聯的某篇小說中，它的借代稱呼為「往中間站」。凡是被某種權威認定犯有某種錯誤或罪過的人，就讓你站到一伙人的中間去，接受批評、審問、辱罵，甚至於……你只有認罪認錯的份，沒有辯護之權，否則，輕則說你「態度惡劣」、「極不老實」，重則招來更猛烈的批鬥、更嚴厲的懲罰。這種方式相沿成習，成為革命隊伍裏的家常便

飯，不是今天你批鬥別人，就是明天別人批鬥你，結果無一得以倖免。這種辦法實質上是以革命名義掩蓋的一種威懾手段，在威懾之下，可以誣人，也可以自誣。仔細想來，它實在太不文明，絕無好處，跟馬克思主義毫不相干。撥亂反正以後，它基本上被廢止了。可是，在極「左」思潮盛行的年代，它是「階級鬥爭，一抓就靈」的重要手段。這些是我事後的想法，當時顧不得想這些，只想如何度過跟前的嚴關。經過若干政治運動，我也學了些「經驗」。我知道，萬一不幸當上了批鬥的對象，絕對不能硬抗硬頂，也不要違背事實亂講一通。比較穩妥的辦法是所謂「大帽子底下開小差」。咬著牙忍耐，熬到運動後期，照例有個複查階段。雖然會給你做個帶尾巴的結論，說你不是一點問題沒有，終究不至於吃大虧。我當時就是這樣想的。我不再大言「唯物主義者是無所畏懼的」了！

這天，妻子好似送我上刑場一樣，煮了兩個荷包蛋給我吃。她說：「不曉得會要開多久，你要保住身子。」千囑咐，萬囑咐，勸我多多忍耐。「態度要好一些，人家怎麼說，你也別發氣。」

批判會會場設在辦公大樓的會議室，打從北京回來，我還沒有到過。室裏、室外和走道上掛滿了大字報，白茫茫的一片，好似追悼會的輓聯，透出一種陰森森的氣氛。會議室裏坐著大約二十來個人，都是熟悉的面孔，現在冷冷地對著我。我被指定坐在預定的椅子上，出乎意料，沒有讓我站著。大會宣告開始，一個接著一個發言，講些什麼，現在記不清了，反正就是扣各種各樣的帽子吧！我明白，這都是領導人佈置好的，誰參加、誰發言、講些什麼……都是經過審查批准的。發言人多數是奉命行事，發一些違心之論。少數人想借此立功，極力做出立場堅定、愛恨分明的樣子——基本上都在做戲。想通了，倒也不去計較。然而，此刻戲正在上演，我又

是其中的反面主角，不得不虛應故事。我埋頭恭聽，持筆速記，表示在認真接受批判。會開到最後，照例由批判對象表態，我也說了幾句，表示將進一步深刻反省。

嚴關就這樣過來了，沒有再開批鬥會。我猜想，大概在官、孟他們的帳上，我的一筆已經清算好了，無須多費力氣。其實不然，過了一晌，又是那個曹田壽找上門來。二話不說，就問我：「你記了日記沒有？」突然提出，我思想上毫無準備，就習慣性地按照對黨忠誠老實的原則，毫不遲疑地回答：「有。」因為我當時的心態，官、孟也好，曹田壽也好，都代表黨組織。曹田壽沉著臉說：「你拿來，我們要看看。」我馬上取出沒有用完的一本給他。

一九五八年一月二十四日，內部刊物《新湖南報人反右鬥爭專刊》以四開大小、三個版面刊登了對我的「揭發和批判」，其中〈柏原反動日記摘錄〉佔了一大半篇幅，標出的主題是：「看起來柏原一本正經，高深莫測，骨子裏卻是個反動透頂的右派。」副題是：「他針對李冰封調往省委一事竟在日記裏寫：黨，黨，多少壞事假汝之名而被實行之！」

原來孟樹德正感到我的材料不足，難以寫罪狀的時候，得到這本日記，大喜過望，馬上親自動手，從中摘取了一些片斷，用以證明我「反動透頂」。他模仿反胡風時公佈胡風往來信函的樣板，也加了一些編者按，企圖引導讀者。摘錄的這部分日記，反映了我對當時國際國內形勢的看法。我認為，無論蘇聯、波蘭、匈牙利也好，中國也好，中心問題是個民主和專政的問題，黨內國內缺乏民主，以致脫離群眾，產生了種種弊端。我認為按照恩格斯的教導：「應該解放思想」、「不相信一切神聖的東西」。（見《費爾巴哈

與德國古典哲學的終結》。〈摘錄〉很長，不便照抄，讀者如果有
興趣，可以到湖南日報社和省檔案館找到）。

李冰封的調動是怎麼回事呢？

李冰封是《新湖南報》的編委會成員，報社派他到中央高級
黨校新聞班進修了兩年，於一九五六年夏季畢業回到報社。第二年
春，省委組織部調他到省委辦公廳做一般行政幹部。他熱愛新聞工
作，一九四八年起，他在東北冀察熱遼《群眾日報》開始做編輯。
北京解放以後，他參加了《北平解放報》的工作。一九四九年南下
到湖南，為《新湖南報》創辦人之一，至今已有十年的報齡，可稱
老報人了。他剛從中央黨校深造回來，正想發揮專長，為省報做出
貢獻，上面卻要調他去做不需專業知識的行政工作。因此，他向省
委組織部長陳述意見，請求不要調走。部長承認他講的理由，說
花十年功夫培育個新聞幹部確實不易；但是，簡單地一句話回答：
「這是黨的需要，你得服從。」李冰封與我是多年共事的知友，他
心中苦悶，便寫信向我傾訴。他認為，報社編委會正待加強，卻把
他調走，他懷疑是官、孟排除異己的計謀，因為他贊同多數編委的
辦報觀點。來信要我打聽什麼地方需要新聞幹部。

我和北京工人日報社聯繫，那裏立刻表示歡迎，請他去擔任
編委。

我寫信告訴李冰封的時候，他因被催逼不過，已到省委辦公廳
報到了。我很為他不平。聯想到黨校同學談過某些領導幹部假公濟
私、腐敗專橫的事例，不勝氣憤，遂發出了「黨，黨，黨……」的
呼喊。

〈柏原反動日記摘錄〉發表以後，我在報社「右派」當中，
有點一鳴驚人的味道。那時我們一伙幾十個「右派」被編成勞動隊

伍,每天去清垃圾、掃廁所、運大糞、支持郊區菜農,大家天天見面。有的人就笑著對我說:「你那句『黨,黨,黨……』也確實夠屬害的。」「夠屬害」什麼意思?我體會,是說可以構成大罪。事過若干年,他們才講真話,認為我那句話沒有說錯,過去沒有錯,現在也沒有錯;只是不該寫出來罷了。我還聽到小道消息,說唐麟看了我的日記後說道:「此人的反動思想已成了體系了。」種種跡象表明,日記成了我的主要罪狀。我為此惶惶不安,趕緊寫了一個聲辯書交給「反右」辦公室,大意如下:

(一)摘引日記中的片斷,不能全面表現我的思想感情;全面地看我的日記就可以看出我是熱愛黨、熱愛社會主義的。

(二)寫日記是沒有經過深思熟慮的,而且完全是給自己看的,既未發表,也未傳播,即使有錯,也不該視為罪行;日記是我向黨交心交的,就算有錯誤,也應從寬處分。

聲辯被置之不理。後來,我被劃為「極右份子」,受到最重的處分。〈摘錄〉發表後過了二十天,即一九五八年二月十二日,《新湖南報人》刊登了我的認罪書。按政治運動的規律,凡是被指定為運動對象的,都須寫出檢查或認罪書,報社「反右」自不例外。這些認罪書陸續在上述刊物上發表,模式基本相同。首先承認加給自己的罪名和罪狀,然後自我剖析犯罪的思想根源、階級根源、歷史根源,必須把自己說得一無是處、罪大惡極,才算深刻。我也是這樣做的,著重檢討了日記摘錄所揭發的「反動思想」。我是捏著鼻子認罪的。

說到這裏,我想起了《天道》那本書。書中寫道,周惠很鄙視湖南那些被揪出來的「右派」,被揪之初還嘴硬,後來七鬥八鬥,面對黨和人民的名義,便都老老實實低下了頭,拿著懺悔、檢討、

揭發的『認罪書』……周惠罵他們「糊塗，沒骨頭」（見該書，頁291）。我認為，此話雖然不假，但不公平，更不應當從周惠的口中說出。其一，他是湖南「反右」的總指揮，至少湖南「反右」的「擴大化」，他負有罪責，正是他假借「黨和人民的名義」威逼那些老老實實的「並非庸碌之輩」低下了頭。如今，他反而笑罵他們，難道於心無愧嗎？其二，周惠下了盧山，回到湖南，一變臉成為反「彭黃張周反黨集團」的急先鋒。自己還有沒有骨頭，世人皆知，自己也明白，怎麼能厚著臉皮譏笑別人呢？

　　一九五八年春節後的一天，報社忽然召開全社大會，由孟樹德宣佈二十個左右的人為「右派份子」，我是其中之一。這是報社「反右」以來公佈的最後一批。

　　據《湖南省誌》記載：

　　當時《新湖南報》編輯部包括《湖南農民報》在內，不過一百四五十人，被打成「右派」的有五十四人，佔當時編輯部總人數的三分之一，且多數是新聞工作骨幹，其中編委八人，包括原社長鄧鈞洪、原副總編輯蘇辛濤等。有的同志早已調離報社，也調回批鬥，株連之廣、比例之大、損失之重，全國新聞界無出其右。一九七九年落實政策，當年錯劃的「右派」全部改正，有六人已不幸逝世。

　　《新湖南報》編輯部的骨幹就此被摧毀殆盡。他們是黨培養了多年而成長起來的新聞幹部，是黨的寶貴財富，現在被毫不顧惜地掃地出門了。為什麼呢？為了少數人的權欲。而這份經過多少人辛苦經營，在全國享有盛名的報紙，竟落到土匪和文痞的手中。真所謂「黃鐘毀棄，瓦釜雷鳴」，怎不叫人痛心呢！

黨的《關於建國以來若干歷史問題的決議》指出：「反右派鬥爭被嚴重地擴大化了。」像新湖南報社這樣被嚴重擴大化的，全國新聞界沒有第二個。其他各界至今也沒有發現。它是周惠、官健平、孟樹德的傑作！事過多年了，現在回過頭來冷靜地分析，他們能夠獲得這樣大的「成功」，其中自有道理。一方面，反右派運動的「東風」為他們提供了方便；另一方面是充分運用了權力的優勢和肆意玩弄權術。為首的周惠在當時的湖南一手遮天，權力之大是不消說的了；他們玩弄權術的本事也非常人可及。

周惠曾公然地對被整的原湖南省廣播局副局長陳明說：「你說你不是右派？我只要把幹部群眾叫來，讓你往中間一站，你就是右派。」這話聽來耳熟，我忽然想起，原來唐朝則天皇后在位的時候，有人曾傳授過類似的訣竅。此人姓周名興，《舊唐書‧酷吏列傳》記載了他的事蹟。有一天，一個同樣有名的酷吏來俊臣向周興請教：「囚不多承，當為何法？」（犯人大都不認罪，該用什麼辦法對付他們？）興曰：「此甚易耳，取大甕，以炭四周炙之，令囚入中，何事不承？」（周興答道：「這好辦，用一隻大缸，四面燒起炭火烤著，讓犯人站在當中，任你什麼罪名，他都不敢不承認。」）

當然，周惠的辦法跟周興的辦法還是有區別的，一個用火缸烘烤，一個用群眾批鬥，但其原理和效果是一致的。

在《新湖南報》的「反右」運動中，周惠等三人既不執行黨的政策和命令，也不講道德良心，完全按著權術家的規則行事，只求達到目的，不擇任何手段。舉例如下：

（一）盡人皆知，反右派鬥爭是針對一九五七年在整風鳴放中發表了反黨反社會主義言論的人而發動的。周惠等把一九五六年為

維護黨的辦報方針路線而在黨的會議上發表了不同工作意見的人誣為「右派」，這些人根本沒有參加鳴放；其他沒有參加辦報方針爭論的人也沒有發表反黨反社會主義言論，都不是「反右」的對象，周惠等卻橫蠻地說：「你們這些人早就是右派了。」

（二）中共中央關於《劃分右派份子的標準》明文規定，在什麼情況下可以劃為「右派」，什麼情況下不能劃為「右派」。例如，《標準》中有一條，在根本立場上並不反對社會主義和黨的領導，而只是對於工作中的問題，對於共產黨的個別組織、個別工作人員表示不滿、提出批評的人，即使意見錯誤、措詞尖銳，也不應該劃為「右派份子」。在周惠的指使下，官健平和孟樹德不顧中央的規定，任意歪曲事實，顛倒黑白，把維護黨的辦報路線誣為反對黨的辦報路線，把工作爭論中意見不同的人誣為「反黨集團」，把對他們個人的批評或不同意見說成是向省委進攻……把幾個人在一起議論誣為「反動小集團」，如此等等，無限上綱上線，羅織罪狀，把所有他們視為異己的都戴上「右派」的帽子。

（三）到一九五七年十一月間，全國反右派鬥爭結束，中央發現地方上有擴大化的趨勢，曾下令停止「劃右」。周惠等拒不執行，在一九五八年春，新湖南報社還在繼續「深挖右派」。同樣的，毛主席指出：「右派份子」大約佔所在單位人數的百分之一、二、三至百分之十。新湖南報社到一九五七年十一月間，已經打了三十七個「右派」，大大地超過了規定的比例，連官、孟也想縮手了。周惠卻指示說：「不要按比例，有多少打多少。」於是，報社又打出了十幾個「右派」。

（四）自官、孟調進報社後，他們秉承周惠的旨意，所作所為不得人心。「反右」運動開始後，他們勢單力孤，周惠便指示他

們採取分化瓦解的策略，從編委、組長中間拉出一部分人來「起義」，要他們反戈一擊。官、孟奉命執行，物色了幾個對象，親自找來談話，施行威脅利誘，許以不劃他們為「右派」，照舊工作，要求盡力檢舉揭發所謂「鄧蘇反黨集團」的罪惡活動。少數「起義人員」按照他們的要求寫了大量的捕風捉影的揭發材料，為他們提供了「反右」的炮彈。到了運動後期，要打倒的都打完了，他們卻自食其言，將這些「起義人員」來了個「一鍋煮」，統通都給戴上了「右派」的帽子，給予或輕或重的處分。俗話說：「量小非君子，無毒不丈夫」，三人不沾君子的虛名，寧做狠毒的丈夫！充分表現出權術家的特色！青年讀者也許會提出疑問：「這三個人如此橫行無忌，為所欲為，為何長期不受追究？你們那些人也是讀書明理的，為何那樣軟弱無能，連一聲抗議都沒有？」問得好！前一個問題不是我可以回答的。後一個問題，我痛定思痛，倒是做過反思。我們那些人確實有不同程度的軟弱性。毛主席講了「五不怕」（一不怕被撤職，二不怕開除黨籍，三不怕老婆離婚，四不怕坐牢，五不怕殺頭），這話說起來容易，做起來難啊！有誰不怕呢？常言道，形勢比人強，這話是對的。司馬遷說：「勇怯勢也，強弱形也。」要知道，五十年代的政治環境跟現在可不一樣。那時中國共產黨和毛澤東的威望如日中天，人們崇敬共產黨、崇拜毛主席，到了迷信的程度。知識份子如此，共產黨員、青年團員更有過之，根本不敢設想黨和毛主席也會犯錯誤。在政治運動中，如果自己不幸成為審查對象，即使受了莫大的冤枉委屈，也要盡力把自己往錯誤方面想，盡力克服抵觸情緒。還相信，總有一天黨會把是非弄明白的，那時必定會把自己的沉冤昭雪，從而更證明自己的忠誠。即使審查自己的人顯然抱有私心和偏見，也要把他們看作黨的代表，

予以服從。這就是一九五七年「反右」鬥爭中報社那批知識份子普遍的心態。迷信的人們在偶像面前必然是軟弱無能的。連周惠都說：「這些人面對黨和人民的名義便都老老實實地低下了頭。」不過，他雖然明知這些人為什麼低下了頭，還是要嘲笑他們，誰能說出他又是什麼心態呢？

漫漫長夜

一九五八年四月底，報社開大會宣佈處理「右派份子」。我受到最重的處分：劃為「極右份子」，開除黨籍、開除公職、勞動教養。從此，我和我的家人正式走上苦難的歷程。

在宣佈處分一個多月後，即六月中旬，我和本市同樣被判處勞教的份子，由荷槍實彈的公安人員押上火車，發配株洲。這一伙人五花八門，有被「劃右」的教師、藝術家、機關幹部，也有流氓、盜賊等刑事罪犯，現在我們被一視同仁。全省各地的勞教份子約七八千人，集中在株洲，編成新生工程隊，內部稱湖南省第一勞教（勞改）管教隊。工程隊承包了廣州鐵路管理局京廣路復線株洲樞紐工程，便由這批勞教份子來完成。我們被關在木柵欄和鐵絲網圍成的營地裏，哨兵站在瞭望臺上日夜監視著，不許自由進出。每天早晨五點鐘排隊，由民警帶領去工地，開始一天的勞動，主要是土石方工程，全憑鋤頭挖、肩挑、土車子推，從不言八小時、十小時，經常加班加點，直到午夜。對於從事腦力勞動的知識份子來說，實在是沉重的苦役，有的人忍受不了，加上心裏委屈、絕望，便選擇了臥軌、撞車，種種自殺的道路。

至於我，體力勞動倒不是多大的難事。當時我三十五歲，正當壯年。自幼愛好體育，體質不差。參加革命後，隨軍採訪，下鄉

調查研究，經受過一些勞動鍛鍊。那些管教幹部知道我原來是大學生，行政級別也不低，卻能忍苦耐勞，倒也另眼看待。這兒最難應付的卻是個「教」字，也就是政治教育。從入隊的第一天起，我們就被警告：來到這裏以後必須認罪認錯，這是最主要的一條。

　　政治運動接連不斷，內容和外邊的一樣：交代、檢舉、交心、認罪……當然少不了批鬥。所以，除了強度很大的勞動之外，精神是非常緊張的。到這兒來的人大多數想爭取早一點摘帽、解除勞教，獲得自由，「回到人民隊伍中去」。因此，要把「認罪認錯」、「感謝黨和政府的寬大處理」經常吊在嘴上，發違心之言、表違心之態，人格分裂、精神分裂，苦苦地熬過一天又一天。我的妻子兒女隔幾個月便偷偷地從長沙跑來探望我，帶著她們省吃儉用節約下的食物。看見我蓬頭垢面地和犯人一起推土，狼吞虎嚥地吃著她們送來的法餅、雞蛋，每次都哭著走回家去。好不容易熬過了兩個寒暑，一九六〇年秋天，我被工程隊（管教隊）宣佈摘掉「右派」的帽子，解除勞動教養。按理說，應該「回到人民隊伍中」去了，但還不行。所有被摘帽、被解除勞教的份子，原單位都不收，原城市都不收，繼續留在那裏「就業」。我被留在新生工程隊所屬的機電廠當翻砂工，不再挑土運石了，改為向沖天爐加料化鐵，抬鐵水澆鑄。如此又過了兩年，到一九六二年，上邊的政策有了點鬆動。我獲准回到長沙與家人團聚。我的妻子是報社的一般幹部，我只能住在報社。我做什麼工作呢？怎樣生活下去呢？報社不聞不問，因為我已是被開除公職的人了。報社現在被官、孟一伙完全控制。官繼續當總編輯，孟樹德升為副總編，官健平的老婆任人事處處長。這個《新湖南報》——我曾跋涉千山萬水，南下湖南參與創建的單位，我曾日以繼夜嘔心瀝血為它效力的單位，現在把我當作垃圾一樣無情的拋棄了！

　　我必須找點事做，為自己，也為我的兒女。我的妻子工資很低，五十幾塊錢，要養活四個不大的兒女，連吃飯都很困難，我起碼得養活自己。我有體力，也有知識，什麼事都願意幹。但是，誰敢收留一個「摘帽右派」、「解除勞教」的份子呢？我只好打零工，和幾個命運相同的難友結伙，拖板車、賣黃泥巴、給人家拆破舊房屋⋯⋯混了一個時期。同時，也寫信寄給一些認識的首長，請他們按照黨的政策給一條生活出路。經省委統戰部打招呼，省新華印刷廠接受我擔任職工業餘學校的教師，這裏開了口子，市裏其他職工業餘學校也敢收留了。

　　職工業餘學校簡稱職校，是為職工補習文化而開辦的。教師分固定和代課兩種，我屬於代課的一種，每學期由職校聘請，按課時計報酬，寒暑假就沒有收入。我教高中班語文，每月平均收入大約五十來塊錢，等於我家的收入增加了一倍，生活比以前改善了。但是，社會地位就談不上了，因為代課的都是家庭出身不好或有點歷史問題的人，何況我還勞教過，名義上摘掉了「右派」的帽子，實際上換了一頂新的「摘帽右派」的帽子，受到暗中監視，為知道底細的人所不齒。兒女們到處受欺侮、受歧視，幼小的心靈創傷累累更不消說。

　　生活暫時安定下來了，內心卻不得安寧。株洲勞教促使我深思自己未來的命運。我注意到，毛主席曾反覆地講了，知識份子是最無知識的。看來知識份子將成為新的革命對象了，「反右」鬥爭恐怕還要繼續下去，甚至於升級。我當然是在劫難逃。有什麼辦法呢？只能更加小心謹慎罷了。

　　史無前例的「文化大革命」驚天動地而來，我和許多知識份子一樣，感到震驚和迷惑。報社有些被「劃右」的難友這時組織起

來，向社會申訴冤情、向中央請求平反。起初，我沒有介入。我看
「文化大革命」好像不是要解決我們這些人問題的。但是，我的幾
個親近的朋友參加了，另外有人推測我想坐觀成敗，「等到將來摘
桃子」。我不想落得這樣的名聲。於是，我也參加進去。結果比
一九五七年更加悲慘。我被湖南日報社的造反派「紅色新聞兵」抓
去，遭到殘酷的毆打和批鬥，被打得遍體鱗傷、面目全非，幾乎
喪了性命。原編委蔡克誠也被抓去，受不了酷刑和侮辱而「自殺」
（？），八刀身亡。原農村部骨幹編輯歐陽楠的情況類似，在下放
的江永縣回龍圩農場自殺慘死。我的好友劉鳳翔被錯判死刑，遭到
處決。其他參加了翻案的難友大都受到更厲害的懲罰。

雖然我保住了性命，飯碗卻被砸了。「文化大革命」宣稱，
過去由資產階級知識份子和牛鬼蛇神佔領的講臺，現在要由無產階
級和勞動人民來佔領。職校停辦了，教員被趕下了臺，我完全失業
了。我的妻子作為下放幹部，攜帶著小兒子和小女兒被送到臨湘縣
山中插隊，大女兒初中畢業，作為知識青年被下放到岳陽毛田。

剩下我既無公職也無單位，就流落長沙街頭。我的大兒子小
學畢業，因為交不起每學期八塊錢的學費，不能進中學，靠推板車
每天掙幾角至一塊錢，勉強填飽肚子。父子倆懷揣戶口本在街頭遊
蕩，在熟人家裏借宿，四處尋找任何可以賺碗飯吃的活兒。

無論是挑土、送行李、打零工……最髒、最累的都幹，可是，
這樣的活每天都不容易找到。

我的家四分五散了，我一無所有了。可是我不算無產階級，因
為我還有知識，天然屬於資產階級。

真是天無絕人之路。「文化大革命」興起了一項偉大的工程，
就是「紅海洋」工程。長沙市所有的牆壁都要刷上紅漆，用黃漆在

上面寫上毛主席語錄，要求寫美化了的宋體字。如此顯得莊嚴而美觀。一時哪兒去找這麼多的寫手呢？各單位也就顧不了什麼階級路線了，只要會寫的都來，按字付錢。這無意中給「臭老九」們開了一條新的生活門路，我也就混進去幹了好幾個月。

還有，農村裏有些公社或大隊辦了這樣那樣的工廠，稱為社隊企業，缺乏技術人員，就到城裏聘請。因為家庭出身等原因在城裏失業的這種人才變成為一種資源，流向農村去。這種人號稱「飛機師傅」。經難友介紹，我也加入了這個隊伍。我在中學學得一點數理化知識，在株洲砂輪廠學得一點爐工的技術。於是冒稱「老師傅」下鄉了，這裏混兩個月，那裏混三個月，又「飛」走了。其中的辛酸苦楚一言難盡。

一九七〇年，我「飛」回長沙。幾個落難的朋友拉我在本市北站路辦起一個教具廠，在街道辦事處的領導下，組織了二十來個婆婆姥姥自謀生活，生產教學掛圖和簡單的教具。生活逼迫我學會了機械製圖和絲印技術，廠裏尊稱我「柏師傅」。我負責設計、製圖、製版和印刷。「文革」中，學校停課，國營的教具儀器廠停工。有些學校「復課鬧革命」，拿了錢買不到教具。收到我廠的產品目錄，尋上門來採購。我廠的生意便紅火起來，職工迅速增加到二百多人。我每月固定收入六十元，比廠長還高。廠方又給我安排一個簡陋的住處，我的大女兒也來廠裏做工，大兒子在另一個街辦工廠燒電焊。這時我一家六口城鄉各半。

雖然骨肉依然分離，好在都活下來了。

苦哇！真苦！在那漫長的苦難的日子裏，我卻始終相信，無論是悲劇或是鬧劇，總有演完的一天。我常常鼓勵家人和親近的朋友：「活下去吧！看完這一臺戲。」「反右」鬥爭也好，「文化大革命」

也罷，終於自然終結了。黨的十一屆三中全會決定大力撥亂反正，鄧小平和胡耀邦等中央領導人衝破重重阻礙，平反一切冤案錯案。《新湖南報》的大冤案中的五十四人全部昭雪，沒有一個是什麼「右派」。我也被宣佈恢復黨籍、恢復公職，撤銷勞動教養的處分。不過，我未能回到報社。感謝省新聞出版局局長胡真的盛情，他親臨陋巷棚戶，邀我到湖南省出版局工作，委託我籌建科技出版社，擔任第一任社長。我的妻兒也先後調回長沙，安排了工作。

一九八三年，湖南省進行機構改革，我被調任省委組織部副部長，負責全省落實知識分子政策的工作。能夠幫助成千上萬與自己同樣遭遇的知識份子解除冤抑，是我晚年最大的欣慰，也是對被糟蹋了二十二年生命的有意義的補償。

《新湖南報》的「反右」大悲劇早已降下了帷幕。五十四個被侮辱被損害的人，六人英年早逝，未能重見天日，而含恨九泉。其餘活著的都到了耄耋之年，正在休閒中總結平生。悲劇的製造者孟樹德和官健平在報社冤案被徹底推翻以後，先後死去。他們在離開人間的時候，究竟想些什麼，不知道。所知道的是他們對受他們陷害的那麼多苦主，始終沒有一句懺悔謝罪之詞。活著的只剩下周惠了。撥亂反正以後，他曾經對人說：「俱往矣，我錯了。」儘管態度有點大模大樣，終歸是認了錯，比官、孟二人光明一些。不過，自從一九九七年他出了《天道》那本書，對「反右」講了那些混淆是非、違情背理的話後，使人對他先前認錯的誠意產生了懷疑。但願他在有生之年能發出真誠的善言！

長夜漫漫終有旦時，別讓惡夢重來吧！

《柏原流年》序

柏原兄逝世以後，留下一部未完稿的回憶錄。（只寫到一九八二年，缺他生命最後的二十五年。）他的四位兒女都希望出版這部回憶錄。他的長女柏立希望我能在這部書稿前寫個序言。我在電話中對柏原兄的夫人金玉潔大姐說：「我與柏原相交六十載，誼同兄弟，寫這篇序言，是我應盡的職責。不過，我要細讀了整部書稿後，才能動筆。」我的意思，是要她不要心急，因為我不會寫急就章。她說：「你仔細地看完後再寫。我不著急。」我讀完全部書稿後，頗受感動。於是，下決心要盡我的力量，寫一篇言之有物，而又可讀性較強的序言。

我與柏原兄相識於一九四七年秋天。那時，在全國各地洶湧澎湃的「五‧二〇」學生運動剛剛過去不久（毛澤東曾稱這次學生運動是開闢了「第二條戰線」），當時的冀察熱遼解放區，先後有二百多位平、津、滬、漢及全國各地的青年學生前來投奔革命。中共冀察熱遼分局十分重視這批新來的知識份子，曾委託當時在分局擔任領導工作的杜星垣同志，負責接待並安排這批知識份子。（在全國解放後，上世紀八十年代，杜星垣同志曾擔任過多年的國務院祕書長。）記得當時，我和同行的幾位同志，從北平到了唐山，在唐山交大的地下黨同志和冀東路南地區的交通員聯繫以後，就在唐山市郊，由一位老農駕著一輛馬拉的大車，載著我們進入一大片高粱地，那裏的高粱長得比人還高，我們就在這片高粱地邊下車，步行到路南灤縣的小水坡村，和先到那裏的平、津來的學生會合後，

在一個漆黑的夜晚，由民兵護送著，越過有巡路車打著探照燈不斷巡邏的北寧路（那也就是國民黨軍隊控制著的封鎖線），進入路北地區。開始時，跑步約一刻鐘，然後又疾走了整整一個夜晚（中間只休息一次），天亮時，到了路北豐潤縣的一個村莊。杜星垣同志早就在那裏等候我們了。他對我們說：「冀察熱遼分局派我到這裏來迎接你們，歡迎你們前來參加革命。」又說：「你們在昨天晚上，冒著生命危險，勇敢地越過了國民黨軍隊控制的封鎖線，然後又急行軍，走了整整一晚；這是你們參加革命後的第一場考試，考得很好。以後，還有許多場考試等待著你們，相信你們都會考得好。」杜星垣同志的這些話，使我們大為震奮。在豐潤休息一天，第二天就徒步走向遵化，然後又從喜峰口越過長城，穿過熱河南部的「無人區」，步行了約十天，到達了冀察熱遼分局的所在地：熱河省寧城縣的五家子村。接著就參加了第一期土改。僅在我們到達五家子以後幾天，後面又陸續來了一些投奔解放區的學生，這裏面就有柏原兄。我們和後來的這些學生都編在一個中隊。帶隊的是從延安來的一位三十多歲的女同志王惠民（彭毓泰）。我就在這時開始，和柏原兄在一起開會、學習和工作。記得他告訴我，他的老家在陝西南部的勉縣。他是在四川樂山的武漢大學法律系畢業後，千方百計地到了北平，在北平的地方法院找到了一份實習的工作，目的就是要從那裏到解放區參加革命。他認為，現在進行的這一場革命，是中國走向民主、自由、獨立、富強的唯一出路。他提到的他的老家勉縣，就在定軍山的南麓。一提到定軍山，我就聯想到三國時的諸葛亮生前的一些活動，想到諸葛亮最後也就安葬在這定軍山。那時，我們每過兩三天就要開一次會，學習、討論，他在會上的發言，總是不講套話、空話，有條不紊，說到了要害，而且講得

風趣、有味。聽到他那些發言，不知道為什麼，我總想到諸葛亮，想到那或許是近兩千年前的這位在他故鄉的民族精英的靈魂，在他身上的復活。

那時，分局的機關報群眾日報社，就駐在離五家子不遠的牤牛營子。李銳同志在那裏當社長。有一天，他傳來口信，希望能在報社見一見柏原同志。不久，他們就在報社見面了。過後不久，柏原也就調到了群眾日報社。我是在第一期土改以後，又參加了第二期土改，隨後上了前方，搞隨軍工作。一九四八年七月，部隊後撤，我才又回到五家子村重新分配工作，也分到了群眾日報社。柏原兄這時正從前線採訪歸來，我們又見面了。這段時間，報社調進了十幾位平、津、滬、漢等地來的大學生，大家都認為柏原工作勤勉，待人謙和，又有工作能力，反應很好。報社一些老同志，對他的反應也好。

到一九四八年底，報社大部分同志南下，入關後，於一九四九年元月，到了天津市附近的勝芳，決定大部分人進天津，和冀中來的同志一起辦《天津日報》，學習在城市辦報的經驗；另一小部分人去《北平解放報》。柏原兄進了天津，我去了北平。到五月，百萬雄師渡江以後，這兩部分人又在天津會合，隨新組成的湖南省委南下，經開封、入襄樊到武漢，於八月初到了長沙，創辦湖南省委機關報《新湖南報》。在這三個多月的行軍過程中，柏原兄是我們的班長。每次行軍休息前，他總要安排、檢查好每一位同志的鋪位後，自己才找鋪位休息。對同志們十分關心，對工作也十分負責。在南下途中，有較長的時間駐紮某地時，他自己就抓緊學習。比如在開封，他就抓緊看蘇聯的小說《恐懼與無畏》；在武漢，他就認真地學政治經濟學。

▲一九八八年四月，李銳同志返湘開會後，偕夫人張玉珍同遊張家界等地。
柏原陪同。遊張家界後，李銳即賦詩留書。照片中的中立者為柏原。

　　進入長沙，剛創辦《新湖南報》時，因為沒有大的房子，編輯
部的各部門是分散辦公的。我在編副刊，他在管農村的報導，各人
忙各人的事。那時，不但沒有星期天，連晚上都還要加班辦公。在
這樣緊張工作的情況下，我們也就沒有什麼思想上的聯繫。一直到
一九五二年，報社的新辦公樓建成，在二樓有兩大間編委辦公室，
編委們才集中辦公。我和他的辦公桌正好擺在一起，是面對面的，

這樣，才又朝夕相處。當我們在一起時，談個人生活的事都少，大半是談學習、談形勢、談工作。彼此還經常相問：最近看了什麼書？有什麼心得？有時也談哲學、談文學、談美術作品，接觸的面是比較廣泛的。我記得當時他問過我：「寫新詩，沒有什麼格律限制，愛怎麼寫就怎麼寫，那樣行麼？」他認為「五四」以來的文學改革，涉及到詩的領域的改革，最不成功。又如有一次，談到美術創作。他說：蘇聯有一幅油畫，叫做「又得了兩分」，畫的是一個貪玩而不愛學習的頑皮小孩，在學校考得不好，回家受他母親責備的情景，旁邊還站著一條家裏餵養的同情這小孩的小狗，地上放著一雙這小孩溜冰的冰鞋。他認為，這樣的作品，是抓住了生活中的細節，真實地表現了生活中的實質問題，很有藝術和思想價值。不像我們現在一些美術作品，一味追求一些虛假的大場面，作品中表現的那些場面也公式化、概念化，缺乏藝術性。藝術作品因為缺乏藝術性，也就談不上什麼思想性。這樣在閒談中提出的見解，就是在幾十年後的今天看來，也仍然包含著許多真知灼見，實在很不容易。我們這樣的相處，一直到一九五四年夏天，我去中央高級黨校新聞班第一班學習時為止。

現在的人們都說，早年從事革命活動的老人中，有一批「兩頭真」的人物。我以為，柏原兄和我，也都屬於這一類的老人。那時，我們的思想狀況是：

（一）竭誠要做一個合格的、標準的、「馴服」的共產黨員。

（二）不計個人的利害，忠實地執行黨的政策。

（三）按照黨的政策，力求工作中有些創造性，這一點，他做得比我好過許多，比如，當時在報上舉辦的「李四喜思想討論」，討論土改以後農民的退坡思想，那主要就是他主持的，影響很大。

▲二○○五年九月，原《新湖南報》幾位老同事，專程赴武漢，到華中科技大學，祝賀老領導朱九思的九十大壽。照片中，右起：柏原、朱九思、李冰封。

（四）對毛澤東盲目崇拜，這是由於當時認識環境的封閉、接觸真實情況的限制以及許多「偽史」瞎吹瞎捧所造成的；對蘇聯，因為不知他們的真實情況，也是盲目相信的。

（五）對當時黨內、社會上存在的陰暗面認識不足，怎樣去應對這些陰暗面，更是缺乏思想準備。

以上的思想狀況，在一九五七年毛澤東設定的「陽謀」圈套中，在像周惠、官健平、孟樹德這樣一伙政治流氓和歷史小丑的陷害下，當然也就不可能不吃大虧。

這就說到一九五七年新湖南報社的丁酉之災了。這場發生在一九五七年的人為災禍，禍根其實在一九五五年就種下了。

　　從一九五四年開始，周惠作為省委書記中的一員，開始分管農業和報紙。他是一個政治流氓。他鮮明的流氓性，在一九五九年廬山會議前後，表現得淋漓盡致。會議前期，他明顯支持「彭、黃、張、周」的觀點，還作了許多發言；會議批判彭德懷時，周小舟知道自己大難難免，甚至難免一死，竟把周惠引為「知己」，曾向周惠「托孤」，希望自己身後，周惠能照顧他未成年的孤兒。不久，毛澤東把周惠喊去，要他「挖彭德懷的牆腳」，會議結束，回湖南時，他立刻搖身一變，瞬間就變成了反對「彭、黃、張、周」的主帥，在省委擴大會議上做報告時，批判「彭、黃、張、周」，把他們罵得狗血淋頭，講得頭頭是道，眉飛色舞。會後，周惠還找一些人揭發周小舟的「罪行」，他竟蹲在椅子上說：「在省委內部，我和周小舟鬥爭了許多年，他的『右傾反黨思想』，就像個烏龜的腦殼，一伸出來，被我一敲，就縮了進去；過後不久，又伸出來，被我又一猛敲，又再縮進去。現在，周小舟惡習不改，從高處跌下來了，連烏龜殼都跌得稀巴爛了。」當時，人們看著他一臉流氓相，當眾講了這一連串帶流氓腔調的假話，都認為世上之寡廉鮮恥者，皆莫能與之相比。這些都是一九五九年以後的「後話」。當時，在一九五四年，他的流氓本相還沒暴露得這樣徹底，但在開大會做大報告時，一口痞腔痞調，人們多少也可看出一些端倪。比如有一次，在省直屬機關的處級幹部會上做報告，他提到一些幹部，在參加擴大農業合作社的工作時，幹勁不足，工作不得力，他竟當著兩三百位處級幹部，其中還包括許多女同志，說出了這樣的痞話：「這就像用冷水去洗翹起的雞巴，越洗越縮！」遂引起哄堂大笑。會後，一些女同志就鄙夷地說：一個省委領導，像周惠麻子能講出這樣痞話的，恐怕也少見。

▲原冀察熱遼《群眾日報》，現在河北省承德市。一九八六年五月一日，柏原與李冰封重訪工作過的老單位後，遊承德「避暑山莊」，並留影紀念。

話說回來，一九五四年，他開始分工管農業和報紙時，就對報社的社長鄧鈞洪說：「你們報社，宣傳省委關於農村工作的指示，要用碗口大的字（說到這裏時，他還用手勢比劃著「碗口」），登在第一版。而且，今天登了，明天、後天還可以同樣的再登一兩次。」這樣做，其實是為了要突出他自己、宣傳他自己。像這樣的指示，當然是無法執行的。於是，他就向第一書記周小舟說：「《新湖南報》這些『洋知識份子』，不聽我的調擺，要向我造反，你看，這該怎麼辦？」

於是，在一九五五年初，他就把鄧鈞洪調到了省文教辦，調進官健平當總編輯，孟樹德當副祕書長，意欲通過官、孟這兩個小丑、流氓，控制報社這些「不好打交道」的知識份子。官健平檔案

中的履歷，除了「男性」兩字是真的以外，其他各項，包括籍貫、年齡、名字、出身、學歷等等，完全都是假的。此人早年吃喝嫖賭、無惡不作，且當過土匪，當過地主武裝「民團」的團丁，胸無點墨，不學無術，就靠著諂媚逢迎，巴結上級，以此得到周惠的歡心。他混入革命隊伍後，在很短時間內就爬上了高位。孟樹德過去做過報紙工作，但有嚴重的政治歷史問題，且結黨營私，品質惡劣，對過去批評、檢舉過他的人，有極強的報復性。周惠把這兩個人調進了報社，於是一場「好戲」就開場了。開場的第一齣戲，就是關於辦報問題的爭論。

　　用今天的眼光看當時的爭論，孰是孰非，涇渭分明，且一九五七年上半年，還印了兩本《爭論集》，爭論中的問題，和每位編委的發言，都白紙黑字，昭然若揭。但在當時，卻被周惠、官健平和孟樹德（周惠還利用了當時的省委宣傳部長唐麟），弄得撲朔迷離，混亂不堪。一九五六年，我從中央高級黨校新聞班畢業回報社後，《新湖南報》還有一個在高級黨校新聞班的名額，由編委會議定，讓柏原去學習。柏原兄動身赴京時，出於義憤，但也由於對黨內的陰暗面和一些政治流氓的陰險認識不足，決定帶去爭論兩方的具體材料，請高級黨校新聞班的新聞教研室做個權威的評判。到一九五六年寒假回來時，柏原兄談到了高級黨校新聞教研室負責同志認為：雙方的爭論，多數編委的一方，基本是對的；另一方（即官、孟），理由不足，且在理論上也說不過去。這就惹了大禍。官健平知道了這件事，就說：「這樣到中央告狀，那還了得？」孟樹德說：「柏原這個人是『宗派小集團』（這是孟樹德對不同意他們意見的多數編委的稱謂）中『搖鵝毛扇』的角色，是個危險人物。」他們並把這種情況向周惠彙報。在這以後，周惠在一

次幹部大會上，公開地說：報社的爭論，實際上和匈牙利的裴多菲俱樂部的鬧事，是一回事。但在「反右」開始後，他們覺得，光是這樣一件事，要把柏原定為「極右」，要開除黨籍、開除公職、送勞動教養，還嫌材料不足，還要找些材料才好。這才命令打手們向他要日記來看看。柏原兄認為，他在日記中記的是自己如何忠誠於黨的事業，如何認真執行黨的政策，如何奮不顧身地為黨的事業去學習和工作，完全可以證明自己光明正大，沒有做任何不可告人的虧心事。於是，主動地交出了日記。這就是錯誤地估計了周、官、孟這些政治流氓的陰險和惡毒。他們拿了這日記，歪曲事實，斷章取義，羅織構陷，講柏原兄如何「反動透頂」，如何「明確地」反黨反社會主義，這樣不成理由、不講道理的所謂「證據」，就成為把他「雙開」並送勞動教養的「罪證」。這些傢伙，不講做人的起碼的良心和道德，竟至如此地步，想起來，實在令人心驚膽戰。

往後，就是送去勞動教養的事了。在那裏，吃盡了苦頭、受盡了凌辱，這些痛心事，就不去寫它了。至一九六一年，摘了「右派」的帽子，開始還要留在「裏面」就業，不許回來。以後回家了，千方百計找到了一個在新華印刷一廠的業餘學校教書的工作，在一九七○年「文革」的兩派鬥爭中，這飯碗也打破了。還在報社工作的金玉潔大姐，帶著一家人又下放，連房子就都沒有得住了。當時，官健平、孟樹德們把持的湖南日報社，就這樣對待二十年前歷盡艱辛、嘔心瀝血參與創建這家報社的「創始人」。柏原兄和他的大兒子柏大建留在長沙，每天早晨外出找事和搞勞動時，買了三塊馬蹄燒餅，兩父子一個人吃一塊，留下的第三塊互相推讓，父親對兒子說：「你吃，你吃了還要去推板車呢！」兒子對父親說：「您要去找事做，您吃了吧！」兩父子就這樣推來推去，結果父親

把這燒餅掰了一半，一大一小，大的給兒子，自己吃了小的那塊。這算是早餐。到傍晚，定個地方碰頭，又在小飯館吃個最便宜的一餐晚飯，飯後還要臨時去找個地方睡一晚。這是什麼樣的世道呵！到後來，找個地方挑土，還要自己帶畚箕，口袋裏沒有錢買畚箕，搞不成；拿著扁擔，到車站給人挑行李，看到許多人在那裏搶著，又不好意思和一些老弱的人搶生意……總之，一個落魄的高級知識份子，現在是饑寒交迫，走投無路了！這就難怪在二十世紀八十年代初，搞機構改革時，當時身為中組部常務副部長的李銳同志來到湖南，在省委大禮堂做報告，講到過去極「左」勢力瘋狂迫害一些拔尖的知識份子時，就講了柏原這個例子。李銳同志氣憤地敲了桌子，嚴厲地說：「你們想過沒有，那時候，湖南的地方班子，這樣對待蒙冤的知識份子，是不是太過份、太離譜了。」

在柏原兄還未這樣走投無路之前，《新湖南報》一些被劃為「右派」的同志，曾去「中央文革」反映情況，在一起搞翻案。柏原兄和我都參加了。有一次，我去他家，晚上兩個人睡在一起，談著談著，談到半夜。談到當時正在進行的「文化大革命」，談到社會上的混亂，談到許多地方慘烈的武鬥和屠殺，也談到被戴了三頂帽子蒙冤的國家主席劉少奇，談到忠心耿耿為民請命而被整得死去活來的彭德懷。半夜裏，我從床上坐了起來，說：「這些事的根子都在毛主席那裏呀！」他說：「是的，過去我們對他盲目崇拜，他們炮製的許多偽史，也助長了這種盲目崇拜，使人弄不清真相。這是我們黨和國家的體制存在著大毛病。這專制的體制不改，還會有更大的悲劇在後頭！」他還說：「我最近想到：我們的許多理論，也存在著問題，比如，不斷強調加強『無產階級專政』，完全排斥了黨內和社會上的民主，這就有大問題。」我記得，那一晚，

我們之間的談話，實際上就是兩個蒙冤受難的老共產黨員覺醒的開始。

在這以後十年，在胡耀邦同志等人的積極推動下，「右派」「改正」了，他到湖南科技出版社當了社長，「要搶回丟失了二十多年的時間」。他對出版社的工作，安排得很有特色，搞得生氣勃勃，我想，這情況的根源，實在是始於那時候的覺醒。覺醒了，不亂搞階級鬥爭了，不再按老套子去辦事了，而是按著實際的狀況去安排工作了，工作當然就有了生氣。

在這以後，我在人民出版社，隨後又調到教育出版社，和他在一起的機會多了，就經常交談國家大事，我記得，談得最多的是：

（一）要按照當時中央的決議，有步驟地清理毛澤東的錯誤給黨和國家造成的危害，要從事實上，也要從理論上進行清理。不弄好這一件大事，要徹底搞好其他的事，將困難重重。

（二）馬克思主義，特別是列寧主義，其中有些理論，也要經過實踐來進一步進行檢驗。列寧主義並不就是馬克思主義。至於「史達林模式」，那就更離譜了，離真正的馬克思主義，有十萬八千里。有一段時間，在討論王若水同志的「人道主義和異化」問題時，我們贊成王若水的觀點，不贊成胡喬木的觀點。

（三）中國共產黨的歷史，「偽史」太多，應該有效地逐步進行清理。許多盲目的個人崇拜，就源於這些「偽史」。

當然，這是我們私下在閒談中交換的意見，當時我們也都覺得，這些事要付諸實踐，可能難度很大，一些既得利益者在抵制著這個「實踐」。一九八九年那場政治風波以後，我們就覺得，現實的狀況離這三個目標的實現是越來越遠了。有時候談起，彼此心底都有著一種說不出的蒼涼和困惑。

這些，也就是柏原兄在晚年關於國家大事方面主要的思想脈絡。

現在，要回過頭來，談一談這部未完稿的回憶錄的主要價值。也談三點：

（一）這部未完稿的回憶錄，記錄了一位忠誠於黨的事業的老共產黨員蒙冤受難後的坎坷經歷。這些坎坷經歷標誌著一連串慘痛的歷史教訓，提醒著人們應該認真地去研究、去吸取。這些歷史教訓，諸如：毛澤東違反黨紀國法，弄出一個什麼「陽謀」來坑害知識份子，從而造成了共產黨和知識份子之間的鴻溝越來越深，社會上的一些主要階層，不能團結無間、和諧相處，從而嚴重地危害了國家、民族，也危害了共產黨本身；這樣的歷史教訓，以後應該如何避免，是一件天大的事。又如：共產黨的高級幹部中，像周惠這樣的政治流氓，對他們應該如何有效地進行監督和制裁；像官健平、孟樹德這樣混入共產黨隊伍內的歷史渣滓和極「左」勢力，應該如何有效地發現和清除，應該如何防止他們為了一己私利而陷害忠良，危及國家。再如：應該如何通過國家的法律和黨的紀律，有效地保障社會上的人權以及黨內的民主，保障學術研究、學術討論的自由，保障公民和黨員在進行這種討論和研究時不受人身侵害；應該怎樣使報紙和其他出版物能充分反映民意，而不是變為堵塞言路、矇騙人民的輿論工具；如此等等，不一而足。

一九五七年的反右派鬥爭，是我們國家和民族的一場大悲劇。這場大悲劇是歷史上的客觀存在，誰要想淡化它、迴避它，不許人們去接觸它、研究它，都是不可能的事，拖得越久，付出的代價就會越大，對國家、民族，對共產黨本身，都有百害而無一利。只有正視它，糾正並修復它造成的危害，才是一條坦蕩的陽關大道。

（二）這部未完稿的回憶錄，提示著國家的公務人員和各級領導幹部，應該用什麼樣的正確的方式去聯繫群眾、開展工作。按照馬克思主義的觀點，人民是國家真正的主人，而公務人員則是「人民的公僕」，僕人在工作中，當然應該首先考慮到主人的需要和利益。但是現在，這觀點往往被異化了，「僕人」往往異化成了「主人」。「公僕」首先考慮的，不是人民的需要、人民的利益，而是自己如何首先得利，自己如何多佔便宜、多得好處。這樣，共產黨和共產黨領導的政府，與人民之間，當然就不可能沒有對抗、沒有衝突。

柏原兄復出以後，在主持湖南科技出版社的工作中，其所以深得人心，使全社充滿蓬勃生機，主要原因就在於：做真正的「人民公僕」，並首先考慮的是全社工作人員的利益，而不是先考慮自己如何得利。

他到出版社後不久，首先碰到了調整工資的工作。他蒙冤多年，個人和家庭的生活長期處於困難境地，現在碰到了調整工資，能加點工資，當然也多少解決些多年積累下的生活困難，但他不先考慮自己。他在調資的大會上，向全社人員表態：「現在好比大家排隊搭公共汽車，車上只有四十個座位，排隊的卻有一百人。我排在哪裏呢？排在最後，送大家上車。下一趟車來了，如果還是四十個位置，我再送四十個人上去，直到把所有的人送走，我再上車。」

這話引得全場的人由衷的歡笑。

於是，提出了民主評定的原則，由大家選出公道正派的同志擔任評委，主持調資工作。評委會並提出：評議委員往後站，共產黨員往後站，各科室負責人往後站。誰該上前，誰先上前，由委員提

名，各科室評議，最後民主投票決定，張榜公佈。結果，評資工作搞得很好，大家心情舒暢，加強了社內的團結，調動了絕大部分人的工作積極性。

這樣真正的「先人後已」，真正的「公僕」精神，難道不值得當今許多公務人員、許多領導幹部，好好地學習、好好地領會？

（三）這部未完稿的回憶錄，提示了如何正確地進行出版改革。

當今進行的出版改革，就是要把出版機構改變成「企業化」的改革。其實，這不是什麼新鮮事，近一個世紀前，中國有些弄得很出色的出版機構，比如商務、中華、開明等等，都是企業，都是用管理企業的方法來管理這些出版機構的。連共產黨自己創辦的生活、讀書、新知等出版機構，也是企業。企業當然要賺錢，不賺錢它就無法發展。問題在於：賺錢不是這些出版企業的最終目的，而只是一種手段。它的最終目的是在於：使出版物能宣揚科學、提倡民主、積累文化（包括重印有價值的古籍）、建設文明、啟迪民智。這才是出版機構工作的最終目的。要實現這目的，當然就要提高工作人員的素質，提高他們的生活水平、調動他們的工作積極性。出版許多有價值的出版物，有些開始時要賠錢，因為這些讀物的讀者不太多。企業賺的錢，有些要用來補貼這方面的經濟上的虧空。這也是過去常講的「以贏補虧」。

如果把出版機構企業化的目的，最終只是歸結為創造利潤，為社會創造若干產值，那就大錯特錯了。出版物的市儈化、低俗化，為了迎合一些讀者的低級趣味而出版些毫無價值的「出版垃圾」，真正癥結的根源，其實在此。

柏原兄在主持科技出版社時，有武漢某研究所（保密單位）的研究員吳學謀和研究所其他一些科學家想創辦一個季刊，以探索

某些學科的新分支及某些邊緣科學，他們寫信給湖南科技出版社，一開始，社裏一些同志不主張出版，原因很簡單，要貼錢！柏原兄派了一些同志做了深入的調查研究，並請吳學謀研究員來長沙當面交談商議後，決定應該出版，貼錢也要出。結果《科學探索》出版了。兩年以後，當時香港出版的英文本《中國科技文摘》上，先後刊出《科學探索》的文摘三十篇，並將《科學探索》列為中國著名的期刊雜誌，影響很大。

同時，柏原兄還出了其他一些有價值的賠錢書。以後，湖南科技出版社陸續出版了一些有價值的科學著作，諸如，《論三峽工程》、《第一推動》叢書，《愛因斯坦文集》等等，在科技界造成較大影響，都是繼承了最初出版《科學探索》的傳統。

出這些有重大學術價值的賠錢書，需要社內有良好的經濟基礎。柏原兄主持科技社後，一開始，就狠抓了一些品格較高的通俗暢銷書，為社內經濟的創收打下了良好基礎。比如，二十世紀八十年代初，光是《知識檯曆》一項，有時每年就發行了百餘萬份，賺了不少錢。不出賺錢的書，也就沒有力量去出有學術價值的賠錢書。這也就是出版科學的辯證法。

我在這篇序言中所要做出的介紹，到此算是告一段落。

末了，還要發幾句感慨：再過兩年，就是辛亥革命的一百週年紀念日了。中國是亞洲第一個推翻君主專制的國家。在這以後，由於歷史上錯綜複雜的多種因素的交叉影響，中國在走向現代化，走向爭取國家的民主、自由、文明、富強的道路上，走了許多彎路，有時甚至是生靈塗炭、血流成河，千千萬萬的先烈為了這個偉大的目標獻出了生命。到如今，快一百年了，這目標尚遠未完成。但中國這個國家，中華民族這個民族，是深思智慧、充滿愛心、堅韌不

拔、一往無前的偉大國家和民族。歷史交給這個國家、這個民族的偉大的任務，以後總是要出色地完成的。柏原兄這本回憶錄，也算是這個國家和民族留給後世子孫應該細讀的許許多多資料中的一種。後世的子孫們讀了這本書，想到他們的先人，為了實現這個目標，竟吃了這樣多的苦頭，付出了這樣慘痛的代價，這一定會激勵著他們，使他們更加努力，更加出色地加快完成他們所要完成的歷史任務。

二〇〇九年六月二十八日凌晨一時寫畢於長沙

一個優秀知識份子的坎坷生涯
——唐蔭蓀兄逝世五週年祭

　　一九五七年七月中旬，《新湖南報》的反右派鬥爭開始後，第一個被拉出來「祭旗」的，就是唐蔭蓀兄。橫加給他的罪名是：「策劃創辦同人報，密謀反黨」，「民盟右派集團安放在本報的坐探」。在官健平、孟樹德的指揮下，打手們集中火力狠鬥他幾天後，就撂在一邊不管了，要他自己去寫檢查、「認罪」。因為要鬥爭的「右派」還多著呢！寫檢查，寫幾天也就沒有什麼可寫的了，這時，他的情緒也就從緊張的氣氛中逐漸恢復過來，樂得清閒，每天枯坐著，翻翻報紙，海闊天空地胡思亂想。到九月初，我從省委調回報社挨批鬥，在食堂吃飯時見到他，人多，當然不便講話。但從他對我關心的眼色中，我一下子就知道了，他是在告訴我：要鎮定。

　　我被批鬥了兩次後，思想不通，臉上氣色當然不好。一次，在食堂裏吃了晚飯後，他緊跟在我後面，在走廊上輕輕地對我說：「你氣色不大好。要一切都無所謂，放寬心些。晚上，我們一起喝酒去！」於是約好，晚上八點鐘，他在報社大門拐彎處的馬路對面等我，

▲ 唐蔭蓀（右）與李冰封。一九五七年春，攝於《新湖南報》。

我們就一起去湘春街附近的一家小酒店裏，每人要了二兩「瀘州大麴」，要了些花生米和小菜，邊喝邊談。從這年九月起，到第二年六月下放「監督勞動」前，晚上這樣一邊喝酒，一邊談心，一共不下十餘次。由於覺得彼此都是信得過的朋友；也由於彼此遭遇相同；所以在那時，雖然「賣友免災」之風盛行，但我們之間，還是能敞開心扉、坦率地談談心裏話的。（這種「賣友免災」，多半損人而不利己。往往誣陷和出賣了朋友，也還免不了災禍，結果告密者也還是給戴上了「右派」的帽子）。於是，那年頭夜間對飲這件事，也就成為在那個殘酷的歲月裏，我們之間最大的安慰。如今，事過四十多年，我還清楚地記得那小酒店裏昏黃的燈光和蔭蓀兄酒酣耳熱後困惑的表情。

他曾告訴我，他的童年和他的初戀。他有一個相交數年、十分投合的女朋友，在一九四九年底，給一個綽號叫做「首長帝國主義」的老幹部「霸佔」去了。

他談到他追求進步的過程。在大學裏讀書，看到國民黨政府實行法西斯專制，腐敗到不可救藥了，思想苦悶之至。這時，正好讀到毛主席的《論聯合政府》，很讚賞毛主席提出的，要建立一個「獨立、自由、民主、統一和富強」的新中國的口號，於是一心想參加共產黨，想為實現這個偉大的目標貢獻自己的力量。但沒有找到黨。一位進步同學是民主同盟的，告訴他，在現階段，民盟和中共的奮鬥目標是一致的，於是他就參加了民盟的地下組織。他說：沒有想到，當時這種奮不顧身的行動，竟然成為這次被劃「右派」的根本原因。因為反右派鬥爭開始後，民盟盟員竟成為最大的捕捉目標。

▲唐蔭蓀全家。他們夫婦和兩位子女。攝於上世紀八十年代中。

　　又談到辦「同人報」的事。他說，這是聽傳達說，譚震林同志到湖南檢查工作時講過，可以辦一張黨外的報紙，和黨報「唱對臺戲」。以後還聽說，是毛主席這樣講的。如今，看到《新湖南報》把土特產公司收購「雞毛蒜皮」的價目表，都作為新聞登上一版，覺得實在沒有意思，響應一下毛主席的號召，辦一張像他老人家愛看的「琴棋書畫」樣樣都有的報紙，豈不更合讀者的口味？但他又說：不過，要辦這樣的報紙，也只是說說而已，談何容易！經費呢？社址呢？紙張供應呢？印刷呢？發行呢？民盟的魏猛克和杜邁之也都說過，解決這些辦報的物質條件恐怕很難，辦報光是這樣講講，恐怕辦不起來。

那時，我們都受個人崇拜的影響很深，都是絕對相信毛主席的。所以他說：毛主席和中央領導都有可以在黨外辦報的指示，怎麼我們隨便談談，就成了「右派」呢？「右派」可就是「人民的敵人」，戴上這帽子可不是好玩的事呀！又說：毛主席最強調「實事求是」，把我們這些人劃了「右派」，我看，很可能違背了他老人家的指示，是弄錯了的。

談到資產階級的辦報觀點。他說：想報導一些要保護娃娃魚呀，要注意合理開採菊花石呀，怎麼就成為資產階級了？難道無產階級就不要去保護珍稀動物？就不要去保護珍貴資源？再說，報導了動物園的「豹子出籠」這一類社會新聞，怎麼也就成為資產階級了？難道無產階級就一定要讓動物園的豹子出籠、不必注意保護遊客的安全才好？這實在令人費解。但這令人費解的「道理」，竟成為判斷是非的標準，這就更使人想不通了。

我們還談到：古人有這樣說法——胸中的塊壘須以酒澆之，所謂以酒解愁是也。但我們現在喝了酒，這胸中鬱悶之氣卻更加凝結不散，是「以酒解愁愁更愁」了。這樣談著、談著，談到最後，我們又往往會說：這話就講到這裏為止，再不要擴散了。一擴散，又會有更大的麻煩了。

到一九五八年五月，開始陸續宣佈對「右派」的處分，他被送去衡山農村「監督勞動」。不久，我去了南縣農村，也是「監督勞動」。此後幾年，我們沒有見過面，也沒有通過信。

大約是在一九六二年早春，我到長沙，一天下午，路過五一路省政府第四招待所門口，突然遇見了他，真是喜出望外。他說，他已經從衡山調到湘陰的省直屬機關農場，在學著熬酒。場裏派他到長沙有事，就住在這個招待所。於是，我們在他的房間裏談了將

近一下午，晚上又去喝酒。那時，「苦日子」剛過，沒有「瀘州大麴」好喝，喝的是一元五毛錢一斤的散裝白酒，喝到晚上十一點才回招待所。他那房間開了四個鋪，正好有個空鋪，我就睡在那裏。

那天下午和晚上的談話，談了許多「大躍進」和隨之而來的大饑餓時農村的見聞，也還為彭老總因反映真實情況上書而挨整，感到不平。那時他在衡山，和我在南縣看到的情況也差不多。什麼放衛星，畝產好多萬斤；什麼反右傾，有人不講假話，或雖然講了假話，但牛皮吹得還不夠大，都要挨鬥、挨打；什麼砍了大樹、收了些破銅爛鐵去「大煉鋼鐵」，煉出的卻是一坨廢鐵；什麼食堂裏沒有米下鍋，結果吃的是和著米糠的紅薯葉、紅薯藤，往上彙報時，卻說改善了生活……總之，他談話的內容，和我見到的大同小異。那時，我多少開始思考這些問題，我說：這也就是反右派和隨之而來的反右傾鬥爭造成的惡果，也就是黨和國家缺乏民主造成的惡果；反右派時只整知識份子，吃飯問題一下子還顯現不出來，現在，在農村也這樣幹，再沒有人敢對這種瞎指揮提什麼意見了，大問題就不請自來，沒有飯吃，局面立刻就維持不下去了。他很同意我的看法。

他對學熬酒這門手藝很有興趣，所以，那天還談了許多熬酒的知識。什麼「堆花酒」、「二鍋頭」，我都是第一次聽說的。

此外，他還告訴我一個「祕密」：在農場裏，有個叫小王的十九歲小姑娘愛上了他。這姑娘溫柔、聰明，長得漂亮，是真心實意地愛他，要嫁給他。但她的姐夫是農場黨支部書記，所以還不知道這件好事是不是弄得成。我聽了這個「祕密」後，十分為他高興，但也有點為他擔憂。本來，蔭蓀兄多才多藝，會唱歌、會唱京劇、會拉胡琴、會書法、會打排球和籃球、會跳舞，且富有感情，

待人又正直、誠懇、謙和，性格好，樣子長得又「帥」，過去就有一些女孩子愛慕他。劃了「右派」，婚姻大事當然也就談不成了。現在三十多歲了，有女孩子主動愛他，如果能夠結婚，實在再好不過了。但當時我就感到，這姑娘有一個在農場當黨支部書記的姐夫，這就增加了辦成這件好事的難度。

那次見面後，他送我兩首七絕：

落難後與冰封邂逅長沙有贈（二首）

乍見渾疑是夢思，天涯海角總相知。

相邀共飲談終夕，猶勝當年未別時。

四年艱苦不尋常，滿面風塵鬢有霜。

但得壯年豪氣在，刀山火海任徜徉。

這兩首詩，我一直存在手邊，「文化大革命」時毀掉了。事過多年，那詩句已記不完整。這次，寫這篇悼文時，是從王成綱先生主編的大型舊體詩詞合集《華夏吟友》中抄下來的（見該書，頁804，中國文聯出版公司出版）。

當時，我回贈他一首新詩，祝他學到了熬酒這門手藝。全詩也記不完全了。只記得其中有一小段是這樣寫的：

你在製造芬香

你在製造幻想

願芬香和人民共用

願大地上不要太多幻想

▲一九八四年秋，唐蔭蓀攝於浙江富春江畔。

　　這段詩裏最後一句說的幻想，其實是指空想。幻想還是要的，人活著總要有些幻想。人如果沒有幻想，這世界還成什麼世界？人有點空想也不可避免，但太多的空想就不必要了。特別是掌握了國家和人民命運的人，如果滿腦子空想，而且一定要把空想付諸實施，在對權力缺乏有效監督和制約的環境下，這樣做，往往就釀成大災大難。

　　這次見面後，大約過了半年，他給我來過一封長信，主要告訴我，他和小王的戀愛談不成了。雖然，小王要和她好下去的態度很堅決，甚至表示過「非唐不嫁」。但她那在農場當黨支部書記的姐夫，阻攔他們成婚的態度卻更堅決。他對小王說：「你年紀輕輕的，條件又好，什麼男人不好找？要找一個右派！找這樣的男人，有什麼前途！」結果，當然胳膊扭不過大腿，小王姑娘被送離農

場，回湘潭老家去了。臨行，她痛哭了一場，並剪下了兩條長辮子送給蔭蓀兄留作紀念。蔭蓀兄給我的那封長信寫得十分淒苦。我記得，他還引了柳永〈雨霖鈴〉一詞中的詩句：「……方留戀處，蘭舟催發。執手相看淚眼，竟無語凝噎。念去去、千里煙波，暮靄沉沉楚天闊。……」信中說，這次他算是真正理解柳永寫的那個意境了。信中還附了他自己寫的記這次離別的一首詞。詞寫得感傷，但也真摯動人，可惜現在也記不清了。蔭蓀兄的信中還寫了一句很沉痛的話：「我怎麼就成為這樣一個不可接觸的賤民！」是呵，把一些優秀的知識份子變成「不可接觸的賤民」，成為變種的封建種姓制度的犧牲品，這才是那場民族大悲劇產生的關鍵所在！

時間一晃，又是十多年過去了。他早已從酒廠調到農場的子弟中學教英語。「文化大革命」後期，經人介紹，才和一位比他小二十多歲、家在益陽農村的高中畢業生結婚。這時，他已近五十歲了。結婚前，介紹人沒有把男方的「右派」身分告訴女方。雙方只見一次面，都表滿意，很快就結婚了。這一次，命運沒有再播弄蔭蓀兄，他新婚的夫人很賢慧，也很體貼他。（一九七九年下半年，他調至湖南人民出版社後，曾大病一場——患腸黏連，開刀後，他年輕的夫人帶了一個剛滿三歲的女兒和不滿週歲的兒子，從農場趕來，在醫院裏住了一個多月，悉心照顧他，他的病得以很快脫離險境。除了醫療條件較好外，他夫人對他的照顧，也是一個十分重要的條件。這是後話。）蔭蓀兄以後告訴我：結婚兩三個月後，他才告訴他新婚的妻子：「我是個右派呢！」新婚的妻子十分詫異，說：「怎麼，你是右派？人家都說，『右派，右派，是個妖怪。』我看你卻一點也不像妖怪！」可見「妖怪」也是客觀存在。胡亂扣個帽子，在老百姓心目中，也還是不能通過的。

　　一九七九年下半年，他調至湖南人民出版社後，一直在譯文編輯室工作，先任編輯，後任譯文一室主任、副編審。那些年，湖南人民出版社的譯文編輯室出了許多名著、許多好書，在廣大知識份子讀者中聲名卓著，這和他以及編輯室內一些同志艱苦的努力密切相關。一九八九年他離休後，仍勤奮地從事翻譯工作。一九九四年，我在整理、注釋以後發表在《新文學史料》上的〈梁遇春致石民的四十一封信〉的過程中，曾請他翻譯信中摘引的一些外國詩和若干外文，並請他幫我校正注釋。有一次，我們在閒談中，他曾無限感慨地說：「從十一屆三中全會到現在，十多年了。我生命中，只有這十多年算是真正扎扎實實地做了些自己喜歡做的事，不算浪費。梁遇春是二十多歲就去世了，不過，他做的事，可能比我現在做的事還多得多呢！」這當然有些自謙。但也從某種程度上，反映了某些現實狀況。

　　在湖南人民出版社的譯文室，他曾主編過《世界文學名著縮寫本叢書》，從一九八一年到一九八四年三年間，就出過三十六種。他曾參加過著名的《詩苑譯林》的選題規劃和編輯等工作，編過這套詩叢中《梁宗岱譯詩選》等好幾部重要的書。此外，他在職的十年間，還編輯出版過十幾部文學名著。一九九四年八月，他申請加入中國作家協會，填表時提到他自己翻譯的作品如下：

　　喬・艾略特著《磨坊風波》、笛福著《魯賓遜漂流記》、《馬克・吐溫短篇小說選》。還有與人合譯的六部書：〔英〕簡・奧斯丁著《理智與情感》、〔英〕毛姆著《克雷杜克夫人》、

▲晚年唐蔭蓀在工作中。

〔美〕布‧達溫著《亞瑟王的故事》、〔美〕西‧謝爾敦著《四修女》、〔挪威〕克‧漢姆生著《大地碩果‧畜牧神》、《愛倫‧坡短篇小說選》。這六部書，他多半翻譯了主要部分。另外，還有一些重要的譯詩和翻譯的詩論，散見一些著名的文學雜誌上。如：拜倫著《與友人談詩》、〔英〕安‧利文斯頓著《帕斯捷爾納克的晚期詩》、〔美〕L‧帕林著《談詩的意象》、〔英〕格‧霍夫著《論現代派抒情詩》以及《佩恩‧沃倫詩抄》、《加里‧斯奈德詩選》、《亨利‧泰勒詩選》、《布羅茨基詩抄》、《戴‧赫‧勞倫斯詩抄》、《王爾德散文詩》等等。另外，他還準備翻譯以色列現代詩選和希伯來文學史的資料。由於他患癌症並隨後過早地辭世，這計劃沒能完成。

在這張入會申請表上，原湖南省作協主席、詩人未央同志對他在文學翻譯工作方面的評價是：「唐蔭蓀同志是很有成就的外國文學專家，編輯和翻譯了大量外國名著，譯筆準確、傳神，受到專家和讀者的好評。該同志對介紹外國文學做出了很出色的貢獻，建議吸收為中國作協會員。」未央同志這一段評語，等於對他生命中最後這十幾年的工作，做出了中肯的總結。

蔭蓀兄，你是一九九六年一月永遠離開你心愛的妻子、兒女，離開你心愛的事業，離開了這個充滿缺陷的、不公平的世界，而走向另一個冥冥世界的。到明年一月十三日，你逝世就滿五週年了。在你去世的這四年多來，我多次想寫一篇文章悼念你，記述你坎坷的一生，也記述你的成就、你的為人，同時也紀念我們之間的友情，可惜都沒能動筆。因為我沒有想清楚一些問題：你坎坷的一生，到底是怎麼造成的？除了個人的一些偶然因素外，有沒有社會體制方面的原因？如果有，這個社會體制要不要加以改革？像你這

樣一個人格完善、才華出眾、工作勤奮且精研專業的知識份子，在二十世紀後半葉的中國，為什麼卻只有在短短的一段時間裏，才能較大限度地發揮你的作用？這到底是為什麼？形成了這種狀況，到底對誰有利？對誰不利？二十世紀後半葉的中國，有你這樣類似遭遇的知識份子，當然不只你一個，甚至也不是以千或以萬計，或者還不止三十萬、五十萬、一百萬。中國如果不去總結造成他們不幸遭遇的教訓，對國家、民族，對我們的後代，可不可能產生頗大的消極影響？在歷史的大道上，中國可能不可能重蹈覆轍？沒有想清楚這些問題，這悼文寫起來，當然就不會有太大的意味。這一次，新湖南報社的老同事們要編一本丁酉年紀事文集，並提出對已逝世的同志，最好要有紀念他們的文字。我主動提出要寫一寫你，雖然我還是沒有想清楚我在上面講的那些問題。我只是在我所知道、所理解的範圍內，如實地、重點地記錄了你坎坷的一生以及你的事業和成就、你的人格和性格，作為留給後人的一份研究資料。蔭蓀兄，我就以這麼一篇思路還不完善的悼文作為你的五週年祭。你在另一個世界裏，如其有知，看了這文章，該會做什麼感想呢？依你寬厚、善良的性格，我想，你可能會說：「我的遭遇嘛，這不算什麼。只希望在二十一世紀，在中國的知識份子中，不要再出現像我所經歷的那種坎坷，讓他們充分發揮聰明才智，為國家、為民族多做些真正有益的事，使中國在歷史大道上，不再掉隊，不再落後，那就好了！」

　　　　　　　　二〇〇〇年六月一日下午寫畢於長沙，

　　　　　　　　原載二〇〇一年第二期《隨筆》雜誌

胡遐之週年祭
——《荒唐居集》代序

西元二〇〇〇年十月下旬，胡遐之兄患肝硬化，已腹水，住進了湘雅醫院老幹病房。十月二十七日下午，我們夫婦和吳辛兄夫婦一起去看望他。那天，他情緒很好。談到病情，他對我說：「九一年那次大病，也快死了，你和吳辛到衡東來看我。沒想到又活下來了。而且又活了快十年了。這一次住進湘雅，也算住進了全國第一流的醫院了，醫生對這病總該有些辦法吧。不過治病的事，也難說。好在我也七十多歲了，診得好或診不好，也都無所謂了。」接著又笑談了一些往事。我們走時，他還堅持下床，送我們出病室，一直走到電梯口上。回來以後，妻子對我說：「遐之真了不起，病重了，還和過去一樣豁達，真是置生死於度外。」他在湘雅醫院住了近一個月。十一月二十四日晨，在醫院照顧病人的遐之的侄兒胡心平世兄給我來電話，說是醫院給他叔叔下了病危通知書，已決定當日下午就送他回衡東。上午十時，我趕去醫院看他。他十分消瘦，但神志清醒。我在他的病床邊坐了約二十分鐘。他說：「我們相交半個世紀，既是患難之交，又是君

▲胡遐之像。攝於二〇〇〇年四月。

子之交，不容易哩！」接著，又要他的侄兒從床頭櫃中找出一疊稿紙，對我說：「這是我的一些文稿和詩稿的目錄，有些發表過的，上了這目錄，但還沒找到文章。請你以後把這目錄仔細看看，要他們幫著找一找。」我知道這是他和我告別，並交代後事。我怕他談得傷心，趕緊把話岔開，但這時，他心境仍然平和。十二月五日下午五時左右，胡心平從衡東來電話，告我他叔叔病情危殆；接著，我和遐之通了電話，他神志依然清楚，聽了我慰問的話後，還說：「謝謝你的關心。」但聲音微弱。翌日清晨，胡心平電話告我噩耗，說是昨晚十一時半，他叔叔因肝臟大出血逝世。就這樣，遐之走完了他多災多難、坎坷不平的一生。

二○○○年十二月九日，在遐之的老家衡東洋塘鄉老屋的禾場上，舉行了一個肅穆悲壯的追悼會，他在長沙、衡陽、衡山等地的許多老朋友、老同事，都趕去參加。洋塘鄉一帶的群眾，來弔唁的更多，真可謂人山人海，道路阻塞。九十高齡的原湖南省政協副主席、解放前曾率領一支龐大的地下武裝在湘中一帶堅持游擊戰爭、群眾都尊稱之為「姜司令」的姜亞勳同志，在追悼會上沉痛地說：「有不少該死的人卻不死，像胡遐之這樣的好人，卻不讓他多活幾年，讓他為國家民族多做些有益的事，這實在太不公道了！」參加追悼會的人，大都認為姜老說出了他們心裏的話。

遐之逝世後，胡心平和遐之在家鄉的老朋友，按他生前自擬的目錄，找到了大部分文稿和詩稿；並按遐之生前的心願，請他的同事劉柯同志為他編輯此書。劉柯和胡心平都希望我為此書寫一篇序言。魯迅說過：「一個人如果還有友情，那麼，收存亡友的遺文真如捏著一團火，常要覺得寢食不安，給它企圖流布的。這心情我很了然，也知道有做序文之類的義務。」（〈白莽作《孩兒塔》

▲一九九一年十二月，祝賀姜老亞勳的八十大壽。左起：李冰封、姜亞勳、胡遐之、龐天相。

序〉）我捏著的這一團火，當是天火，以後也必將化為滋潤人們心田的甘霖。寫序更是應該。不過，遐之半生浪跡江湖，交遊遍於朝野，他的許多朋友，比我更瞭解他的作品，請他們寫序，一定要比我寫得深刻。所以，我決定就寫一篇我所知道的遐之如何為人做事、寫詩作文的文章，作為「代序」。如果這樣的文章，能有助於讀者瞭解遐之的人品，從而去品味他的遺作，那我也就心滿意足、不感到愧對亡友了。

　　我和遐之相識於一九五一年上半年。其時，他在衡山縣九區當區長。衡山九區的洋塘鄉，當時是全國的愛國衛生模範鄉。報社派我去採訪這個鄉。就在那裏，見到了遐之。那時，他一身農村基層幹部的裝束，紮起褲腳，穿著草鞋。我們一見如故。在那裏三

天，他陪我採訪之後，我們就海闊天空地閒聊，談得投合，也就成了朋友。我先在報社編副刊，以後也管文化、教育和意識形態方面的報導。他喜歡向報社投稿，而寫的稿子，因多半與我的工作範圍有關，於是我們又「文字論交」。以後幾十年，在風風雨雨中，我們也一直有些來往。黨的十一屆三中全會以後，他落實了政策，到了出版部門工作，我們又多了一層工作上的關係。所以，說是「君子之交」或「患難之交」，的確也都說得上去。在我們的相交中，我逐漸瞭解了遐之的一生。他少年時，正是抗日戰爭時期，日寇入侵，他顛沛流離，飽嘗失學之苦。抗日戰爭勝利後，他在家鄉的小學教書，由於嚮往光明，參加過進步的文藝團體，閱讀了一些進步書籍，辦了有進步傾向的壁報。當地國民黨的縣黨部，就憑這些活動，以為他是「異黨份子」，要「通緝」他，他聞訊就跑到湘南的一個邊遠小縣，在那裏的縣政府裏當小職員，還教過簡易師範。以後，為了賺錢糊口，又到了武漢，在一家小報當編輯記者。國民黨搞國大選舉，要他去為武漢一個什麼選區的國民黨書記長拉選票，他不想去，於是這飯碗也就打破了。到一九四八年下半年，他潛回家鄉，一九四九年初，參加了中共的地下黨，迎接了解放。解放後，先在縣公安局工作，接著，當過區長、當過縣文化館長，管過縣裏的掃盲工作。因為工作做出成績，一九五五年調中共湖南省委宣傳部《共產黨員》雜誌社當編輯組長。一九五七年，發表過一組名為〈蟲魚篇〉的新詩，「反右」時，有人卻硬說它和流沙河的〈草木篇〉遙相呼應（其實，〈草木篇〉也是好詩，即使真是遙相呼應，又有何不可？）他又在雜誌社討論工作時，提出過要擴充雜誌的內容，改進文風，注意編排藝術，還說刊物要在堅持黨性的基礎上，同時注意知識性、文藝性、趣味性。就因為這些事，莫名其

妙地被上綱為反黨反社會主義，莫名其妙地被劃為「右派份子」。
於是，他生怕連累別人，主動和一向感情很好的妻子離婚，隨後被
送到株洲勞動教養。勞教期滿後，又回老家從事農業勞動，有幾年
養過蜜蜂（養蜂為尋找花源，需外出，四處遷徙、飄流，所謂「嶺
南塞北任驅馳」是也），還教過私塾（「文化大革命」中，有些
農民對學校的教育已完全喪失信心，要送自己的孩子讀私塾），
一九六八年，又以「反革命嫌疑犯」被捕，拘於縣公安局，關了兩
年，才被無罪釋放。從一九五七年算起，到一九七九年平反落實政
策，這樣的日子整整過了二十二年。上世紀八十年代中葉，他寫過
〈南浦〉一詞，上闋很精練地概括了這一段生涯：「等閒吹遍，笑
東風不染髮蒼蒼。隔岸青山問我，何處是家鄉？我是無家張儉，喜
而今不棄漢時裝。有二三文友、二三農友，堪共話衷腸。」（東風
駘蕩，卻改變不了我白髮蒼蒼，我猶如東漢時蒙冤受屈的張儉，被
迫亡命，望門投止。無妻無子無家無國，但仍然丹心一片，不棄漢
朝的朝裝。你看，寫得何等悲壯，何等蒼涼！但在這悲壯和蒼涼的
背後，卻很少傷感和頹唐！）在這上闋的基礎上，才推出了下闋，
寫自己當前的心境：「我自華胥夢醒，奈眼前桑海費思量。何似坡
仙老去，猶發少年狂。不見故人故國，但相逢酒釀又茶香。只詩心
萬古，荒唐慷慨兩無妨。」對於這下闋，邵燕祥兄評道：「因知在
中國傳統文化薰陶的讀書人裏，能作並敢作荒唐言者，大多是昂
藏丈夫，慷慨男兒。『荒唐慷慨兩無妨』，何止無妨，其實是一
而二二而一。索荒唐與慷慨於文奴詩痞，豈可得乎！那裏是只有
畏葸卑怯，唯私是謀，對強人俯首貼耳，對弱者拳打腳踢的。」
（〈《荒唐居詩詞鈔》序〉）我以為，邵兄這段評語，正是理解遐
之寫詩、作文、為人、處世最關鍵的一把鑰匙。

▲邵燕祥（右）與李冰封。攝於二〇〇五年五月，在北京。胡遐之生前多
次說過，他十分敬重燕祥的人品、詩品和文品。

　　據我多年瞭解，他的個性，有如下主要特點：

　　（一）鐵骨錚錚，視個人的榮辱得失如敝屣。他十分鄙視有
些人為了私利，去向權貴阿諛獻媚。他在處境順利時，從不趾高氣
揚，得意洋洋；處於逆境時，也很少唉聲嘆氣，傷感頹唐。他的
〈四十自述〉詩中，有一首寫道：「松自常青草自黃，作詩最怕
學頹唐。鏡中已有一絲白，心上從無兩鬢霜。」正因為他不計較個
人得失，且很少考慮個人安危，所以無論處境如何，都能開朗、
豁達，保持著年輕的心態。不但四十歲時如此，過了六十歲、七十
歲，也是如此。《荒唐居詩詞鈔》中有〈勞教八章〉，是他被送到
株洲新生工程隊勞動教養時寫的，錄四首如下：

入隊隨感

成也蕭何敗也何，但聽劉季大風歌。

中樞旨密挖蛇洞，內部刑寬設雀羅。

復社風流窮骨硬，梁園辭賦媚眼多。

敢同漆吏非非想，榮辱壽夭一瞬過。

（個人蒙冤受屈，被送去勞教，一個好端端的家庭拆散了。但入勞教隊後，寫的不是個人的哀怨，而是表達在當時形勢下，包括他自己在內的小人物們的命運，以及應該如何對待這種命運。）

口號躍進

壯年歲月嘆蹉跎，獲罪原因直話多。

日出耽吟越石曲，夜深猶唱打夯歌。

鋼糧元帥都升帳，草野小民也著魔。

口號能驚張翼德，山樵只恐爛山柯。

參觀公共食堂

公社真的幸福多，就餐免費阿彌陀。

食堂新造雙蒸飯，農戶唯存半隻鍋。

肚餓未明營養學，力疲還上陡山坡。

紅旗三面高高舉，誰信人間有劫波。

（以上兩首，都說明個人陷於勞教中，仍然關心形勢。清楚地看到了一場歷史上罕見的大錯誤，正在形成。）

水腫住院

神州早已送瘟神，浮腫何由到我身。

大腹便便非大賈，雞晨刻刻望雞豚。

偶增半碗加油菜，便覺全身復體溫。

忽有音書傳噩耗，愧無麥飯祭鄉親。

（因為饑餓，得了水腫病，正向死亡路上走去。但詩中卻沒有長吁短嘆，仍然不失幽默。詩中也充塞著對老百姓淒慘命運的憐憫和關懷。）

以上的詩，都是寫於一九五八年到一九六〇年之間。在「文化大革命」中的一九六八年，又莫名其妙地被捕入獄，他在獄中寫了「獄中吟」十三首，也沒有個人的哀怨，只有對城狐社鼠們的憤怒、鄙視和譏諷。另一方面，凡真正屬於自己過去的錯誤，也深入反思，如：檢查了自己過去不講人道主義的思想錯誤。這表現了一個真正的革命者光明磊落的胸懷。十三首選四首如下：

入獄初感

一九六八年冬臘，在衡陽市養蜂場中，為衡山縣公安局拘捕入獄。

浮生不信飄流苦，落魄寧為得失愁。

六萬萬人齊痛哭，城狐社鼠亂神州。

罪名實不知

入獄時須填表，內有「犯罪性質」一欄。余問如何填法？獄長厲聲斥曰：「汝不自知耶？」答曰：「實不知。」遂留空白。

罪名當寫莫須有，公道難尋畢竟無。

停筆橫眉留白紙，他年蘸血記坑儒。

自懺

衡山解放時，余即奉命參與接管公安局並興建監獄。當時重在防止逃跑，獄中生活條件多未考慮。未料余竟自蹲此獄。

孰料殘冬入獄時，北風抖索凍難持。

當年愧少言人道，苦果自吞復怨誰！

魂斷中秋

中秋佳節，嘗有難友之妻攜兒探監，未准。兒啼妻哭，傳入鐵窗，慘不忍聞。

人不團圓月自親，清輝著意照牢門。

幾聲淒厲窗前過，一夜囚徒盡斷魂。

（二）他敢講真話。有時，明知講真話對自己不利或有大害，但他也要講。表現在他的詩和文章中，更是如此。中國這幾十年，特別是在反右派、「大躍進」和「文革」期中，講假話者得利，講真話者倒楣，是人人都知道的事實。這種利害關係，輾轉相因，遂形成一種極壞的社會風氣。這種壞風氣，迄今不但未能制止，且有愈演愈烈之趨勢。講假話者不以為恥，反以為榮；講假話者可以升官發財，已成為一種社會公害。有些人，還敢於明目張膽地偽造歷史、歪曲歷史，使之為某些人私利服務，人們也習以為常，竟無人敢去戳穿「畫皮」，而任憑「偽史」流傳，貽害國家、民族，貽害子孫後代。由此可見，一個社會，如缺乏真正的民主，如一任專

制主義流行，有些社會公害，如講假話等流毒，實在無法剷除。
在這種社會背景下，遐之在他的作品中，敢講真話的高尚品格，顯
得尤為重要，尤為可貴。他的《荒唐居詩詞鈔》中，描寫「文革」
的詩（包括〈文革雜詠〉及〈燕京雜詠〉共四十五首），就是很好
的、真實的「詩史」。中國歷代文學，都講究「以詩存史」，遐之
這四十五首詩，就鐫刻了二十世紀六十年代至七十年代，發生在中
國的那場民族大災難的真實歷史。有人要塗抹這歷史、要扭曲這歷
史，要讓後世子孫對這段歷史無知或忘記這段歷史，有了遐之這些
詩史的存在，恐怕就不那麼容易辦到了。四十五首詩中，仍錄四首
如下：

早請示，晚彙報

晨昏三叩首，朝夕都彙報。阿彌陀佛坐禪堂，哈里耶穌
天主教。老三篇，勤背誦，黃石授書用不盡。民服官務張思
德，官服民務莫破格。萬年太久爭朝夕，愚公移山嗟何及！
文攻武衛戰火紛，多來幾個白求恩。夫子不言怪力神，難怪
批鬥到孔門。

革命大串聯

沿著長征道，革命大串聯。車船免票吃住不要錢。車轔
轔，馬蕭蕭，毛選水壺各在腰。機關單位相歡送，歡聲雷動
大江橋。萬水千山只等閒，敢把珠穆朗瑪攀。沿途揪鬥走資
派，一邊革命一邊玩。革命教育重傳統，元勳功勞記心間。
江青決定三戰役，毛林會師井岡山。朱彭劉賀皆「軍閥」，
不是延安是西安。黨史軍史著意改，聞所未聞看新篇。知否
朱總韶山來瞻仰，大驚白馬竟被林彪牽。

忠字舞

忠字舞，手應鑼，腳應鼓，一聲號令為軍伍。

忠字舞，心應鼓，口應鑼，舞時更唱語錄歌。

　　忠字之義世易知，忠字之容孰能傳？「母儀天下」有江青，藝壇革命創新聲。側地傾天動玉階，忠字舞出聽聖裁。葉落長安羊角疾，舟覆黃河惡浪埋。風捲殘雲嫌力弱，浪湧東海少壯闊。忠字舞容超古時，蹦拆蹦拆華爾滋。忠字舞容學海派，大洋彼岸有搖擺。

　　忠字舞，狂且野，飆輪火被金光射；忠字舞，野且狂，舞興濃處晝夜忘。左旋右轉無已時，男女老少俱難辭。爹娘仆地兒孫贊，忠於領袖有何礙！曲終舞罷祝無疆，更有林總永健康。

　　君不見，漢王早有大風歌，安得猛士定風波。又不見，秦王亦有破陣樂，擒充戮竇清河洛。風流人物看今朝，漢唐久已遜風騷。誰識胡旋旋目與旋心，忠字舞多鷓鴣音。元白空作樂府吟，讀罷何堪淚眼涔！

道州民

　　道州民，道州民，一殺兩萬人。屍浮大江塞，血注瀟湘殷。

　　道州民，道州民，一殺兩萬人。老翁哭孫母哭子，路人又悲翁母死。斷手刖足，挖眼割耳。

　　道州民，道州民，一殺兩萬人。無富無貧，誰仇誰親？誰假誰真，誰狠誰仁？人間苦難答，地下質閻君。

　　道州民，道州民，何若古之人。一自陽城免土貢，矮奴
改作良人身[1]。今日人不矮，男不貢，翻為刀下鬼，俎上鱗。
從古此冤應未有，不問閻君問天神。

　　四十五首寫「文革」的詩，大都有如上的水平，限於篇幅，
不可能再抄了。我在這裏要說的是：由於他敢講真話，敢於挺身而
出，冒著生命危險，真實地、用舊體詩的形式，從各個側面，寫出
了這一段中國的文革史，應該說，這是「文化大革命」中一種特有
的「地下文學」。以後，書寫當代中國文學史的學者們，千萬不要
忘記了，在二十世紀的後半葉，湖南有一位名叫胡遐之的詩人，是
他懷著對人民、對祖國的滿腔沸騰熱血，沉痛地應用藝術的語言，
在「地下文學」領域中，真實而全面地再現了中國人民這段苦難史
的現象、本質、原因和結果。

　　在講真話的過程中，他愛憎和是非，涇渭分明，應該歌頌的，
熱烈歌頌；需要批評的，大膽批評。試舉一例：九十年代初，他到岳
陽君山，聽說胡耀邦同志下臺後曾到過那裏。基層幹部和老百姓都尊
敬耀邦同志，那裏流傳著他的一些動人事蹟。而另一位將軍，因不大
檢點，老百姓則頗有微詞。他聽了以後，同時就寫了兩首詩：

君山飲茶

　　君山飲茶，席間有人介紹，耀邦同志下臺後來君山，見
銀針茶以開水沏時，茶葉沉浮數次，乃拍几叫絕：「好！能
上能下。」
自古銀針動帝京，一杯清水看浮沉。
笑他名利場中客，能降能升有幾人？

君山有閒

　　君山銀針，早為貢茶，乾隆皇帝尤喜。嘗曰：「國不可
一日無君，君不可一日無茶。」以是茶價倍貴，無敢問津。
余等承招待，每四人共一杯，已感殊榮。而中央某老，竟一
次要了幾斤。

　　聞說銀針作貢茶，君王靠它治邦家。

　　今王學得先王法，要個幾斤管他媽！

　　他就是這樣懷著赤子之心，來看待周圍世界，是則是之，非則
非之，有一說一，有二說二。這不正是唯物主義者對待客觀世界的
根本態度嗎？

　　遐之的詩，還無情地針砭時弊，痛斥歪風。他寫過〈荒唐居詩
鈔‧都市雜詠〉百章，用打油詩的形式，鞭撻各種醜惡現象，諸如
貪污腐敗，買官賣官，豪賭盛行，色情氾濫，領導爭建豪華宅第，
幹部金屋藏嬌宿娼，以及「理論聯繫實惠，密切聯繫領導，表揚
與自我表揚」之類的官場邪氣，所有這些，他無不一一加以無情揭
露。此處不贅。

　　當然，在特殊的年代裏，遐之的赤子之心也有過受愚弄的時
候。比如，五十年代中期他既寫過〈蟲魚篇〉、〈非主流的一面〉
那樣的警世之作，也同樣寫過〈歌贊農村〉、〈布穀布穀叫得乖〉
之類為「大躍進」浮誇風鼓勁的詩章。不過，這後一種性質的作
品，在遐之一生的創作中只佔極少數，而且正因為《荒唐居集》中
並未刪掉這特殊的「極少數」，才更顯現出一個真實的遐之，也從
而展示出一代知識份子的心路歷程。

鷓鴣天·吊程老夫子

別號閒堂几废闲，几经磨折况吟哦，緣性来立

程門雪，也快春风越游山。

梁柱折，楚云寒，湖边王荇污公还 撼魂芳草

连天碧，映日纷纷匝地丹。

▲胡遐之手跡：悼念程千帆教授的詞稿。

（三）他為人善良，且崇尚道德、講究情義。好友之間，無不如此稱道他。

他和他離婚了的前妻的關係，最能說明這個問題。

一九五六年，他們結婚後相處融洽，感情很好。且兩人都喜愛文學，可謂意氣相投。前面說過，一九五七年那場風暴來了，他怕連累對方及其家人，主動提出離婚。離婚後，女方已另成立家庭。他一直未娶。遐之平反、恢復工作後，女方主動接近他，雙方又有聯繫，彼此通信。女方多次來看望過他，他大概也去「回訪」過她。但遐之一直把這種聯繫，當作一般好朋友之間的聯繫，不超越這個界限。他病危從長沙回衡東時，女方還送來靈芝草。據胡心平說，他服用了，且當時心情特好。《荒唐居詩詞鈔》中有四首「情詩」，因無寫作時間，且外人不知他們之間的隱私細節，所以有些地方看不大懂。但從這些詩中，可以斷定，他們感情很好。在他處境困難時，遐之一直要避免連累女方；到他處境好轉時，又感謝女方對他的思戀。他自己對待此事，一直以崇高的人格自勉，避免傷及他人。四首詩詞均錄之如下。只希望更熟識內情的他的親友，能對這四首詩詞作些注解。

答安安二首

豈是封侯繫客舟，佯狂過市氣橫秋。長歌能託離人恨，
皓月誰窺徹骨愁。袖短不堪隨風舞，水寬仍可順江流。洞庭
東去吳山遠，吟罷子衿思橘洲。

我生恨晚兩千歲，未若相如當酒壚。紅粉曾憐並蒂約，
白頭已負誓盟初。羞將多難女流累，敢慕癡情巾幗殊。最是
惱人又愜意，於無心處別親疏。

水調歌頭‧贈安安

商定燕巢久，怎奈打頭風。孤燈人影蕭寂，耳畔有疏
鐘。三載呢喃細語，不盡騷心芳草，勞燕忽西東。況復病愁
裏，已失萬夫雄。

籬邊樽，檻邊笛，月迷朦。裙襦釵困，幾回眉黛現歡
容。縱令山盟猶在，怎那世情如許，此恨古今同。我負人多
也，休再怨天公。（李按：這一首當是寫於一九五八年決定
離婚時。）

荷葉杯‧送安安赴湘潭

記得那年相識，情默。簾外燕呢喃，恰將心事比鳳鸞。
衣帶緊還寬。又值嶺梅開早，偏惱！誰記舊時情，憐他明月
弄潮生。酣夢早應醒。

　　局外人讀了這樣的「情詩」，都深為慨嘆、深為感動。如果瞭
解內情的人，讀了這四首詩詞，當更會讚嘆作者人品的高尚、道德
的完善。

　　幾年前，著名作家舒展先生曾在一篇小文中談到，過去被稱之為「謬種流傳」的舊體詩，在新時期中有了長足的發展，這是當代中國文學史應該加以研究的一種現象。舒展列舉了在新時期寫舊體詩大有成就的十幾位詩人，包括了聶紺弩、黃苗子、楊憲益、荒蕪、邵燕祥等名家。其中也包括了胡遐之。（李注：手頭未保存舒展先生這篇大作，幾年前讀過之後，亦無緣再讀。這裏的複述，如與舒展先生原意不合，應由作者本人負責。）我以為，舒展先生能把胡遐之的名字列入這些大家之中，是相當公允的。作為胡遐之的老朋友，我只希望以後有人專門研究一下他的舊體詩創作。當然，這種研究應該把他的人品和詩品融合起來，在當代中國歷史的大背景下，加以分析。研究中當然也不可避免地要旁及他的散文、隨筆、雜論等等。實事求是地品評，是優點就說優點，不足之處，也絕不要加以文飾或遮掩。這樣做，當大大有利於胡遐之舊體詩作品的流傳。這種流傳，對於理解真正的當代中國歷史，對於中國詩文化的豐富和發展，對於後一代子孫的思想教育、道德教育，是一定會有許多好處的。

　　謹懷虔敬之心，寫畢此文，作為亡友胡遐之的週年祭。

　　　　　　　　　　　　　二〇〇一年九月三十日寫畢於長沙，
原載二〇〇二年第二期《隨筆》，有刪節，此是未刪節的全文

註1：《舊唐書・陽城傳》：「道州土地產民多矮。每年常配鄉戶貢其男號為『矮奴』。城不平其以良為賤，又憫其編戶歲有離異之苦，乃抗疏論而免之。自是乃停其貢，民皆賴之，無不泣荷。」

遠隔重洋的哀思
——悼念在大洋彼岸逝世的老友張翅翔兄

　　上個世紀九十年代初，張翅翔兄去美國定居後，每隔兩三年，總要回湖南一次，看看親人、老友，當然，也看看這一塊使他受盡了屈辱和折磨，但他仍然十分愛戀著的故土。二○○二年十月，他最後一次返鄉，我們見過一次面。從表面上看，他身體健康，精神也好。他告訴我：這一次回來，不能久住，很快又要去美國，不過沒有說出原因。我送他一本《1957：新湖南報人》和一本胡遐之兄的遺著《荒唐居集》。遐之是我們兩人共同的朋友。他對我說，美國有一位華人朋友，知道他回湖南，託他找一本《1957：新湖南報人》，因為這是一本瞭解中國新聞界和省級反右派鬥爭的重要資料書，這書在美國不易弄到。我趕緊又送去一本，請他轉送給這位在美國的他的朋友。這樣，我們就匆匆道別了。因為正好過兩天，我也要動身去福州。

　　到美國後，十二月中旬，他和他的夫人姜惠平大姐給我們夫婦寄來了一張賀年片。賀年片背後，附了他寫的一封短信，全文如下：

　　冰封老兄

　　世英大姐：

　　　　（與冰封兄）在長沙匆匆一面，連廖大姐都未及一晤，惆悵無已。弟十月二十三（日）返美後，即聯繫密西根大學（附屬）醫院診斷治療，幾乎天天泡醫院。經多種器械及切

片檢查，證實咽喉部位腫瘤非良性，已有算珠大，旋即以放
療與化療施治，現療程已近半，身體尚可承受，唯喉頭疼
痛，吞嚥稍感困難，加以食慾遞減，體況欠佳，正以各種藥
物及營養製劑改善之中。所幸我就診的醫院在腫瘤治療方
面，居全美第三位，設備醫術俱屬上乘。且惡性細胞尚未擴
散，療程結束，有希望腫瘤萎縮消退。美國醫療費用昂貴，
弟賴「醫療補助」應付無虞。統請老友釋念。冬寒，乞特別
加意保重。

弟　翔上

2002.12.16.

　　這封信告訴我們：雖然他確診得了喉癌，但對自己健康的恢
復充滿信心。我給他回信，相信他一定能逢凶化吉，戰勝腫瘤。此
後即未再通信。二○○二年六月十三日，因不知他這半年的治療情
況，我給他去了一信，詢問病情。久未得覆。九月，姜惠平大姐回
長沙，才知道我那封信是收到了的，但他已於七月間逝世。聽到這
噩耗，多少感到有些突然。由於思想準備不足，當時，巨大的悲愴
不禁湧上心頭。

　　我和翅翔兄在上世紀五十年代就相識，但沒有什麼交往。真正
的相交、相知，是在上世紀七十年代末或八十年代初。那時，我們
都先後落實了政策，先後都到湖南人民出版社工作。我約略知道他
的歷史情況：他是在一九三九年十七歲時就入了黨的地下黨員，是
著名老作家蔣牧良的得意門生。在白區，做過報紙工作和出版社的
工作，一九四七年下半年，由中共香港文委的周而復同志代表組織
出面，找他談話，介紹他到粵湘贛邊區工作，以後，就在湘南一帶

打游擊。解放後，先在湖南的郴州地區辦報，五十年代調到省裏，先在省委宣傳部工作，一九五五年反胡風以及隨著而來的肅反運動，省委宣傳部人事部門無端懷疑他有歷史問題，把他狠狠整了一頓。運動結束後的一九五六年，調出版社。一九五七年的大鳴大放中，他響應號召，「知無不言」，對當時省委宣傳部某些人，在肅反運動中莫名其妙地整人，提了些意見，由此陷入了「陽謀」的圈套。在隨後的「反右」中，立即被劃為「極右份子」，送去勞教。此後，當了二十一年「賤民」，落實政策、改正以後，才回到了出版社。大概由於過去我們有過相同的遭遇，性格、興趣也有些相同，當時在工作上又有些交往，所以很快就相處投合。在交往中，我發現，他心地善良，老實忠厚，待人真誠，講究信義，而且明辨是非，嫉惡如仇。更重要的是，他以天下興亡為己任，憂國憂民，是一個「老派」的、很正統的老共產黨員。（所有「老派」的、正統的共產黨員，都有以天下興亡為己任、憂國憂民的性格特徵。可惜在「左」傾的年代，這種「正統」，往往被視為「異端」。）這樣的好同志，歷盡風霜雨雪，在「左」的路線下，竟蒙冤受屈二十多年，憂患備嘗，劫難頻仍，多年不能發揮他的聰明才智，確實令人痛心。

在出版社，他總是埋頭工作，不大講話。特別是做了許多重要的事，在工作上做出了顯著成績，也從不居功張揚。所以，在上世紀八十年代初期，他在出版工作上的許多貢獻，很多同志都不清楚，甚至連他的家人也不知道。因此我認為，應該趁著紀念他的時候，把他的這些貢獻簡略表述一下，一則以此告慰死者及其家屬；二則也不使這些事蹟，在改革開放時期的湖南出版史上湮滅，使人回顧這些歷史時，有所景仰、有所借鑒、有所警策。

▲一九九六年元月，張翅翔、姜惠平夫婦自美國回國探親。攝於長沙李冰
封家。後排右起：張翅翔、彭燕郊、李冰封。前排右起：張蘭欣、姜惠
平、廖世英。

　　翅翔兄恢復工作後，分在文藝編輯室（那時，還沒有成立湖
南文藝出版社）。大概是在上世紀的一九八〇年，他就著手工作，
準備出版沈從文先生的兩本書：《沈從文小說選》和《沈從文散文
選》。那時，沈從文先生是「剛剛出土的文物」，這「出土文物」
價值連城，還不為很多人所認識。由於歷年在文藝「左」的路線的
影響，某些文藝界人士乃至某些領導，對沈先生還有這樣那樣的非
議，如說沈的作品脫離政治，沒有表現時代的重大主題；沒有去
表現真正的工農兵；與延安文藝座談會的精神和要求距離很大；
如此等等。這些非議，今天看來，都覺得實在「左」得太離譜，但
那時，對出版者卻確實存在著很大的壓力。翅翔兄雖然心有餘悸，

但仍然頂住了這壓力，繼續編他的書，做出版這兩本書應做的各種準備工作。到一九八一年，這兩本書終於印出來了，在全國的出版社中，我們是第一家出這樣的書。由此，還在全國引發了一陣「沈從文熱」。這件事，算是對「左」的文藝路線打開了一個「突破口」，衝破了文藝上「左」的框框。

他還編輯出版了《袁昌英作品選》。武漢大學的袁昌英教授，是國內數一數二的研究法國文學和英國文學的專家，散文也寫得很好。三十年代和四十年代，在國內，研究法國文學的水平，超過袁昌英教授的，恐怕也還沒有幾個人。但由於一些歷史問題，袁昌英教授被「升格」打成了「反革命」，遣返回鄉，在「文化大革命」中含恨去世。湖南人民出版社也是在全國第一家出版了袁昌英教授的書。當然，由於當時各種客觀條件的限制，袁昌英教授的學生編出的這本選集，選得並不太理想。

他還首先出版了文藝界的兩位蒙冤受屈的老共產黨員的作品：《聶紺弩小說集》和《張天翼小說選》。當然，聶紺弩在文學上的主要貢獻在於舊體詩、雜文的創作和古典文學的研究。但人民文學出版社出的《散宜生詩》和三聯出的聶紺弩的雜文集，都還在這之後。

以上寫的，不過是翅翔兄貢獻的一些方面，其他貢獻還有不少，就不一一羅列了。這些貢獻，當然也離不開社裏有關同志的配合，包括：選題的確定和通過、出版時間的優先安排，以及選本篇目的具體研究等等。由於這一系列圖書的出版，用鐵的事實向全國讀者宣告了文藝界左傾統治路線的破產。在當時，這就大大增強了人們「反左」的信心和決心。

從少年時期起，翅翔兄就顯現出了較為突出的文學創作才能，青年時期更是如此。他有較強的觀察和審視生活、體驗和評價生活

的能力，能從許多生活細節中看出事物的本質，且又能對生活中的美和醜、正義和邪惡愛憎強烈，涇渭分明。這樣，再加上文字根底較好，感情豐富，所以寫出的一些文章，能震撼人心，感動讀者。可惜的是，在他生命中的前七十年，客觀環境限制了他的創作。在當地下黨員時期，東奔西走，生活困難且不安定，缺乏創作環境；從解放後到十一屆三中全會前的三十年，文學創作中的清規戒律很多，政治運動一個接一個，他在運動中不斷挨整，又當了二十一年「賤民」，當然也無法寫出什麼。一九七九年，落實了政策以後，他又對工作十分負責，用全部精力投入編輯工作，無暇旁騖。所以，一直到他定居美國以後，才開始陸陸續續寫他的回憶錄：《西山漫憶》。這時，他已年過古稀，精力大不如前了。二○○○年，他印了少量的回憶錄初稿，徵求意見，後又經修改、增訂，自費印了二百冊，送給親友。這一本不到十五萬字的書，卻先後花了他近十年的時間。他自己說，許多往事，成了他「終身的傷害，永久的疼」，他「不願碰觸，親人面前也少提及」。但是，「這悲劇永遠不應遺忘，應該籲請同代人都不忘記。一旦忘記，悲劇命運便會重來，來到我們自己和我們孩子的身上。所以，我倒是有必要將個人厄運、旁及親屬和師友的遭遇寫下來，立此存照。」（〈西山漫憶・後記〉）現在，不是有人存心要讓全民族「失去記憶」麼？那麼，我們這個善良而又健忘的民族，就多麼需要永遠不讓悲劇遺忘的書呵！朱正兄為這本《西山漫憶》寫的序言中提到：「這部書的獨特價值就在於；不但使年輕一代讀者認識過去，而且啟發他們從對過去的反思中思考未來。」有些人是不要我們民族的未來的，因而他們怕人們去觸動那些「過去」。因為那些「過去」對他們來說太不光彩了。觸動了那些，等於挖了他們的「祖墳」。可是，對我

們來說，那是「國恥」，不顧國恥，忘掉國恥的民族，怎麼會有光彩的未來呢？所以，我們有責任讓人們不要遺忘它。我和翅翔兄都熟悉的前輩，今年一月謝世的九十二歲的姜亞勳同志，在辭世前一年，有一次和我閒談中說道：「有不少回憶錄，我翻了幾十頁就不想翻了，因為寫得不實在。有些人還在自我吹噓，自我宣揚。只有張翅翔的那本回憶錄，我從頭到尾細看了，寫得好，寫得實在。看了使人感動。」他還說：「你們出版社其實應該多出這樣的書。為什麼這樣的書，反而出不出來？」姜亞勳同志是翅翔兄的小同鄉（都是湖南寧鄉人），又有著一段相同的經歷（解放前，姜老曾率領一支龐大的地下武裝，在湘中一帶堅持艱苦的游擊戰爭。他們兩人又都是「老派」的、以天下興亡為己任的正統的共產黨員），所以我覺得，姜老對《西山漫憶》的樸素的評價，是說真話的、實實在在的評價。在姜老逝世以後，我經常記起他的這個評價。所以我想，如果在海外，能夠正式出版翅翔兄的這部回憶錄（或者再增加一些能找到的過去發表過的文章和未發表的手稿），那將是對我們的下一代的教育，做了一件功德無量的大好事。

　　隔著浩瀚的太平洋，我就用這篇小文，表達我的哀思，呈獻給翅翔兄的英靈。

　二○○四年七月二日於長沙，原載《出版產業》二○○四年第十期

「生正逢時」
——哀悼老友俞潤泉兄

　　吳祖光先生生前給人題字，喜歡題寫「生正逢時」四個大字。這四個字，如果送給俞潤泉兄，也正合適。他的一生，經歷過充滿憧憬而又平靜、歡愉的日子，以及度過狂風暴雪的歲月並由此帶來的惡夢和厄運，都因為「生正逢時」。

　　我與俞兄相識於一九四九年十一月，那時，他剛從新幹班畢業，分配到《新湖南報》的《湘江》副刊當編輯。我是在報紙創刊前，就在副刊工作。於是，我們就成為同事。那一年，我二十一歲，他比我大三歲零幾個月，也不滿二十五歲。這年齡，都可以說是「風華正茂」。當我們在一起工作後，我很快就發現，他熱衷公務，助人為樂，待人接物十分看重感情，他涉獵的學識也比較廣泛，說古論今，頭頭是道，從文史到科技，門門知識，也都知道一些，對「飲食文化」，見解尤為獨到。（可惜那時，不少人把「飲食文化」這門學問列為旁門左道，即：「資產階級講究吃喝玩樂的那一套」。許多人都視之如虎狼、如蛇蠍。客觀環境不允許人們去深入、自由地探討和鑽研它。）此外，俞兄還有倚馬可待之才，副刊需要他寫點什麼，比如，需臨時趕寫一篇「影評」之類的小文章，只要你把意圖說明白，他可以揮筆立就，且能寫得酣暢淋漓。不過，他也有明顯的缺點，主要是：情緒不穩，忽高忽低。情緒較好時，工作做得快而且好；情緒低落時，就比較懶散，差錯也多。同時，性格較為軟弱，遇到一些小小的挫折，情緒更是跌入谷底，

唉聲嘆氣，精神不振。那時，我曾這樣想過：如果能好好開導他，保護他的工作積極性，解決他的一些實際困難，穩定他的情緒，讓他做一些他自己有興趣的、喜歡去鑽研的工作，在這方面，盡量發揮他的才能，他是會做出成果來的。可惜，在強調「階級鬥爭」、「政治掛帥」的年代，在強調人們要安心做「螺絲釘」的年代，這種想法是屬於「嚴重右傾」，當然是不可能實現的。

一九五〇年五月，開了全國第一次新聞工作會議，胡喬木在會上做報告時提出，省報應一律將綜合性副刊改為讀者來信式的副刊，據說，這是為了加強反映讀者的要求和願望。《湘江》副刊遵命停辦。編輯室的八位同志，都分到不同部門或單位去了。我和俞兄不分在一個部門。此後不久，我在讀者來信組工作，俞兄隨後也調到讀者來信組約一年時間。此時，階級鬥爭的弦更加繃緊了，各種政治運動不斷。俞兄本來有些無關緊要的歷史問題（大概是在學校中參加過三青團，編過學校中三青團的壁報之類的事），工作中也有些小差錯。他十分膽小怕事，在運動中就不斷地給自己無限上綱、加碼上線，以求「檢查深刻」，以為這樣做就可以安全過關。結果是「愈陷愈深」，「越說越說不清」，最終變成了一個「老運動員」，乃至以後被判刑、勞改。一直到十一屆三中全會以後，才平反了冤假錯案，分在湖南師院平江分院教書。

一九七八年年底，我經歷了二十一年的「賤民」生涯以後，也從洞庭湖邊的流放地「改正」後回到長沙。二十多年沒有見面，彼此都有著「曾經滄海難為水」的感覺，但也覺得互相之間的瞭解，比過去好像加深了許多。

在這以後的交往中，我才發現，他的舊體詩詞寫得很好（有《堇葵詞》和《堇葵續集》為證），有些與舊體詩有關的詩論，也

▲二〇〇〇年元月，攝於長沙。中坐者：李銳。後立者：俞潤泉（左）、
李冰封。

寫得好。以後的十餘年中，他還陸續給我看了許多發表於海內外一
些著名的烹飪雜誌上關於「飲食文化」的散文、隨筆（這些文章，
以後結集為《湖南飲食叢談》，由省文史館資助印出），讀了這些
文章，不免使人掩卷嘆息：如果當年，他沒有遭遇那些數不清的厄
運，而放手讓他在「飲食文化」方面不斷深入鑽研，那麼，他在
這方面的成就，在文壇上，當不亞於梁實秋先生和汪曾祺先生等
名家。

　　飲食業是當今中國的一大產業，每年產值達四千億，而且這產
值還在不斷擴大。在全球化的過程中，中國的這個產業還將成為走
向世界的一個大產業。而這個大產業當今最缺少且亟待提高的是什
麼呢？我以為，歸根結底，在於「文化品位」四個字。現在，我們
多麼需要這種有分量的關於「飲食文化」的各種著作，多麼需要能

為廣大讀者接受的有關「飲食文化」的散文、隨筆啊！當年，戕害了一些這方面的人才，明眼人都能看到，這使我們國家、民族在這方面又蒙受了多少損失啊。俞兄的這本《湖南飲食叢談》，無疑是我國的「飲食文化」寶庫中一件小小的珍品。我最近正在聯繫一家出版社，力求使俞兄的這本集子，能由出版社正式出版。如果此事能夠做成，那將是我對俞兄能做的最後一件事，也是對俞兄的一個最好的紀念。

「生正逢時」。俞兄生前做了許多惡夢，遇到許多厄運。如果，人有永生的靈魂的話，在俞兄逝世以後，我希望，他的靈魂從此能在天國做一些美夢，碰到些好運。希望後世的人們，能在看到他的《湖南飲食叢談》這本小書，以及他的一些舊體詩詞和詩論的時候，知道在我們這個大時代中，有這樣一個普普通通的善良的知識份子，他的學識、他的才華，以及他的遭遇和坎坷，不免使人有著摧肝裂肺的哀痛；同時，也瞭解他對這個社會做出的一些有限的貢獻。這個貢獻，本來還要比現在多過許多、大過許多，但因為社會限制了他、束縛了他，使他只能做出這麼一點點。這是不是這個時代的一種悲劇呢？人們有權利這樣發問，當然也有權利作出肯定或否定的回答。不過，是肯定的對呢？還是否定的對呢？

二○○四年四月十七日於長沙

國殤
——沉痛悼念李慎之同志

　　二〇〇三年四月二十二日，李慎之同志逝世。我從四月二十四日起，就不斷接到各地朋友分別打來的七八個電話，告我噩耗。幾天前，還有人來信，寄來了海外報紙有關報導的剪報。據說網上的悼文不少，有的寫得相當好，可惜我不會上網，沒能看到。給我打電話的朋友們，都沒有見過李慎之，都是讀過他的文章後，十分敬仰他的學識、才具、膽量和智慧，十分敬仰他崇高的人格和憂國憂民的高尚情操。在電話中，他們都痛惜中國當代思想界折損了一位大勇大智的奇才。李銳悼胡耀邦詩云：「活在人心便永生。」李慎之是永生在中國知識份子的心中了。

　　我的朋友們敬佩李慎之，大半是從一九九九年開始的。那年，他撰寫了〈風雨蒼黃五十年〉，因此震動了中國，也震動了世界。此後，朋友們見面，談到李慎之，大半都會談到這篇奇文。有一位在外地的朋友，還特地贈我這篇文章。他在信中說，近年他很少流淚，但讀了這篇文章後，流了眼淚。這文章之所以能如此打動人心，後來我悟出了其中的道理：（一）作者的思路歷程，與上世紀四十年代許多左派青年、如今仍在憂國憂民的老年人的思路歷程完全一致；當年這些左派青年，經過幾十年的痛苦折磨後，看到了過多的鮮血和眼淚、過多的卑鄙和無恥、過多的殘酷和醜惡，也看透了過多的虛假、過多的欺騙；當然，同時還看到了不少崇高和悲壯、尊嚴和純潔，終於覺醒了，正在探求中國應該怎樣走出這困

▲蒼黃風雨三人行。右起：李銳、李慎之、李普在一起。

境。（二）一篇八千字的散文，竟能如此真實、準確、生動地概括了當代中國五十年的歷史，說出了許多人存在心中、想說而不敢說的話。（一位歷盡滄桑、七十多歲的中國大智大勇的老者，歷史老人竟要他來充當了安徒生童話〈國王的新衣〉中那位說出事實真相的丹麥小孩所充當的角色）。三、在邁向全球化的新的國際條件下，指出了中國要實行政治體制改革的唯一正確的出路。四、文章具有這一類散文特有的藝術性，文字乾淨俐落、形象具體生動，且邏輯清晰、說理透徹，並做到了文情並茂。真實即美，真情即美。文章完全表現了可貴的真實和真情的美。一位大型文藝刊物的副主編在信中對我說，他堅信，以後寫中國散文史，〈風雨蒼黃五十年〉會佔有一席重要的位置。我也堅信這點。

　　由於〈風雨蒼黃五十年〉的上網，李慎之承受了來自高層的很大的壓力。但也正是這種壓力，促使知識份子千方百計地去尋找他的其他文章、研讀他的其他文章，領悟這些文章中講出的道理，瞭解這些文章闡述的文化背景。於是，李慎之和中國知識份子的心更加靠近了；於是，中國許多知識份子懂得了，中國要實行政治體制改革，要走向民主、自由，就要進一步進行「新啟蒙」，就要限制或制止專制主義的肆虐。給李慎之施加壓力，竟然造成這樣的結果，這是某些高層人士不容易理解的。李慎之的著作，促使中國知識份子的思想認識，走上了一層新的階梯。

　　楚辭《九歌‧國殤》中有句云：「誠既勇兮又以武，終剛強兮不可凌。身既死兮神以靈，魂魄毅兮為鬼雄。」李慎之也是「國殤」，他是在理論思想戰場上，為了挽救中國不在專制主義的泥潭中繼續沉淪而英勇戰死的。他的精神威靈顯赫，魂魄剛毅不屈。他生作人傑，死為鬼雄。他留下的精神財富，將啟示著中國、引導著中國。我們要很好地繼承和研究他給我們民族留下的這一份可貴的精神財富。

　　李慎之同志永垂不朽！

　　　　　　　　　　二〇〇三年五月十日，原載《懷念李慎之》

紀念王若水

　　去年，王若水同志去世後不久，我去美國探親。本來想寫一篇紀念他的文章，未能寫成。為此，心裏一直有一種「負債感」。一則，感到愧對文化、思想戰線上像他這樣有非凡智慧而又非凡勇敢的卓越人物，他「寧鳴而死不緘口，抗辯聲聲率土濱」（邵燕祥悼詩），這一切，都為了表達樸素的真理，為了中國的進步。這實在令人欽佩。二則，自己也感到愧對受了蒙蔽的中國老百姓。王若水為中國人民留下了一筆寶貴的精神財富，因為種種原因，這份精神財富卻被封閉、被歪曲、被壓制，許多中國人迄今還不知道這份精神財富的分量。形成這局面，當然與我無關，當然不是我的責任，但自己作為文化思想戰線上的一名老兵，卻不能像有些前輩和朋友一樣，在這種時刻籲請人們去研究、去汲取這份精神財富，這就是自己沒有盡到應盡的責任。現在，他去世已經一年多了，思想戰線上某些方面的形勢，與一年多以前相比，似也略有起色，起碼，認真學習憲法的問題，已經提到議事日程上來了。因此我覺得，還是應該把現在自己的想法如實寫出，力求盡到自己的責任。

　　我與王若水同志並無私人交情，而且也只見過一次面。那是一九八九年春天，因為《新啟蒙》文叢編輯、出版方面的事，到北京金臺路人民日報社宿舍去拜訪過他。他是《新啟蒙》文叢的編委。由王元化同志任主編的《新啟蒙》，那時在湖南出版，在全國知識份子中頗有些影響，但也承受了一種頗大的壓力——主要是來自「左」的方面的非議、斥責乃至誹謗。那天，我們除了談公事以

外，還議論到當時思想界的形勢，並涉及了自己過去的一些經歷和
遭遇。他是江西人，在進北京大學前，曾在湖南讀過中學，是著名
的長沙雅禮中學的畢業生，因而對湖南的情況也較為熟識。所以，
我們談得頗為投合。他除了有一般哲人都具備的觀察銳敏、見解
獨到、思想深刻、知識淵博等特點外，還待人誠懇、真摯、謙虛，
對自己受到的不公正待遇，也很曠達。「不過，看法和意見還是要
講清楚的，所以，我最近在寫論述社會主義社會有無異化現象的文
章，答覆胡喬木。」當時，他這樣說。所有這些，都給我以很好的
印象。不久，一九八九年那場政治風波，莫名其妙地也殃及《新啟
蒙》。以後，在整我的時候，還顛倒是非，把出版《新啟蒙》文
叢、《廬山會議實錄》（李銳著）、《社會主義初級階段理論探索
叢書》（第一輯各書的作者中，有于光遠、曾彥修、吳江、王元
化、廖蓋隆、龔育之、馮蘭瑞等十來位老共產黨員。原準備出版六
輯。第二輯各書剛發稿，即遭禁止）等重要書刊，都列為我的「罪
狀」。從那以後，我的處境也很不好，所以我們就再沒有見過面，
也沒有書信往來。這都是後話。那次和他見面後的兩天，我去看望
了李銳同志。閒談中，談到王若水的近況。李銳一針見血地指出：
「有些人為了一己私利，在陷害忠良！」這一句評論，在我心中，
直到如今，都感到震撼。

　　一九八九年下半年，我離開工作崗位後，又認真地重讀了他的
理論著作《為人道主義辯護》（三聯版），近年，還讀過他的一部
分不能在大陸出版的後期理論著作，包括《我的馬克思主義觀》等
等。這樣，對這位真正與時俱進的無畏戰士的文格和人格，有了更
深一步的瞭解。可以這樣說，我主要是從他的著作中去理解並敬仰
他，他和讀者的心是相通的。

▲王若水赴美就醫前，李銳前往看望。這是他們最後的見面交談。

　　王若水同志逝世後，據我所知，一些在當代中國思想界有著重大影響和貢獻的老共產黨員，如李銳同志、胡績偉同志、李慎之同志等，都寫過紀念文章或做過學術講演，闡述他的理論著作的價值，認為他在理論領域中做出了巨大貢獻，應該對他的著作認真加以研究。但有趣的是，在一些公開出版的共產黨的報刊上，都讀不到這些老共產黨員的文章。我讀到它們，都是朋友們從網上下載後送給我的（說來慚愧，我自己不會上網）；或者是，他們從別的管道得到後傳給我看的。更加有趣的是，我問過一些熟識的朋友，他們每個人幾乎也都讀過這些未能公開發表的文章。這種現象的出現，如果在「閉關鎖國」和「一邊倒」的年代，幾乎是不能想像的。而現在，世界已經進入了資訊時代，要囚禁思想，要堵塞和圍困思想，要人們只能這樣想而不許那樣想，幾乎是枉費心機，不可能辦到的了。

▲一九九三年在美國。左起：王若水、蘇紹智、胡績偉、李銳。

因此，我的想法是：現在，紀念王若水最好的辦法，應該讓大家都來研究一下他的理論是非，讓公眾來做一個明確的判斷。首先，要研究一下二十年前，引起那場理論研究風波的「關於人道主義和異化問題」。

比如，可以先研究一下異化問題，特別是社會主義社會有無異化現象這個十分現實的問題。論辯雙方的文章都在。胡喬木同志為批判王若水同志，出了一本《關於人道主義和異化問題》的小冊子，第一版就印了好幾十萬冊。在這之後，王若水在三聯書店也出了一本《為人道主義辯護》，其中有一篇文章：〈談談異化問題〉，專談異化。此外，一九八九年四月出版的《新啟蒙》文叢第四輯中，收有王的〈社會主義社會沒有異化嗎？〉一文，反駁胡喬木的論點，甚為有力。胡在批王時，說過：他的看法「跟大家一起

討論，說得不對的，請大家批評、指正」（《關於人道主義和異化問題》，頁1）事實上，不但沒有討論，卻對持不同觀點的同志，採取了嚴厲的行政措施和組織措施。這種作法，流毒至今，影響極壞。

社會主義社會有沒有異化現象？當時，胡喬木認為沒有。誰講社會主義社會有異化，誰就是把社會主義社會混同於資本主義社會。這個問題，在國際上馬克思主義哲學研究的領域中，持與胡喬木相同觀點的人，現在已極為稀少，但在中國，這個理論問題仍未澄清，似還應加以討論。

其次，對社會主義社會中的某些「消極現象」，如：個人崇拜，貪污腐化，以權謀私，變人民公僕為人民主人乃至人民救星等等，胡喬木認為，這都不是異化，都不是規律性的和對抗性的，都不是由社會中主體自己活動造成的。也就是說，都是一種偶然現象。反對這些，就會對社會主義制度本身帶來破壞性的後果。而王若水的意見則與此完全相反。他認為：「社會主義社會中人的活動，在一定條件下，也會異化成一種與人對立並支配人的力量。社會主義的一些體制本來是人創造出來的，它們也會反過來束縛生產力，束縛人的發展，因此，要改革。」（見〈社會主義社會沒有異化嗎？〉，《新啟蒙》文叢第四輯）二十年來，中國改革、開放的實踐，似乎已給這個理論問題做出了明確的答案。二十年前，如果早就明確了這是社會主義社會中的異化現象，及時採取一些根本措施去克服這種異化現象，那麼，這些「消極現象」如今還能這樣頑固地困擾著我們嗎？在實踐檢驗的基礎上，應該說，這問題早就該解決了。而事實呢，在理論上仍是躲躲閃閃，維護著一種與實踐大大脫節的觀點。這樣做，行嗎？

其他，如人道主義問題，如對「文革」前因後果的理論分析，如對毛澤東「左」的錯誤形成原因的理論分析等等，似亦均可加以討論。

至於王若水晚年在《我的馬克思主義觀》中提出的一些理論問題，我以為，也完全可以討論。他的某些觀點，也不一定絕對精確，但確實蘊藏著極為深刻的理論見解。經過討論、經過探索，經過大家互相補充和修正，無疑將會更加豐富和完善的。

總之，應該用提倡學術自由的方法，亦即用「百家爭鳴，百花齊放」這張王牌，打破我們當前理論界的沉悶空氣。這種沉悶空氣，如果讓它長久停滯著，是要拖中國走向小康社會的後腿的。而且，共產黨應該代表先進的文化。先進的文化當然應該「海納百川，有容乃大」，能夠容納、包含一切有價值的、各式各樣卓越的思想。如果連在馬克思主義範圍內的各種意見，也都不容許存在，實際上就是文化上的一種專制主義，它的先進性又表現在什麼地方呢？

紀念王若水，我們難免要回顧在學術領域中這位優秀人物坎坷的後半生；難免要總結他的後半生為什麼會有這種遭遇？產生這現象的重要教訓是什麼？回顧和總結，我以為，最主要是集中在一點上：就是因為沒有實行學術上的民主，沒有把學術討論的內容是非和權力的干預嚴格分開。就是說，絕對不能用個人權力的大小來定學術是非。學術討論上的是非，應該完全由學術界自己來做，擁有權力者在學術討論中要做的事，只是鼓勵論辯雙方充分發表意見，平等地進行討論。擁有權力者，當然也可以參加這種討論，發表自己的意見，但不能以擁有權力者的意見作為判定是非的標準，更不能以他們在學術上的意見作為懲罰或獎勵的標準。在當前體制下，

這樣做，當然有相當大的難度，卻一定要這樣去做。因為這是學術上實行民主的起碼要求。能這樣做，也就有希望大體上避免一些不學無術、看風使舵、投機取巧、夤緣幸進之輩，置學術尊嚴於不顧，力圖按擁有權力者的眼色辦事，以求尋覓自己登龍之捷徑。前蘇聯和現在中國在這方面教訓太多也太深了，不能不引以為戒。

　　王若水走了，他身後留下的精神財富，我們都有責任去研究、去發掘、去汲取。他的後半生遭遇，留給世人的教訓，集中在一點，就是如何在學術領域中發揚民主精神、反對專制主義。中國憲法規定了公民有言論自由、出版自由，這還需要我們去奮力爭取實現。在紀念王若水同志逝世一週年時，我想到這些。

二〇〇三年四月二十二日於長沙

敢講實話抗惡浪　維護真理氣如山
——沉痛悼念歐遠方學長

　　歐遠方同志去世前不久，還給我來過一封信，寄一篇題為〈要有點冒險精神〉的文章，要我看看，提點意見。我回信寄出不到十天，突然接到安徽省社科院的一封電報，告我噩耗。我因事前毫無思想準備，那天下午，心緒悽愴，百感交集，匆匆走到電信局，給他的夫人鄒人煜發一唁電，給安徽省社科院發一輓聯。在回來的路上，東想西想，想到：人總有一死，按如今的標準，活到八十歲，當然也算長壽了。但一個思想戰線上的老將，到了老年，經過實踐悟出了一些真理後，能不計個人安危，帶病著文，為宣揚這些真理而奮鬥不息；即使有些人對此很不理解，乃至有些人乘機污衊攻擊，他仍然百折不撓，努力拼搏；能這樣做，確實很不容易。他為人正直、公道、勇敢、真誠、慎思、明辨，加上博學多才，精於思考、勤於鑽研，如果還能多活幾年，在意識形態領域中，一定可比八十歲以前做出更大的成績。在當代中國，像他這樣的老知識份子、老共產黨員，他的言行風範，實在應該廣為傳播，好讓後來者有所借鑒、有所學習。我對他的事蹟雖然瞭解不夠，但應該盡我所能，為我所敬重的兄長寫一篇悼文。

　　歐遠方是我四十七年前的老同學。一九五四年秋，我進中央高級黨校新聞班第一班學習。班上有兩個學員支部，第一支部的書記是杜導正，第二支部的書記就是歐遠方。我們那個小組屬第一支部。那時，大家雖然同窗兩載，天天在一起上課聽講，住的宿舍也

在一起，但我和他卻接近不多。不屬於同一支部是個原因，他年齡比我大好幾歲，可能也是個原因。而另一重要的原因則是：那時強調要「輿論一律」，同學們中間，缺少真正的政治思想和學術思想上的交流，所以彼此對政治和學術問題的理解，實際上並不互相摸底。我只知道：杜、歐兩位支部書記，黨性都強，都辦事公道，堅持原則，且都密切聯繫學員群眾，在學員中都有很高的威信。他們又律己甚嚴，事事以身作則，且刻苦學習，在班上堪稱楷模。除此之外，我也只知道歐遠方在啃《資本論》等經典著作，幾乎手不釋卷。學校在西郊，每個星期天上午，外地來的學員幾乎都進城，歐遠方進城則最喜歡逛東安市場的舊書攤，在那裏淘書。每有所得，十分高興，回來時必津津樂道。我所知道的也就是如此而已。兩年的學習時間，一眨眼就過去了，到一九五六年，畢業了，大家各奔東西，彼此就再沒有見過面；一九五七年下半年，我遭厄運，「舊交新貴音書絕」，同學之間自然也就不通音訊。

歐遠方和我在思想上真正的接近，有了一種真正的「知心」的感覺，是在畢業了四十多年以後的上世紀九十年代末。那時，我們都是七十歲以上的老人了。

先是在一九九八年左右，我在《炎黃春秋》等報刊上，先後讀到他為陳獨秀、項英等辯冤的文章，覺得那些文章，尊重歷史，存真求實，貫穿著一個共產黨員對歷史負責的凜然正氣，也表現了一個共產黨員真正的黨性，還說出了多年來我想說而沒能說出的話，對他實在欽佩不已。隨後，在一九九九年，在紀念五四運動八十週年前後，讀到他的〈五四運動與社會主義民主〉一文，更是拍案叫絕。尤其是文中引用了陳獨秀晚年關於社會主義民主的論述並加肯定，以及對「集中指導下的民主」等問題，闡述了深刻的見解，使

人極端佩服他在理論上的勇氣。那一年，在紀念「五四」八十週年的活動中，出現過一些怪事，使人很不理解。比如，一所著名的大學，在紀念「五四」的集會上，攀上了一些與「五四」毫無關聯的人，卻完全迴避了陳獨秀，絕口不提這位五四運動的主帥；又如，有些頭面人物寫紀念文章或發表講話，除迴避陳獨秀外，還盡量貶低提倡「民主和科學」在五四運動中的位置。如此等等。這些現象，理所當然地引起一些有識之士的憤怒或鄙視。歐遠方的文章則與此完全相反，尊重歷史、尊重事實，理智地從五四運動的歷史經驗中，尋求中國改革的最好出路。這就不能不贏得讀者發自心底的尊敬。

　　也就在此時，他突然給我來了一封信。信中提到：畢業後，四十多年未見面，在報刊上見到我寫的一些文章，覺得寫得不錯，但還不能斷定文章作者是不是就是多年前的老同學。以後問杜導正，他說：是的。又向杜打聽了我的地址，所以才寫了那封信。此外，又問我：出過集子沒有？如有文集，他希望能讀一讀。接到他的信後，真是欣喜異常。趕緊給他寄去了我的兩本散文隨筆集，請他指教。此後，他也先後給我寄了他的文集：《致遠集》和《書生之見》。還寄了《歐遠方書法集》，以及鄒人煜詩詞和他的書法作品的合集：《兩閒集》。從一九九九年到他去世，兩年多的時間裏，他還給我寫過十來封信，寄了一些他的未刊文稿，要我提些意見。來信無所不談：改革形勢、人民生活、報刊傾向、出版資訊、文章得失、書法藝術、出國旅遊觀感……應有盡有。這時，我也細讀了他的兩本著作，我真正感到：我們雖然四十多年未見面，但我們的思想卻是如此靠近……

▲一九九九年八月，歐遠方寄來的照片。他和胡績偉老師（左）在合肥包
　拯墓前。胡是他和作者共同的老師。

　　據我瞭解，在他晚年，他最關心並全力以赴進行研究、探索
的，是這麼幾件事：

　　（一）中國的政治體制改革問題。也就是中國如何能走上民主
化和科學化大道這一重大問題。關於人民對「人民公僕」的監督問
題，包括輿論監督等，當然也屬於這個範圍。他在給我的信中曾提
到：這個問題如不能很好解決，「乃亡黨亡國之階也」。初聽，好
像此話說得過於激烈，其實，這是完全道出了全部的客觀真理。這
個問題不解決好，幹部的貪污腐敗問題也就無法徹底解決好，共產
黨必會進一步喪失人心，與群眾的距離就會越拉越遠，那還有什麼
康莊大道好走？

▲歐遠方寄來的照片，他和他的夫人鄒人煜。

　　（二）黨史上一些舊案的重新研究和平反問題。這不僅關係到黨的實事求是路線的徹底貫徹和發揚光大，而且也關係到人心的向背。人心向背，不是靠講大話、空話、套話、假話、廢話就可以妥善解決的。人心向背，可是關係到黨的前途和命運的大事呢！

　　其中，他關心最多的是陳獨秀問題。因為，蘇共解散、蘇聯解體以後，第三國際的許多祕密檔案都已公開，陳獨秀問題已完全瞭若指掌，到了應該徹底給以公正解決的時候了！陳獨秀是中共一至五屆最主要的領導人（總書記，或其他名稱），是二十世紀中國最偉大的思想家之一，而且，他「不僅是中國共產黨成立以前中國近代史上的一個稀有偉人，也是中國三千年歷史上的一個稀有偉人」。（曾彥修語）如不公正解決這個問題，將置中國共產黨「光榮、偉大、正確」的形象於何地？我以為，歐遠方十分關心這個問

題能否正確解決的主要原因,在此。他在信中告訴過我,他全力支持安徽出版《陳獨秀全集》,並去找過蕭克將軍,蕭克將軍也十分支持和關心這件事。

其次是項英問題。他的〈項英像前說項英〉一文,在廣大讀者、特別是在一些老同志中,引起了極大的反響。他在此文的結尾中說:「對歷史人物不公平的評價,早晚要翻案,今年不翻明年翻,五年不翻十年翻,一百年一千年也要翻。歷史是無情的,『實事求是』才能站得住腳。」這也道出了處理和平反一些舊案的根本原則。

(三)黨風和幹部作風問題。除了要警惕貪污腐敗問題以外,他還特別提倡黨員和幹部要有憂患意識,要掃除過去「左」的政治運動留下的一些精神內傷,反對自我陶醉、個人崇拜、弄虛作假。他說:「現在,說假話成風,說假話不臉紅,說假話可以升官發財,已成為社會公害,追根求源,都是幾次政治運動如反右派、反右傾、特別是『文化大革命』遺留下來的流毒。一個說真話的民族竟變成說假話成風,這是炎黃子孫的恥辱。『文化大革命』造成的損失罄竹難書。經濟、科技、教育等等損失,經過一定時間的努力,可以恢復、發展。唯獨精神上的傷痕屬於內傷,不經過長期的努力是不可能恢復的……」(〈《書生之見》自序〉)這些話實在促人猛省。

(四)關於農村問題。特別是關於農村穩定、農民減負、農民生活提高等問題。他寄給我一些未刊稿,對這方面問題做了很深入的調查研究。他的兩本書,特別是《書生之見》一書,有十幾篇文章,對當前的農村問題,做了深刻的闡述和建議,此處不贅。

　　所有這些他所關心並全力以赴進行研究、探索的主要問題，離徹底解決的目標，距離尚遠。「革命尚未成功，同志仍須努力」呵！

　　安徽從古至今，都是鍾靈毓秀、人文薈萃之區。在這個省分中，出現的許多傑出人物，在不少領域中，都對中國各階段歷史的發展、人民物質生活和精神生活的提高和充實，做出了傑出貢獻。中國共產黨的優良傳統與璀璨的江淮文化遺產有機的結合，也哺育出了歐遠方。他敢講真話，嚴拒歪風，勇抗惡浪；他維護真理，正氣磅礴，氣湧如山。這是他晚年學術活動中體現出的主要風采。我相信，歐遠方未竟的事業，在安徽這塊土地上，一定有優秀的後來者，把它出色地完成。

　　　二〇〇一年八月十八日於長沙，原載《歐遠方紀念集》

想起了梁宗岱先生

> 一顆沙裏看出一個世界
> 一朵野花裏一座天堂
> 把無限放在你的手掌上
> 永恆在一刹那裏收藏
>
> ——梁宗岱譯勃萊克《天真的預示》

　　詩人彭燕郊教授送我一冊他作序的小書《宗岱和我》。這是梁宗岱先生的夫人甘少蘇女士的回憶錄。甘少蘇女士原是粵劇演員，她謙遜地自稱「半文盲」，和梁宗岱先生結婚以後，才開始學文化。或許是由於她天資穎慧，且和梁先生共同生活了近四十年，相濡以沫，至情所鍾，這位「半文盲」記述的名震一時的詩人和學者生活經歷的書，寫得異常質樸、動人。當然，論述梁宗岱先生的著譯成就、學術思想等等，非她能力所及，對一些文化史實的論述與鑒別，也非她所長，讀者自不會在這些方面加以苛求的。

　　梁宗岱先生早就人為地被中國的詩壇和翻譯界遺忘了。還在一九八〇年，湖南人民出版社譯文編輯室規劃出版《詩苑譯林》叢書時，我曾參與了這套叢書的規劃設計、選題審定等方面的討論。其中除冰心先生、羅念生先生、卞之琳先生等許多名家都有專題的譯作外，出個人譯詩集的那時暫定了戴望舒、梁宗岱、徐志摩、朱湘、孫用、戈寶權、施蟄存等先生。討論選題時，有人問：「梁先生還在世麼？」一位畢業於廣州外語學院的青年編輯說：「還在。

在廣外呢！不過，病得不輕。」譯文編輯室其他同志，對梁先生的近況則一無所知。結果，決定委託彭燕郊教授和他聯繫。一九八三年便出版了由唐蔭蓀兄擔任責任編輯的《梁宗岱譯詩集》，除去毀於十年浩劫的《浮士德》第一卷外，幾乎包括了他所有的譯詩，印了二萬七千五百冊。書出版後不久，梁先生就辭世了，但他總算親眼看到了那集子，雖然那書也只能算是一九三四年商務出版的《一切的峰頂》的翻版。

除了一九八二年第三期《新文學史料》發表了張瑞龍同志的長文〈詩人梁宗岱〉之外，可以這樣說，《梁宗岱譯詩集》的出版，使讀者重新記起了這位「五四」以後頗有些影響的詩人和翻譯家。而《宗岱和我》的出版，則使讀者們比較系統地瞭解到這位詩人和翻譯家的坎坷際遇，閱後不能不使人一掬同情之淚。甘少蘇女士記述的梁宗岱先生的前半生，才華橫溢，奮發有為，十八歲時，由於在文學創作上嶄露頭角，得到了鄭振鐸先生和沈雁冰先生的讚賞，被邀參加「文學研究會」，隨後到歐洲留學七年，在法國，同時得到了兩位思想、藝術傾向迥然不同的大師保羅·瓦雷里（舊譯梵樂希，Paul valery，一八七一至一九四五，去世後，法國曾為他舉行國葬）和羅曼·羅蘭的賞識。瓦雷里與他結為至交。羅曼·羅蘭非常欣賞他法譯的陶淵明的詩，在給他的信中稱這種翻譯是「傑作」，「令人神往」；並在瑞士的寓所，破例接待過他。梁宗岱先生也一再提到這兩位大師給予他不可磨滅的影響。一九三一年回國後，他先後在北京大學法文系、南開大學英文系擔任教授，抗戰時期任復旦大學教授。那時，他生氣勃勃，努力想在學術上有所建樹。

甘少蘇女士這些記述，與溫源寧教授在三十年代所寫的《一知半解》一書中，對梁先生的記述，大體吻合。溫源寧這樣寫道：

萬一有人長期埋頭於硬性的研究科目之中，忘了活著是什麼滋味，他應該看看宗岱，便可有所領會。萬一有人因為某種原因灰心失望，他應該看看宗岱那雙眼中的火焰和宗岱那濕潤的雙唇的熱情顫動，來喚醒他對『五感』世界應有的興趣；因為我整個一輩子也沒見過宗岱那樣的人，那麼朝氣蓬蓬，生氣勃勃，對這個色、聲、香、味、觸的榮華世界那麼充滿了激情。（溫源寧著《一知半解》，南星譯，頁56-57）

溫著作於三十年代，那是用英文寫的，中譯本是一九八八年十二月才出版的，其時，梁先生去世已過五年，我估計，甘少蘇女士不一定讀過，可是他們兩人的記述不謀而合。

後半生的遭際與前半生就頗不相同。這位雖不服膺共產主義，但頗想在共產黨領導下，為中國做些有益事業的著名的知識份子，卻屢遭打擊，以至一蹶不振。先是在廣西的一個專區，蒙受近三年冤獄，經黨中央干預後，才得平反。平反後，為了謀生，也為了濟世，潛心研究中草藥；一九五六年才到中山大學教書。不久，又是一個運動接著一個運動，在「文化大革命」中，抄家、囚禁、挨鬥、罰跪、被打、致傷，幾乎送命。他性情剛烈，寧折不曲，在這樣的處境中，當然也就只能選擇一條自我麻醉的道路：皈依了宗教。但也就在他被紅衛兵斥為「草包教授」，棄若敝屣的時候，在海外，特別是在法國的知識界，卻把他作為一種智慧的象徵在懷念著他呢。彭燕郊教授為甘少蘇女士此書作的序言，頗為深刻地描述和分析了梁先生從樂觀向上到痛苦幻滅的「精神旅程」以及其私人感情生活的曲折道路，寫得悲涼、沉痛，讀後不能不引起一番深思。

「一顆沙裏看出一個世界。」我想，除了彭燕郊教授的序言裏明睿地提出的一些問題外，對這場看似是個人，其實是中國眾多知識份子的悲劇，還應該反思些什麼呢？

從一九二七年開始，到一九四九年引導中國革命獲得最後勝利的那兩場國內革命戰爭，主要目的之一是推翻封建統治，但它自身卻不能不帶著農民革命戰爭的色彩與封建的局限和烙印。戰爭的一切軌跡和傷痕、光焰和陰影、喜劇和悲

▲甘少蘇著《宗岱和我》的書影。

劇，都不能不在這以後的歷史上得到折光的反映。梁宗岱先生個人的遭遇和悲劇，反映了一部分中國知識份子在這一戰爭過後的遭遇和悲劇。梁宗岱先生在五十年代初期的近三年冤獄，正是這種狀況的反映。那時，他生活在廣西一個邊遠的專區，正積極地擁護新政權，為新政權獻力獻計獻策，由於對「左傾幼稚病」提了些直率的意見，得罪了這個專區一個頭頭，一個「最高權力的代表」。（其實，代表那個地區的最高權力的，是人民代表大會，那個頭頭只是一個「公僕」呢。）這就種下了構成冤獄的禍根。那正是一個被譽為「和尚打傘」的時期，在天高皇帝遠的地方，其危險程度，不言自明；而這個「權力的代表」當然不可能知道什麼是詩的價值、精神的力量，什麼文學研究會，什麼羅曼‧羅蘭、瓦雷里。以後，還是梁先生在監獄中偷偷寫了一封長信，由好心的看守所長私下遞給

甘少蘇女士，再用雙掛號由最高法院副院長張志讓轉呈毛主席，最後，才由黨中央、中南局、廣西省派了調查組，查清了這是冤案，下令放人，派人到監獄裏向梁先生道歉了事。這時，近三年的時間已經過去了。讀到甘少蘇女士的這些記述，我不禁捏了一把汗，假如那封信沒有送到毛主席那裏去呢？這就不堪設想了。這實在可怕。應該特別說明的是，在製造這場冤獄的過程中，確也有一些愛護知識份子、敢於主持公道的共產黨幹部，挺身

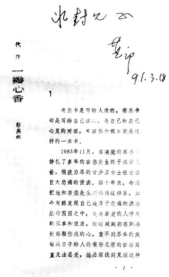

▲詩人彭燕郊為《宗岱和我》一書寫的代序。

而出，保護這些社會上的寶貴財富。但在某一領導者的意志就能體現法律時，他們提的意見，又能起多大作用呢？這大概就是多少知識份子的悲劇在農民戰爭中醞造出來的癥結所在。

　　梁宗岱先生的遭遇還使我們想起「尊重知識，尊重人才」這個口號。這是新的歷史時期的新的口號，是承認知識份子是工人階級一部分後提的口號。它是總結了多少歷史上的痛苦的經驗和教訓得來的，但實現這口號又何等不易！許多深刻的見解，往往貌似異端而實是真理。壓制一時不同的意見，並不能使不同方面趨於一致、趨於和諧。沒有和諧又如何能發展呢？我想，尊重不同的意見，應該是「尊重知識，尊重人才」的核心所在。

　　可敬的巴金先生一九三五年在日本橫濱曾寫過一篇名為〈繁星〉的散文，記述了他和梁宗岱先生的交往，那時，梁先生也在日

本。在橫濱，他們一起從木下走到逗子車站，在滿天繁星之下、在寬闊安靜的馬路上，梁先生一路上起勁地談貝多芬、談尼采，談悲劇與音樂、談夢與醉。巴金先生寫道：「我和他在許多觀點上都站在反對的地位，見面時也常常抬槓。但是我們依舊是朋友，遇在一起時依舊要談話。」時過半個多世紀，我們仍然覺得表現我們民族良知的巴金先生，在處理這類問題上樹立的典範，仍然值得我們好好地想一想。

由於梁宗岱先生的遭遇，還使我們想起了如何重視文科知識份子問題。所有的、各種門類的知識份子都重要。沒有各種門類知識份子的努力，社會就不能發展，國家就不能強盛，人們就不能生活富裕、精神充實。記得聖西門說過大意是這樣的話：假如法國不幸失去國王的兄弟和王公大臣、省長、大財主等等，並不會因此給國家帶來政治上的不幸，但假如法國的優秀的數學、物理、化學等方面的學者，優秀的詩人、作家，優秀的工程師等等，突然各自損失了五十名，法國馬上就會變成一具沒有靈魂的僵屍。聖西門說的是知識的價值，說的是社會需要各種門類的知識份子。從實用主義的見地來看，需要從事科學技術的知識份子，這容易理解。因為他們中間除了從事基礎理論等研究的以外，所有科學技術活動的成果，往往容易直接在物質生產領域很快生效，容易增加社會物質財富。（不過也不要忽視，即使是比較有價值的科研成果，獲得了公認，在落後的體制中也不一定會立即被採用。）而文科知識份子從事的活動則不是這樣，他們活動的潛的、巨大的影響，在一個短見的社會裏，不容易一下子被覺察。應該客觀地說，自從改革、開放以來，忽視文科知識份子的程度在不斷縮小，現在，當然很少人再相信主要是只辦理工科大學（連醫科、農科大學也不要？）而不要辦

文科大學的主張了。不過，這問題仍值得引起重視。能夠設想一個現代化的國家裏，缺乏出類拔萃的哲學家、歷史學家、經濟學家、法學家、教育家和教師、文藝理論家、詩人、作家、建築師、畫家、音樂家、書刊編輯、新聞記者、導演和演員等等、等等麼？精神上的無知當然不能建成現代化。從梁宗岱先生後半生的遭遇中，不能不使我們又認真地思考這個問題。

據在北碚夏壩和梁先生接觸過的朋友說，那時沉櫻女士大約與他已經分居。春去夏來，常見梁先生身穿短袖開領汗衫、短褲衩，赤腳著涼鞋，雄糾糾地走進課堂，用咬字清楚的粵調講授法國文學。也見他不時出現在男女學生們組織的詩歌朗誦會上，聽著女學生高唱他的譯詩：「要摘最紅最紅的玫瑰……」興致勃勃，不讓青年。調皮的學生看他那股勁兒，戲稱之曰「性細胞」，顯然是源於弗洛依德的「里比多」，代表一種力量的說法。歸真反璞，質樸自然，表現了他的生活態度。到了晚年，甘少蘇回憶錄中寫道：「宗岱還是有一股倔強脾氣，像年輕氣盛時一樣，想爭強，不服『輸』。」（頁237）說到秋末初冬的廣州，已微露一絲涼意，他卻仍然光膀子，短褲衩，右手搖著大葵扇，和來客談古論今。這種個性和必須學會撒謊的風氣當然是相衝突的了。而他卻又總是充滿樂觀精神，甘少蘇說：「宗岱已經七十三歲了。他相信打倒了『四人幫』，經過一段時期的恢復，中國會走上正軌，從此尊重知識，尊重人材，經過長期文化饑荒的中國人民，會像渴望陽光和空氣一樣渴望書籍。他把製藥、贈藥的事全部交給我，自己將全部精力投入到翻譯工作上。」（頁221）然而，歷盡各種磨難之後，生命很快達到了盡頭。這位在文壇上沉默太久的人，最後得到的是他不能看見的一大堆慘白的花圈。

　　一九九一年一月，我和我的妻子到了廣州，特意去了外語學院，有機會瞻仰梁宗岱先生的故居。甘少蘇女士亦已於去年謝世。門扉緊閉，人去樓空。我在窗外只見屋裏仍到處懸掛和堆滿中草藥，據說，這是甘少蘇女士為繼承她丈夫的遺志，生前仍孜孜不倦地繼續這項研究。梁先生製作的叫做「綠素酊」的藥物，據說對治癌有效，不知經國家醫藥部門鑒定了沒有？據說，法國方面早些年還給他寄來了關於藥學和植物學方面的書籍。在法國和日本，在他旅居過的地方，朋友們還在想念著他，羅曼·羅蘭的親屬打聽過他，象徵派大師瓦雷里的兒子小弗朗索瓦，女作家瑪塞爾·奧克萊在懷念他。然而，詩人和學者梁宗岱已經成為歷史的過客，他一生先是輕快後是艱難的步履引起人們的深思。

一九九一年四月九日於長沙，

原載一九九一年第七期《讀書》雜誌

飛蛾撲火・小草戀山・紮根大地

一九八五年三月，丁玲同志回到湖南。那時候，她對我們說過，只要她的健康狀況許可，她要回來參加預定一九八六年在湖南召開的丁玲創作六十週年學術討論會。可惜現在，她不能來參加我們的討論會了，而且時間只相差三個多月。這不能不使我們感到非常悲痛。

丁玲同志雖然離開了我們，但是她的作品、她的精神卻長留人間。今天，有這麼多遠道而來的著名作家、學者，大家濟濟一堂，研究丁玲、學習丁玲，這件事情本身，就是丁玲的作品和精神能夠長留人間的最好證明。

二十年代，瞿秋白同志曾經說過：「冰之是飛蛾撲火，非死不止。」一九八〇年，丁玲同志在紀念瞿秋白同志的文章中還提到這件事。丁玲同志說，以後她到上海大學學習，參加左聯，編《北斗》，入黨，都是飛蛾撲火。丁玲同志接著這樣寫道：

> 是的，我就是這樣離不開火。他（按：指秋白同志）還不知道，後來，三三年我已幾瀕於死，但仍然飛向保安；五十年代我被劃為「右派」，六十年代又被打成反革命，但仍是振翅飛翔。直到七十年代末，在黨的正確路線下，終於得到解放，使我仍然飛向了黨的懷抱。我正是這樣的，如秋白所說，「飛蛾撲火，非死不止。」我還要以我的餘生，振翅翱翔，繼續在火中追求真理，為謳歌真理之火而死。

▲一九八五年三月，丁玲趕來參加湖南省版協成立大會。左起：丁玲、胡
真、李冰封。

正是這種「飛蛾撲火，非死不止」的精神，貫穿了丁玲同志的
一生。這種精神，使她個人能在各種逆境中，對祖國、對人民、對
黨，始終忠貞不二，始終沒有動搖過自己的共產主義的信仰。這種
精神很值得學習。丁玲同志的這種「飛蛾撲火」的精神，應該成為
我們學習和研究的課題之一。

一九八三年，在雲南，丁玲同志有一篇很簡短的講話，題目叫
做〈我是一棵小草〉。她說：

> 我只是一棵小草，一棵野草。我願意做一棵小草。草
> 是可以肥田的，草是在什麼地方都可以活下來的。我沒有
> 別的，我到這裏來，還是做一棵小草，做為這些繁花盛開
> 的肥料。

其實，在文藝界，她是一棵大樹，是一棵枝葉茂密、碩果累累
的大樹。但是，在人民面前，她始終把自己看作是一棵可以肥田的
小草。在人民的大山中，她永遠把自己當作巒山的小草。這種甘當

▲一九八五年三月，丁玲與湖南省領導及文藝界、出版界領導合影。中為
丁玲。向左依次為：焦林義（省委副書記）、康濯、黃起衰；向右依次
為：胡真、陳明、李冰封、黎維新。

小草的精神太可貴了。因為我們現在常常看到，有的人本來是小
草，卻偏要把自己看成大樹。丁玲同志一生中這種甘當小草的精
神，我想，也應該成為我們研究和學習的課題。

丁玲同志一貫倡導文藝工作者要紮根於人民、紮根於生活，
這樣，他們才能夠和人民群眾同命運、共呼吸，才能在作品中代表
人民的利益，真實地表現人民，表現人民的喜怒哀樂。五十年代初
期，她就寫過〈到群眾中去落戶〉這樣一篇重要文章。到八十年
代，她在雲南個舊的一篇重要講話，題目就叫做〈根〉。還是倡導
這個觀點，要紮根人民、紮根生活，表現人民、表現生活。她贊成
學習外國，吸收外國文學中的精華，但她主張，我們的文學作品要
在本民族傳統中更多地吸取營養。她說：

我國的文學土壤比西方國家肥沃得多，我們的生活比他們的豐富得多……我們從事文學創作的人，應該深深地、牢牢地把根紮在十億人民中，紮在神州大地上，才能產生代表中華民族的偉大作品，豐富世界文學的寶庫。（見《丁玲文集》第六卷，頁411，湖南人民出版社出版）

我覺得，這是丁玲同志六十年創作活動中的一根主線，也就是她的作品能夠有很強的生命力的重要原因。我想，這個思想，也應該成為我們學習和研究的一個課題。

最近，思想界的一些領導同志都在倡導要在一種融洽的、和諧的氣氛中進行思想交流，進行各種學術活動，這種提法很得人心。祝我們的討論會能在融洽、和諧的氣氛中，百家爭鳴，百花齊放，使我們討論會開得圓滿、成功。

注：此文發表時，《湖南文學》雜誌曾加編者按，全文如下：
一九八六年六月六日，在常德召開了丁玲創作六十週年學術討論會。這是作者在討論會開幕式上的講話稿。這篇講話稿中涉及的問題，是研究丁玲創作中值得注意的問題。特發表，用以紀念丁玲同志逝世兩週年。

送公劉兄遠行

你走了，安安靜靜地走
挺著腰桿，帶著那流血的傷口

鮮紅的血並不能滋潤苦澀的大地
因為還有人把中國的血當作美酒

你走了，我們牢記你發自詩心的怒吼
要教子子孫孫認清那把血淋淋的匕首

一月二十八日，接劉粹信，告我：她的父親已於一月七日逝世。接信的那天晚上，在悲痛中，重讀公劉兄於一九九六年秋送我的《公劉短詩精讀》，側重精讀〈傷口〉等詩。是夜，未能成眠。拂曉，剛剛睡著，即夢見公劉兄在曠野中，雙眼飽含淚水，凝視大地，向我道別。艾青詩云：「為什麼我的眼裏常含淚水？因為我對這土地愛得深沉」，寫的大概就是這種境界和形象。他胸部和腳上均有傷口，但仍

▲詩人公劉畫像。

挺著腰桿，安安靜靜地、蹣
跚地向前走去。公劉兄一生
坎坷，多災多難，傷痕累
累。但他從不卑躬屈節。他
為人處世，從來就挺直著腰
桿。他的一本隨筆集，名
《不能缺鈣》，即此之謂。
他的詩中，充溢著憂國憂民
之思，他希望中國不再重蹈
覆轍。他對祖國和人民充滿
愛心，愛得執著、愛得深
沉。他是一個真正的詩人。

　　一月二十九日晨，醒來
以後，寫了上面那六句，作
為悼詩。彭燕郊兄看過後，
覺得還應該寫幾句說明。
乃遵照他的意見，做說明
如上。

·公刘短诗精读·

刘粹　编

一九九五年·北京

人民文学出版社

▲詩人公劉手跡。

　　　　二〇〇三年二月二十七日於長沙，
載二〇〇三年四月四日《湘聲報·觀察週刊》

哀鄒明

去年八月，我到北京參觀全國書展，專程去天津看望老友鄒明。他是我的大學同學，又是同鄉，一九四七年，我們一起從上海到冀察熱遼解放區投奔革命。四十餘年來，彼此均歷盡坎坷，但交情始終如故。

中午到天津。到鄒明家時他已午睡，連忙起來弄飯做菜，因為他的愛人李牧歌不在家。晚飯又弄了好幾個菜，還開了一瓶瀘州大麴。那天他談起許多過去的人和事，也談家務事，談到他的一個留學西德得了博士學位回來、在北京一所醫科大學裏教書的女兒，說她的實際工資收入還不及在蘭州一個商業部門幹一般工作的另一個女兒。在他的言談之間，乃至眉宇之間，不見了一九七九年我們見面時的那種歡愉、輕鬆的氣息，而多少隱藏著迷茫和困惑，雖然一九七九年時，我們生活狀況都大大不如現在。他的心境中明顯地浮動著一層陰影。這陰影，也包括對自己身體狀況的預感吧。在他家住了一晚，第二天上午，我就回到了北京。

返回長沙後一個多月，接到李牧歌從天津來信，說我們走後不幾天，鄒明就病倒了，先是左邊手腳麻木，很快就不能行動了。九月十九日入院治療，情況越發嚴重，左手僵化，經CT檢查，腦、胸部均為惡性腫瘤。腦部的一個已於十月七日摘除，手術很成功，手腳開始能動彈了。胸部還在準備手術。信中還感激他所在的天津日報社對病人照顧不錯。但全信格調淒苦，還引了韓愈在〈祭十二郎文〉中的一段話：「死而有知，其幾何離？其無知，悲不幾時，而

不悲者無窮期矣！」牧歌顯然已明白鄒明不久於人世，並訴說她自己的心情。到十二月，就接到鄒明的訃告，他已經永別了這個充滿缺憾的世界……

為他的追悼會發了一封唁電以後，我想，應該為這位老朋友寫一篇紀念文章。他是屬於現代中國的老知識份子中很有代表性的一種類型。他正派、耿直、認真，年輕時熱心於追求光明，中年後熱心於自己所從事的事業，從不卑躬曲膝、媚俗阿世。因此，在有些人看來，他清高、孤傲、脾氣不好，有點孤芳自賞，不肯隨波逐流。這四十多年，除了近十年和四十年代後期到五十年代中期很短的幾年時間外，他不斷受到冷遇，不斷挨整，但仍然兢兢業業，埋頭苦幹，不圖虛名實利，不斷地做些有益於國家和人民的事情。這樣的老知識份子，雖然生前默默無聞，但確應受到人們的紀念。上個月，在《光明日報》上看到孫犁同志的長文〈記鄒明〉，哀婉真摯，動人肺腑。我很為我們這位文壇前輩重於友情的精神所感動，於是也試著動筆寫下這篇懷念文章。

一九四七年上半年，我和鄒明同在上海光華大學讀中文系。學校裏實行學分制，可能因為彼此所選課程的班次不一樣，我倆好像從未在課堂上遇見過。但住的宿舍在一起，又都是福建人，都喜歡現代文學，都在向一些報紙副刊投寄些小文章，都對當時的社會不滿，因此意氣相投，過從甚密。在「五‧二〇」學生運動前一兩個月，我們還計畫創辦一個小型的文藝刊物，取名《方生》。這名字來源於當時的一篇名文的題目：〈方生未死之間〉。參與其事的還有當時光華大學生物系的女同學張小璋。那時，我和鄒明都愛讀魯迅的〈吶喊自序〉和〈藤野先生〉，很受魯迅早期思想的影響，覺得我們應該在用文藝改變「國民性」方面，做點該做的事。為了

想創辦這個刊物，很費一點勁，還專門到復旦大學拜訪過章靳以教授，並受到他的鼓勵。抗戰期間，章靳以和王西彥兩位先生，曾先後在福建主編過《現代文藝》，在福建喜愛文學的青少年中間，頗有些影響。我們的《方生》當然沒有辦成，因為一無資金，二無後臺，三無經驗。轟轟烈烈的「五‧二〇」過去以後，國民黨到處抓人，學校裏籠罩著白色恐怖，我們就想乾脆到解放區去做些實際的事。先是想到浙東的四明山區去打游擊，後來由於張小璋聯繫到了冀察熱遼解放區的關係，於是毅然北上。李牧歌那時在臺灣大學讀中文系，和鄒明正在熱戀。鄒明寫信到臺北，動員了她到上海和我們一起北上，同行的還有萬青和陳昆福。

那時參加革命，越過封鎖線，走出蔣管區，除了要有準備犧牲的決心外，還要自籌一筆不小的路費。我父親當時在上海交通大學教書，學校放暑假，他回福州度假去了。我們的出走計劃，對他是絕對保密的。於是，鄒明替我出主意說：「我有一個遠房親戚，姓池，在上海法租界一家醫院中當護士長。你就打個電報回家，說你得了重病，住在醫院，急需一筆醫療費用，要你父親趕快匯款到這家醫院的護士長那裏。」這樣辦事，當然是熱情有餘，縝密不足，甚至有點莽撞。但因為我們性格多少相同，我也立即就照他的建議去辦了。我父親在福州接到電報後，當然不會冒冒失失地匯款給一個他從不相識的人。他打了一封電報託我家一個在上海江南造船廠當廠長的親戚，請他到醫院看看我的病情，代墊醫療費用。弄得我家這位當廠長的親戚東奔西跑，終於弄清了我和鄒明兩人合演的這出「西洋鏡」……

後來路費當然還是籌到了，不過是通過別的途徑。我的一位讀高中時十分要好的同學，當時在南京當小職員，他自願替我負債籌

款，從南京親自給我送了錢來。連他母親給他的一個金戒指，也一併送了我作為我投奔革命的盤纏。接到那錢和那金戒指，我想，這裏面可能不光充溢著友情，還充溢著當時不可抗禦的民心。

▲鄒明（前右）、李牧歌（前中）夫婦和四位子女。攝於上世紀八十年代中期。

這樣就扯遠了。總之，八月間，我和鄒明等幾個人，在革命的大潮中，坐海輪離開了上海。我們在塘沽上岸，再到北平，在沙灘的北京大學西齋住了個把星期（那是地下黨的一個交通站），然後到唐山交大，再進入冀東。

現在到處都在講錢，辦一件事，講究對自己有無實利、有無好處。金錢誘人的閃光往往壓住了理想主義純正的光芒。因此，有許多人可能不容易理解那時許多青年，為什麼心甘情願地自己籌錢去吃苦、去準備犧牲，而並不為著自己要撈到什麼。鄒明在那時對我說過：「像我們這樣的人，混到大學畢業，找個吃飯的飯碗，大概並不十分困難，為什麼樂意去拚命、去吃苦呢？還不是為了中國，為了一種理想嘛。」

鄒明平凡的一生，幾經折磨，後來這種理想主義的光輝是不是仍在閃光，我不清楚。但他和我在一起的那些日子，的確有一種為了追求光明而赴湯蹈火在所不惜的勁頭。這幾十年，可惜有些人並不重視中國一些老知識份子這種難能可貴的勁頭。

　　到冀察熱遼以後，除了參加土改的一段時間外，我們就不大在一起了。一九四八年末南下，一九四九年一月進城前，我們駐在天津郊區的勝芳。頭天晚上還在勝芳看到攻城炮火的閃光，聽到攻城的隆隆炮聲，第二天就得到通知，冀察熱遼報社的一部分同志準備進天津，一部分去北平。我去了《北平解放報》。一九四九年五月下旬，百萬大軍渡江後不久，我隨報社南下的同志從北平沿津浦路南下。路過天津時，下很大的雨，鄒明和李牧歌打著雨傘，一身淋得透濕，來給我們送行。

　　以後的幾年，天南地北，見面機會極少。一九五八年，我蒙冤被作為「階級敵人」流放到洞庭湖邊「監督勞動」。一九五九年冬或一九六〇年春，在低矮潮濕的工棚地鋪上，我給鄒明寫了一封信，把我的近況告訴了他和牧歌。不久，就接到他一封很懇切的信，告訴我，他也被下放到一個縣，處境也不好過，但卻勉勵我，在困難的時候，千萬不要「自暴自棄」。他還給我寄來了二十塊錢。這二十塊錢，比我當時一個月的生活費還多了五塊。接到這錢，燙手也燙心。晚上，我一個人蒙著被窩，在工棚的地鋪上哭了一場。丈夫有淚不輕彈。我流的不是悲傷的眼淚，而是受感動的眼淚，我受感動於我的老朋友，在關鍵時刻，頭腦清醒、判斷準確，敢於給被誣為階級敵人的朋友，以精神和物質上的救援……

　　鄒明對他所從事的事業一絲不苟，在認真的工作中表現出他的正直。我一直這樣想：衡量書刊編輯工作的優劣，除了政治標準外，主要標誌還有八個字，即：「學識、公正、認真、律己」。應該根據自己的學識水平，公正地判斷、處理來稿，不管是誰的來稿——不管是知名人士的或無名小卒的，又不管是老朋友的或素不相識者的，符合選稿標準，該用的一定想辦法用上，不該用的就一定

不講情面，絕不利用自己工作的地盤，作為沽名釣譽、攀龍附鳳的工具。很可惜，這些標準，在編輯隊伍中，近年來強調得少，身體力行的人也不太多。我看，鄒明在這方面始終努力去做。關於他培養原不相識的投稿者的事，有人已以親身經歷寫文章說明了這一點。這裏面包括了現在已頗為知名的作家。對於老朋友不講情面呢，我親身經歷了這麼兩次。一次是五十年代初期，抗美援朝開始不久，我寫了一首詩，詩的內容早已忘記了，但寫得不好是肯定的，空洞的政治口號多於藝術。當時我自己也在編報紙副刊，這詩不想在自己編的副刊上發表，就寄給鄒明，請他考慮看，能不能在《天津日報》的《文藝週刊》或其他什麼刊物上發表。結果他沒有考慮老朋友的情面，把稿子退給了我。還有一次，是一九八六年，我給他寄去一篇悼念丁玲同志的短文，不知他出於何種考慮，也沒有採用。以後那文章是我自己找了一家文學雜誌發表的。作為他的老朋友，我很敬重他這種不苟私情、對工作極端認真的精神。不管他考慮問題的角度是否完全正確，但這種不講個人情面的精神確是可貴。現在這種精神確實太少了些。

他和我一樣，從年輕時起就脾氣不好。我們在一起，經常因為對一些問題見解不同而爭得面紅耳赤，但吵過也就算了，誰都不計較，反正吵的並不是為了私利。我想，這在重原則、講是非、鄙私怨、顧大局、人際關係比較單純、正常的環境中，雖也不好，卻並無大礙；但在人際關係比較複雜的環境中，這不好的脾氣，加上他的清高、孤傲，就可能成為他不能進一步施展才能的重要原因。

這四十多年，他給我寫過許多信，幾經滄桑，很少留存。一九八二年，他送我一套百花文藝出版社出版的《孫犁文集》，因為我喜歡孫犁同志許多作品中的醇厚、甘洌、質樸的生活氣息，以

及和這種生活氣息和諧統一著的平實、簡潔、清麗的文字風格，這文集，放在手邊經常要翻翻的。鄒明去世以後，我又一次翻閱了這文集，竟發現有一封他的信夾在這套文集的第一卷中。重睹此信，心頭難免浮動著人琴俱亡之感。我就在這篇蕪雜的悼文結尾，抄錄這封偶然留存的信，作為對老朋友的一個紀念吧。因為這封信中，多少也在跳動著他的一顆對工作認真、負責，而且充滿著誠摯感情的心。信的全文如下：

　　冰封兄：

　　　　久未寫信了，想你們一切都好！

　　　　今年暑假，我去一趟承德，在承德的「避暑山莊」小住了半個月，原來很想到當年土改的地方走走，但據《承德群眾日報》的同志說，相距有三百多里，只好作罷了。從承德回來，又忙於刊物的緊張的組稿任務，現在稿件已發齊，稍稍可以鬆一口氣，趕緊給你寫幾句話。

　　　　《孫犁文集》已經出版，我參加編輯工作分到兩部，孫犁同志是我所敬重的老領導、老作家，他的著作是我最心愛的書籍的一部分，牧歌說，應該分出一部送給你們，以表示對遠方的朋友們的懷念和心意。

　　　　現由郵局掛號寄上，請收。

　　　　這部著作裏，前後提到我的名字，大約有七、八處，這對我，確實是一種鼓勵，十分難得。

　　　　順祝

　　編安

　　　　　　　　　　　　　　　　鄒明　九月二十七日

信的最後一段，說明了鄒明很注意他所敬重的人給他工作和為人的評價。孫犁同志的〈記鄒明〉一文寫於一九八九年十二月十一日，翌日上午七時十五分，鄒明就去世了。我料想，他生前是不會看到這文章的。鄒明在九泉之下如其有知，看到孫犁同志寫了這樣一篇記述他的文字，該會是怎樣的高興呢？因為他經常講究一種精神，重視友情和道義……

一九九〇年二月於長沙，

原載北京《人物》雜誌一九九〇年第四期

《孤獨》
──悼念詩人王晨牧兄

抗戰期間，我在福建讀中學時，看到版畫家黃新波的一幅黑白木刻，名曰《孤獨》。畫面上是一個孤零零的小孩，站在廣袤無邊的曠野上。那孩子有一雙大得出奇的眼睛，凝視著前方。眼神裏飽含著憂傷、孤寂、困惑、迷惘。在他背後，一顆很大的流星劃過天邊，墜向大地。這以後多少年，我一直都記得畫上孩子的那雙大得出奇、孤獨哀怨的眼睛。看到這幅木刻不久，在一本什麼雜誌上，我讀到王晨牧的記這木刻的一首詩。他寫道：

> 這曠野，夜，死寂的
> 他在走，又像沒有走，踽踽地
> 哪裏是他要去的地方？
> 世界在他面前，寬闊得可怕！

這詩句一下子觸動了我的心。那時，日本侵略者正侵佔了我的故鄉，山河破碎，哀鴻遍野，民生凋敝，瘡痍滿目，我就像那木刻上的孩子一樣，不知要往哪兒走。那詩一下子觸動了我，也就使我一下子記住了王晨牧這個名字。

但我和王晨牧兄的認識，卻是在這以後好多年的一九四九年十月，我到了湖南之後。他原是長沙一家報社的編輯，解放後，卻報考了新聞幹部訓練班，結業後分配到《新湖南報》副刊編輯室。

於是，我們就在一起工作了。那時，除了畫家黃肇昌以外，副刊編輯室的同志，全都是二十歲上下的毛頭小伙子和小丫頭。王晨牧來了，算是增加了一個「長者」，雖然這「長者」也不過三十多歲。他和黃肇昌兄，我們都尊之為老大哥，這兩位老大哥和我們相處十分融洽。在我的印象中，王晨牧兄非常勤勉、非常謙遜、非常寬厚、非常隨和。在這些方面，和黃肇昌兄幾乎一模一樣。他整天埋頭工作；看稿、編稿、給作者覆信；一有空就手不釋卷，勤奮讀書。有時也寫詩。雖然那時，他已是一位有點名氣的詩人，但在我們這些小青年面前，在寫詩上，卻從不擺老資格。他有真才實學，但從不炫耀自己。有一次和他閒談，我說起，我在讀中學的時候就讀過他的詩，有些詩對我印象頗深。他卻說，自己雖然也寫了十來年的詩，滿意的卻很少，有些稍好的，卻是「碰中」的。他完全不像有些作家和詩人那樣，一味強調「文章自己的好」。過兩天，他又找出了他手抄的詩集，請我看看，「提提意見」。那是厚厚的一個本子，其中有許多詩寫得很不錯，但過去就沒有發表過，他說，總要自己認為像點樣子的，才可以拿去發表。他待人寬厚、隨和，和我們相處得很好。他從不計較個人的寵辱得失，在同志之間，從不去傷害別人。那時，我們大半都是單身漢，星期天，除了加班，就經常玩在一起，他也就經常和大家一起玩。有個星期天郊遊，風和日麗，大家心情也好，一路說說笑笑，竟步行到農學院去了。他的愛人蘇潤清老師，那時在松桂園小學教書，和副刊編輯室所在的惜字公莊，近在咫尺，他們兩人感情也好，好像還沒有結婚。但在我的印象裏，那時他和我們玩的時候，還多於陪他的愛人。

這樣，大約過了半年，他的故里衡陽那邊動員他回去當中學校長，他想起，搞教育可能更重要些，於是就去了。

▲新湖南報《湘江》副刊諸同事。後排左起：李冰封、俞潤泉。中排左起：黃肇昌、向麓（河洛汀）、王晨牧。前排左起：黎維新、王辛丁、黃仁沛。

　　以後多年沒有見面，也沒有通過音信。只知道反胡風的時候，因為早年他在胡風先生編的刊物上發表過詩，還和一些七月派詩人有些書信往來，就把他反了一頓。這以後，日子一直不好過。「文化大革命」中，聽衡陽那邊來的朋友說，他被鬥得很慘，有一次，在炎炎的烈日中，要他脫掉鞋子，光著腳板，胸前掛著大牌子，站在鬧市中的柏油路上，曬太陽「示眾」。聽了那話，我就想：可惜那時候沒有拍下照片來，如果留下一張照片，那倒是一個很好的資料，很好地說明了那時的當權者，如何對待一個有頭腦、有良心、有骨氣而且只知埋頭做事、不求聞達的中國知識份子。林彪、「四人幫」覆滅的原因很多，恐怕這樣對待知識份子，也是導致他們滅亡的重要原因之一。這個歷史教訓，不知明智之士是否在認真重溫？

以後，我看到他在一九七八年寫的〈盛年〉一詩中，這樣寫道：

> 正像葉茂花繁的果樹
>
> 忽然被斫去了枝條
>
> 正像向天沖舉的鳥兒
>
> 忽然被剪去了雙翅
>
> 正像奔向千里的馬駒
>
> 忽然被鎖住了四蹄……
>
> 二十多年，一場惡夢
>
> 生命有為的季節，變成一張白紙
>
> 不哪，那上面明白地濺滿了血滴
>
> 還染上一些枯死的理想

　　我覺得，這些詩句，比較準確地概括了他那二十多年坎坷生涯，也概括了一些想為中國的現代化做點有益事情的善良知識份子那些年的坎坷生涯。確實也是傷心而且悟道之言。

　　一九七九年以後，他來長沙，我們見過幾次面。我的印象是，他還像當年一樣勤勉、一樣謙遜、一樣寬厚、一樣隨和，只是減少了一些當年做事業、求進取的銳氣。他說，他在編地方誌，同歐建鴻先生、陳植森先生等在一起，校注王夫之的《永曆實錄》。我問他：「還寫不寫詩？」他說：「還在寫，不知為什麼，對寫詩，總不會厭倦，不過發表得很少。」說真話，他雖然對詩一片深情，湖南的詩壇可能也早已把他忘記了。至於過去了的那二十多年的事，在那些可怕的歲月中，他受過的虐待、凌辱、摧殘、折磨，他卻不願意說，只講了一句：「講那些沒意思的事，幹什麼！」

▲版畫家黃新波的黑白木刻：《孤獨》

　　一九八四年春，我和莫應豐一起到衡陽參加一個會議。莫應豐那時是省文聯黨組成員，我們參加的會，是與藝術有關的一個會議。我特地邀了莫應豐一起去看望他。他的夫人蘇潤清老師還在教小學，他就住在他夫人的宿舍裏。小學教師的生活狀況，不用說，是頗為清苦的。莫應豐比我小十來歲，他當然不知道王晨牧這名字。以後當我告訴他，王是在三十年代後期和四十年代中，一位有點名氣的詩人後，莫應豐感慨萬千地說：「你看，搞文藝有什麼搞頭，搞了一輩子，越搞越黴！」這是在八十年代中期——許多人都

認為，那是中國的知識份子生活得較好、比較受到重視的時期——
一位得了茅盾文學獎的作家，一位省文藝界的領導，對他同行前輩
生活狀況的評價。莫應豐還沒看到五十年代後期和生活在六十年
代、七十年代中間的王晨牧呢！

前天清晨，河洛汀兄電話告我：王晨牧兄已經去世。聽後，
黯然良久。我無端記起我在中學時代第一次讀過的他的那首詩，想
起黃新波的那幅黑白木刻。我好像看到他佝僂著身軀，胸中滿載著
勤勉、謙遜、寬厚、隨和，卻像那木刻上的小孩那樣，在這世界坎
坷的夜路上，踽踽獨行。如今他走到了另一個冥冥的世界裏去了。
「哪裏是他要去的地方？」

一九九〇年十月十五日於長沙

悼念魏猛克同志

　　魏猛克同志比我年長十七歲。一九三五年，他擔任「左聯」東京支部書記並和一些同志合編《質文》雜誌的時候，我才讀小學二年級，那時當然不可能知道他的戰鬥業績。我知道他的名字，是一九四六年到上海讀書時，在大學圖書館裏，讀了魯迅先生的《集外集拾遺》，翻過《質文》雜誌合訂本以後。

　　一九五〇年，他和他的夫人周微林同志從浙江調湖南。剛到長沙不久，我的一位令人無比尊敬的老領導廖意林同志（她是一位極好的老共產黨員。黨性、才華、道德、文章，俱臻上乘。可惜不明不白地冤死於十年動亂。）在一次閒談中，向我談到了他們夫婦。說男的是「左聯」的老戰士，和魯迅先生有過往來；女的是她在重慶育才學校時的老同事，在浙大學過外文，翻譯過雨果的《悲慘世界》，為人厚道等等。當時我在《新湖南報》編副刊，兼做一些省文聯的工作；魏猛克同志在湖大教書，兼任省文聯的聯絡部長；周微林同志在省文聯編以農民為主要讀者對象的通俗文藝刊物──《湖南文藝》。由於工作上有些往來，我和他們夫婦就熟識起來了。

　　他們夫婦倆性格相同，都謙遜謹慎，質樸無華。平常不苟言笑，工作是扎扎實實的。周微林同志對外國文學有些根柢，英語很好，在有些人看來，讓她去編一本通俗的文藝刊物，大有殺雞焉用牛刀的味道。但她自己不這樣看，對工作兢兢業業，甘之如飴，搞得十分起勁。魏猛克同志對他夫人的這種工作精神是十分讚賞的。

他自己也一樣，對於當時他從事的主要工作——文學的教學工作，極其認真負責。一九五一年，他們生了第一個孩子，魏猛克同志那年正四十歲。「父母之心，人皆有之」，四十歲得子，當然是高興得不得了。那時，他們夫婦倆一個住在落星田，一個住在嶽麓山，中間隔了一條浩蕩的湘江，湘江上還沒有現在的大橋，更沒有連接兩岸的公共汽車。魏猛克同志徒步奔走於湘江兩岸，照顧他將要分娩的夫人，請保姆，購置鍋、灶、碗、碟之類，忙得不亦樂乎。可是，他上課的質量卻從來不打折扣。據周微林同志回憶：他上課雖然早已有講義，但第二天要上課時，前天晚間總還要備課，有許多時候一搞就是一個通宵，直到黎明，洗洗臉，吃點東西，就上課去了。他就用這樣的精神來工作的。

他雖然是我的長輩，但我們之間不存在「代溝」，沒有因年齡懸殊而產生隔閡，有話都可以隨便談談的。在我同他接觸之間，發現他很少談到他自己，更少談他過去的成績、談他和文藝界名人之間的往來。他不習慣也討厭「自我表現」，他是湖南文藝界的名人，但他隨時隨地都使自己像一個無名小卒那樣，默默地工作著。

他把個人的名利看得非常淡泊。一九五四年，他被任命為省文化局局長。按照世俗的說法，是當了「官」了，但他卻視尊榮如敝屣、視富貴如浮雲。他對他的夫人說：「唉，怎麼要我當這個局長呢！我不是幹這份差事的材料！」他去推辭，領導上說：這是工作的需要。這樣，他才接受了任務，當了一年多局長，結果還是辭掉了「官」。辭「官」後，又去教他的書。這樣的精神境界：高尚、超脫，不計較個人的虛名實利，實在有許多共產黨員望塵莫及。最近幾年，當我看到有些人在鑽山打洞，想方設法地為自己撈得一官半職，或者為自己攫取更高的「利祿」而費盡心機的時候，每每想

到這位黨外朋友，魏猛克同志的這種精神境界，不免感慨萬千。一九四二年，王了一教授曾寫過一篇名為〈書呆子〉的雜文（見《龍蟲並雕齋瑣語》），對書呆子下過這樣中肯的定義：「凡是喜歡讀書做文章，而不肯犧牲了自己的性趣，和自己認為有意義的事業，去搏取安富尊榮者，都可認為書呆子。」猛克同志正是這樣的書呆子，可惜我們的國家、我們的幹部中間，這樣的書呆子還太少太少了！

　　一九五七年三月，他參加了全國宣傳工作會議。在會上聽到了毛主席的講話，回來後心情很好。據我記憶，這時他情緒的高昂、飽滿，應是他到湖南後的最高峰。前幾天，周微林同志曾經印證了我這記憶準確無誤。他那心情，和《傅雷家書》中傅雷先生在同時期對他兒子表達的那種心情，約略相同。（順便插兩句題外的話：凡是要研究我們黨知識份子工作的經驗和教訓的，我認為都不妨研究一下那本家書。傅雷先生在那本家書中表達出來的各種心情，正是中國一切愛國的、正直的、有才能的、有事業心的知識份子處在順境或逆境中的典型的心情。）在這以後，他對他的夫人說過，他早歲就接受了馬克思主義，說起改造世界觀，不會比別人更困難；現在可要一邊好好改造世界觀，一邊進一步發揮自己的作用了。我記得在那時他也對我說過，他準備撿起丟了多年的畫筆，要畫些畫，還要寫些文章，比如文藝評論、雜文之類，爭取多做些事。不久，確實也給當時的《新苗》雜誌開始畫了些插圖。

　　幾個月以後，誰都知道中國發生了一件什麼不幸的事情。在今天看來，像他這樣的知識份子，遭到那樣不公正的待遇似乎不可理解，但不可理解的事那時畢竟發生了！以後的事情，就不要再去細說了。

一九六二年，他還留在長沙。大概因為他是文藝界名人的緣故吧，所以還被邀請參加了全省第三次文代會。在開會的湖南賓館，正好他和湖南師院中文系的一位系主任同住一個房間，這時，師院中文系正計劃開美學課。就在這個時候，他還向這位系主任毛遂自薦，表示他願意講美學。在最困難的時候，在自己被當作了「階級敵人」的時候，他還在想著要為他的祖國多做些他能夠做到的事！真可謂此心耿耿，可對天日。但在當時，這是天真的幻想，這件事當然沒有做成。據說，在「文化大革命」中，這也成為那位系主任的一條「罪狀」呢！因為他想「重用右派」。

十一屆三中全會以後，他的心情逐步好轉。一九七九年我回到長沙後，曾多次去看過他。他也講過國家形勢開始變好，他要努力做些事，比如寫些回憶錄之類。不過，二十二年的時光到底流逝過去了，他到底已近衰年，身體又時好時壞，所以，除草擬了個別篇章外，沒能動筆。前年六月到去年一月，他到南嶽療養，那裏環境較好，其時，他又參加過魯迅百週年誕辰紀念會，回來不久，心情格外舒暢，又想動筆，結果還是因為身體關係，沒能如願。早幾年，他還動過念頭，要寫一部關於知識份子的長篇，當然更沒能如願。他被耽誤了二十二年，二十二年幾乎是他一生的三分之一，這二十二年如果能夠還給他，他該可以為中國做多少有益的事情呵！

一九八四年一月十一日，我去參加了他的追悼會。在眾多的花圈和輓聯的環繞中，在沉痛肅穆的哀樂聲中，我想起了兩件事：第一件事，在中國老一輩的知識份子身上，該有多少優秀的品德值得我們好好學習呵！中國的知識份子確實是世界上最好的知識份子。魏猛克同志用自己的一生，再次證明了這一點。中國的知識份子還有偉大的潛力，應該進一步發揮他們的作用。第二件事，魏猛克同

志一生走過的坎坷的道路，正是反映了中國一代正直的、愛國的、左翼的知識份子在前段歷史時期中走過的坎坷道路。我們一定要搞好整黨，要清理「三種人」，絕不能讓這條坎坷道路，在中國這塊土地上，在任何時候，以任何形式重新出現。我們將以這種努力，告慰於魏猛克同志在天之靈。

一九八四年一月十七日於長沙

並未過時的憶念
——畫家黃肇昌同志週年祭

　　黃肇昌同志去世以後，我只在《湘江文藝》上讀過河洛汀兄寫的一篇悼文。只有這一篇，似乎顯得冷落了些。黃肇昌同志一九三三年畢業於上海美專，畢業後一直從事抗日救國的美術宣傳活動、工藝美術設計工作，並潛心於版畫創作。解放後，歷任《新湖南報》美術攝影部主任、湖南師範學院藝術系副教授、省文聯委員、省美協副主席、名譽主席等職務。他生前低著頭、流著汗，默默無聞地為中國，為中國的版畫藝術，為中國的藝術教育事業，做過許多有益的事，卻從不聲張、從不炫耀、從不沾沾自喜；這樣的知識份子是值得尊敬的。他去世後，應該有多一些人來紀念他。冷落是個欠缺。於是，我決計步河洛汀兄的後塵，要寫一點文字來紀念許多人心目中所敬重的黃肇昌同志。但因事忙，一拖再拖，沒能動筆。想起這事，心裏不免十分歉疚，總覺得很對不起死者，對死者欠下了一筆債。現在，他的週年祭到了，是我應該償還這一筆感情上的債務的時候了。

▲黃肇昌一九六四年在人民大會堂負責湖南廳裝飾工作時在北海留影。

　　我最初認識黃肇昌同志是在一九四九年八月，那時我們剛到湖南。他原在長沙一家報社裏工作，那家報社被《新湖

▲一九七九年拍攝的全家福（前排從左至右夫人易鎮坤、黃肇昌、長女黃易星。後排從左至右為：次子黃巨年、幼子黃從清、女婿陶勁）。

南報》接管後，他留下來了。最初分在副刊編輯室，和我們在一起。那時，有的人認為「留用人員」多少有些「雇傭思想」，工作不大主動。但他卻不是這樣。一上班就坐在角落裏，埋頭畫呀、描呀、刻呀，事情不分巨細，一概都做，畫刊頭、畫題花、畫在報上刊載的連環畫、畫地圖或圖表、聯繫美術作者，有時還搞攝影，還到外面找商人聯繫製鋅板……總之，需要什麼就幹什麼，一聲不響，而且任務完成得迅速、出色。那時，我們都是二十剛出頭的小伙子，有些還是十幾歲的毛娃娃，他卻已經三十八、九歲了，是報社編輯部門中年紀最大的。但和我們也合得來。只是不苟言笑，不像我們一樣，成天嘻嘻哈哈。

相處兩三個月，才知道，這個「留用人員」是湖南美術界的前輩，他的木刻作品曾在國外展出過。抗戰開始後，參加過「戰地寫生隊」，到過延安，見過朱總司令。在邊區照了許多相，畫過許多

素描。在長沙那家報社做事時，和那裏的地下黨有聯繫，是進步人士。所有這些，也都是從組織上瞭解的，或從別人閒談中聽到的，他自己則從不做聲，從不講自己的經歷和成就，只默默地成天做事，畫呀、描呀、刻呀，有時還包攬些雜務。

　　但他也有苦悶。有次他對我說起，他的興趣在於木刻創作，這樣下去，恐怕木刻會荒疏了，所以想專門搞木刻創作去。那時，湖南還沒有搞美術創作的專業人員，要這樣做，只能退職。我說：「這樣做，生活問題能解決麼？」他說：「生活不要求太高，和一些出版部門掛掛鉤，畫畫連環畫，也就過得去了。那樣，時間上可以自由支配，專門搞創作。」這種想法，當然是書生氣十足的，但由此可以看出，他為了要搞木刻創作，是一切在所不惜的。我就說服他，無非是講了一些個人興趣應該服從革命需要之類的道理。以後，他就再沒提這件事了，仍然成天在角落裏畫刊頭、畫題花、聯繫美術作者。這些事壓得他成天忙個不停，確實沒有多少時間搞自己的創作，有時連一點業餘時間也賠上了。只是，稍有空閒，他還是搞他的木刻。

　　那時正值革命高潮，革命的正氣，沛乎充塞蒼冥。在我們隊伍中，謀求私利被大多數人自然地認為是很不光彩的事。在生活中，無私的事例比比皆是。就是在這樣的情況下，黃肇昌同志這種服從革命需要、不考慮個人得失的精神，仍然給我以深刻印象。因為他是剛參加革命工作的老一輩知識份子，而他的覺悟，確實是見諸行動而不是掛在嘴巴上，比起許多共產黨員來，確實還高出一籌。

　　以後，「知識份子和工農結合」的熱浪，席捲著新解放的土地。許多知識份子都高高興興地到工農群眾中去。黃肇昌同志也表現得很積極、很主動。大概是一九四九年底或一九五〇年初，開始

▲一九六四年人民大會堂湖南廳裝飾畫稿（竹板雕刻畫：岳陽樓）。

了建設大通湖的工程，他就積極要求下去採訪，並且體驗生活。結果，隨柏原同志、黎牧星同志等一起去了。到那裏，他經常下到工地，也下到民工們住的工棚裏。在雨雪交加、泥濘盈尺的工地上，不辭勞苦，跋涉奔波。有一次，摔了一跤，把眼鏡打爛了。工地上當然沒有配眼鏡的地方，而他是高度近視，離了眼鏡就寸步難行。同去的同志勸他回長沙算了，何必在這裏像瞎子一樣，摸著走路、摸著做事呢？他卻堅決不肯，立即打了電報回家，要他的夫人趕快寄眼鏡來。結果眼鏡寄來了，他在工地一直堅持到完成任務。在工地上，新的艱苦的生活，儘管他不太適應、不很習慣，但成千上萬群眾的勞動熱情，以及在勞動中表現的堅韌不拔的毅力和對新社會的熱愛、對未來生活的嚮往，在教育和感染著他。所以他在那裏一直情緒很高，畫了很多素描和速寫。回來，還很高興地談起自己的收穫。他說：「只要到群眾中走走，看看群眾那勁頭，就感到個人

確實有些渺小。」此後，就很注意做美術方面的普及工作。哪一位寫了幾句快板，要他配畫，他就配；哪一篇通俗的通訊，需要一張插圖，他很快也就畫好，不講二話。以後調他編專門給農民看的通俗畫刊《大眾畫

▲一九四〇年，黃肇昌隨戰地寫生隊（著名畫家沈逸千任隊長）赴延安寫生並舉辦展覽。圖為朱德同志參觀展覽後與歌唱家莎蕾合影。

報》，他爽快地答應了，而且工作得很主動。他從不把自己看成是來自藝術王宮的天使，從不要「勞動者捧著牛油麵包來獻他」（魯迅語），而是以搞群眾迫切需要的「下里巴人」為樂事。

以後幾年，他多次爭取下鄉下廠。一九五四年，整修南洞庭湖，也下去了，回來後，就創作了那幅給人以深刻印象的、質樸雄偉的木刻：《合龍》。一九五五年和一九五六年，還到了湘西和湘南林區，回來後，都神清氣旺，思想、創作兩豐收。

黃肇昌同志另一個優良的品質是：經常關心別人勝過關心自己。在生活上處處嚴格地約束自己，而對於別人的困難經常主動關心。那時候，他拿工資，而我們卻是「包乾制」。「包乾制」對於單身漢，完全夠開銷了；而如果有額外的家庭負擔，則難免手頭拮据，黃肇昌同志就經常慷慨解囊，接濟同志們。見到河洛汀兄衣衫單薄，主動為他做了新棉衣，給他禦寒，即是一例。他經常給一些

困難的同志（包括工廠工人）送錢買東西，據我所知就有好幾次。做了這些好事，又從不做聲，從不願讓人知道，自己從不想從這些好事中得到什麼。而那時，他自己的生活呢，卻吃得平平常常、穿得平平常常。煙癮極重，每天抽的卻是八分錢一包的「白毛女」，有時甚至抽一種河南來的、用白紙包著的「無名牌」紙煙。他是得肺癌去世的。我在想：大量抽那種質量低劣的煙草，與他得癌症恐怕頗有關聯。

隨時想著工作、想著人民，想著同志和朋友們的困難，而少想自己。這叫什麼？這叫無私。他盡力讓自己做到無私。

除了無私，他還正直。一九五七年下半年，在中國政治生活中，發生了眾所周知的不幸事件，反右派鬥爭被嚴重擴大化了。許多共產黨員和革命幹部，一夜之間就變成了「階級敵人」。我當時也被構陷羅織，說成是「階級敵人」。黃肇昌同志和我長期共事，他領導的美術攝影部，較長一段時期，又是由我分管的，如果他想向我投幾塊石頭，隨便找幾件事上綱上線，以表示自己的「堅定」，那是易如反掌的。可是他不，他實事求是，他不相信這些同志就是「階級敵人」，他始終沒有在鬥爭會上發言，沒有做無中生有的「檢舉揭發」，沒有做損人而並不利己的事。雖然當時他也不敢接近我們這些「階級敵人」，但見到我時，總是默默地投以同情的眼光。當時，我們猶如生活在冰窟之中，他的這種同情的眼光，勝似一股暖流，流動在我的心靈深處，使我相信，正直的人到處都有，歷史自會對這個事件做出公正的結論。

一九五八年，我被送到洞庭湖畔的一個偏僻角落「監督勞動」。此後二十一年，一直沒有見過他。

一九七九年春天，我調回長沙後，一天下午，曾同朱正同志一起去看他。當時，他已患嚴重的白內障，雙目近乎失明。我去時，他正站在寓所的前坪，滿身披著金黃色的夕陽。我一喊他，他立刻就聽出是我的聲音，很是高興和激動。那天我們正好有事，不能久坐，聚會時間不長。他約我以後再去，但我一直沒有如約，至今還覺得是件憾事。去年一月，我正要動身到北京開會時，聽說他因肺癌惡化

▲一九七七年，應四川成都杜甫草堂管理處邀請赴四川進行學術交流時在樂山留影：從左至右黃肇昌（著名版畫家）、周達（著名中國畫家）、曾曉滸（著名中國畫家）、李立（著名金石書法家）。

進了醫院，晚間，和黎牧星同志匆匆趕到醫院看他。在病床上，他回憶著五十年代初期在一起工作的許多老同志，提到了許多人的名字。他說：「我會好的。等我好了，邀這些老同志到我家裏聚會一次。」他還記起在抗戰初期，到延安訪問時拍的那些照片。他說：「那些照片都是珍貴資料，以後要把它放大保存下來才好。」那天晚上，他記起的就是延安時期和五十年代初期。他認為這是他生命中的「好辰光」，這「好辰光」，斑駁陸離，五彩繽紛，有聲有色，恢弘壯闊，留在他的記憶裏，天長地久，直到他生命的最後。

我們離開病房時，他的夫人送我們出來，在走廊上，才告訴我們：早幾天，他的肺部已劇烈疼痛，但他怕家裏人晚間要來陪他，

會麻煩他們，忍著疼，不吭聲，不願來住院。到實在忍不住了，家裏人一再勸告，才來了醫院。他在他生命的最後，還是關心別人超過自己。

第二天，我就上北京。開會回來，就接到他的訃告，他已經在早幾天，離開了人間。

他離開了人間，但他沒有離開老朋友、老同志們的心裏。人總是有一天要離開人間的。但願我們都能向他學習：正直、無私，對人民、對中國、對自己從事的事業抱著高度的責任感。那樣，到離開人間時，也才能不離開老朋友、老同志們的心裏，不離開人民的心裏。

謹以此文作為他的週年祭。

一九八二年一月十日於長沙

紀念朱經農先生

一

　　朱經農先生不是湖南人，但他與湖南關係密切。清朝末年，他的叔祖在常德當過知府，湖南名人熊希齡是他的姑父，因此少年時，他在湖南讀過書，以後，又在湖南教過書。特別是在上世紀三十年代初至四十年代，在湖南當過近十二年教育廳長，對湖南全省基礎教育的發展做出過巨大的貢獻。湖南的老共產黨員、知名的教育家劉壽祺同志，當過他多年的祕書，在劉老以九十高齡辭世的前一年，曾撰寫〈朱經農與湖南教育〉一文（見《劉壽祺教育文集》，一九九二年三月湖南教育出版社出版），敘述朱經農先生事蹟甚詳。月前，徐德馴兄為《湖湘文史叢談》約稿，約我寫一篇有關湖南人物事蹟的記述，我問徐兄：「寫朱經農先生是否可以？」他說：「當然可以。」於是，我又找了一些資料，其中主要是：光華大學暨附中校友會編的《光華的足跡》（一九九五年刊行）及《光華精神　光華人》（二○○五年五月刊行）、智效民先生著《胡適和他的朋友們》（雲南人民出版社二○○四年六月出版）

▲朱經農先生像（攝於上世紀二十年代，光華大學創辦時）。

以及老作家施蟄存先生散文集《沙上的腳跡》（遼寧教育出版社
一九九五年三月出版）等，在上述資料的基礎上，加上我的一些體
會，寫成此文。近五十年多年來，許多文章一接觸到朱經農先生，
就盡量迴避，其中原因，眾所周知；不過這樣做，有失公正。現
在，公正的歷史應該給這位中國現代著名的教育家、學者以一個歷
史的公正了。

二

朱經農先生不但是中國現代著名的教育家、學者，而且是著名
的大學校長、詩人、教育行政部門的高級官員、出版家、愛國者。
他的一生主要經歷如下：

朱經農先生（一八八七～一九五一），江蘇寶山人，生於浙
江浦江。十五歲時以客籍考入湖南常德府中學堂，一九○四年赴日
留學，先入弘文書院，後轉入成城學校，一九○五年在日本加入同
盟會，參加革命活動，一九一二年轉入國民黨。一九○五年冬，自
日返滬，參與創辦中國公學。一九一○年受聘任教於湖南高等實業
學堂，教授英文兼任農業學通譯。一九一六年赴美，先入華盛頓
大學，後轉入哥倫比亞大學師範學院攻讀教育學，獲碩士學位。
一九二一年回國後，任北京大學教育系教授。一九二三年任商務印
書館編輯。一九二五年，「五卅慘案」後，聖約翰大學全體華籍師
生在校下半旗志哀、集會，美籍校長卜舫濟下令解散集會，驅散師
生，五百多位該校大學和附中學生及十九名中國籍教師憤然離校，
宣誓永遠和聖約翰脫離關係；張壽鏞校長在一些著名愛國人士支持
下，遂創辦光華大學，以支持這些脫離聖約翰大學的愛國師生。朱
經農先生此時成為張壽鏞校長創辦光華大學的得力助手，並任光華

大學副校長、教務長，主持教務。以後，並一直連任歷屆的光華大學校董會校董。一九三○年春，蔡元培先生任國民政府教育部長時，他兼代常務次長，不久辭職。一九三一年任齊魯大學校長。一九三二年起任湖南教育廳長近十二年，成效卓著，本文將有一節記述他的功績。一九四三年任中央大學教育長，一九四四年任國民政府教育部政務次長。一九四五年，光華大學張壽鏞校長病逝，朱經農即繼任光華大學校長，一九四六年兼任商務印書館總經理，一九四八年十一月任中國出席聯合國文教會議首席代表，後留在美國，一九五一年初，因中風客死異國他邦。

　　朱經農先生在去世前不久，曾在日記中這樣寫道：「我為同盟會員，民元轉入國民黨，對黨始終如一。黨當政時，我只守黨紀，不爭黨權。黨失敗時，流離顛沛，決不背黨。國民革命初步成功，十七年（按：指民國十七年，即一九二八年）國府成立，余因黨的關係，捨學從政，浮沉二十餘年，至今思之，實為重大犧牲。倘以二十餘年從事學術研究，埋頭著述，則今日成就決不止此。從政二十餘年，所做建設工作，均被戰爭摧毀。至今回思，一場空夢。今年老力衰，雖欲從事著述，精力不逮，奈何？」朱經農先生因患中風猝逝，沒有留下遺囑，因此，人們很看重日記中的這段話，認為是他對自己一生「自述的概略」，劉壽祺同志在〈朱經農與湖南教育〉一文中認為：「他是一個知識淵博、學貫中西的學者，雖在政界飄浮一些時間，卻不是縱橫捭闔的政客。他是一個正直無私、忠誠勇敢的愛國主義者，又是一個真誠勤勞、立己立人的教育家。」（見《劉壽祺教育文集》，頁286）劉老這段話，寫於他辭世前一年，可以視為是對朱經農先生一生較為公正的總結。這裏補敘一段小插曲：一九五四年，劉老在中央高級黨校研究班學習時，

我也正在中央高級黨校新聞班學習。我因五十年代初在新湖南報社時負責文教報導，故與劉老有數年交往，頗為熟識。有一次，見到劉老，閒談時，曾談到我是光華大學學生，並請教他，到底應該怎樣評價朱經農先生？劉老當時只說：「許多事，現在說不清，也不好說。」迴避了我提出的這個問題。在當時，他這樣說，完全可以理解。而我在上面摘錄劉老在書中留下的這段話，應該視為他在辭世前，認為必須講出的真話，因為，此時若不再說，再加以迴避，就要留下此生的一個重要的遺憾了。故應可認為這段話是這位老共產黨員對朱經農先生的一生發自內心的真誠評價。

三

一九三二年，朱經農先生從山東齊魯大學校長任內調到湖南擔任教育廳長後，一到任，就對湖南的基礎教育狀況做了一番考察。他認為，有三種情況應該引起密切注視：

（一）全省學齡兒童的入學率太低。當時，湖南全省人口約三千萬，學齡兒童估計為三百萬，入學僅八十餘萬，入學率不到百分之三十，學齡兒童失學者約二百二十餘萬，應創造條件，使他們能夠入學。

（二）全省中學及小學、幼稚園分佈極不均勻，如長沙有小學一千餘校，而靖縣僅三十校，保靖僅二十校，學校的發展也極不平衡。

（三）全省教員數量不足，質量亟待提高，設備亦須改善。

要著力解決上述三大問題。全省的基礎教育得到充分發展後，整個教育事業也才能得到合理的提高和發展。在朱經農先生的策劃下，當時的教育廳制訂了逐步解決上述問題的方案。經過六年的努

力，到一九三八年，全省除岳陽、臨湘兩縣情況特殊外，「一鄉一
中心學校，一保一國民學校」的計劃基本完成。在一九三六年，全
省學齡兒童的入學率即已達百分之七十，較一九三二年的入學率，
增加了一倍以上。

中小學分佈不平衡的情況也有所改善。過去，學校只集中於長
沙、衡陽、常德等地，邊遠地區的學生就學尤為困難。朱經農先生
力謀調整這種佈局，在湘西創設了芷江鄉村師範，在湘南創設了衡
山師範，為了提高湘西少數民族的文化，還在乾城（按：即今吉首
市）設立一特種師範訓練班。對各縣聯立中學也加以切實調整、發
展。由於上述師範學校的成立，也相應增加和提高了各地小學教師
的數量和質量。

中學也得到相應的發展，在朱經農先生主持湖南教育時期，全
省公私立中等學校由一百五十所左右增到二百七十二所，增加近一
倍。（當然，其中包括了抗戰時從外地遷湘西的一些中學）。

此外，關於高等教育、社會教育、電化教育、民眾識字教育、
體育、圖書館⋯⋯等方面，也都有相應的發展。這在抗日戰爭時
期，各地兵荒馬亂，瘡痍滿目，而湖南不僅弦歌不輟，且教育事業
能有這樣的發展，實在很不容易。

二〇〇六年七月，美國四百多位中小學校長及教育官員，應邀
到中國進行訪問和考察，其中有三十位成員訪問湖南。我們的報紙
上說，他們到了「基礎教育強省和大省湖南」，在中國當前的教育
狀況下，這樣說，當然可以。不過，人們可能已經忘記了或根本不
知道這個「基礎教育強省和大省」，它的基礎，在六七十年前，
是朱經農先生在戰火瀰漫著的三湘四水之間，經過艱苦的努力而
打下的。

▲這張照片，一九四九年攝於美國趙元任家中。右起：趙元任、胡適、楊步偉、朱經農以及趙元任的外孫女卞昭波。朱經農與胡適、趙元任等，是多年的知交。

四

　　朱經農先生的教育思想中，有不少可取的精華，到現在還可以擇優參考、應用。一九四三年，他在重慶商務印書館出版《教育思想》（原名《近代教育思潮》）一書，是他的一本關於教育理論的重要著作。我沒有讀過這部著作，現在也不容易找到此書，只能將劉壽祺同志關於此書的簡略介紹，擇要敘述如下。劉老當年曾參與此書的校閱工作。

　　據劉老介紹，此書提出七類問題：

第一類問題：自由與紀律。書中介紹和評論了西方各種教育思潮中的自由主義觀點。這是重點。但作者認為：「自由不是漫無限制的，自由中必須有紀律，有紀律才能獲得自由。」

第二類問題：個人與國家。作者認為，要充分發展個性教育，因為只有發展個性才能激發人的創造力。這是一方面。另一方面，「也要重視社會秩序，才能使國家、民族、個人獲得真正的自由，進而達到世界和平的目的」。

第三類問題：鬥爭與互助。在這類問題中，介紹了達爾文的「物競天擇」的觀點、馬克思的「階級鬥爭」學說、以克魯泡特金為代表的「互助論」，以及與「互助論」對立的「戰爭論」等等，且做了述評。作者認為：「社會之所以進化，是由於社會大多數人的經濟利益調和，不是由於社會大多數人的經濟利益互相衝突，人類社會經濟之所以要調和是人類生存的需要」，他贊成孫中山的觀點，認為階級鬥爭是人類社會發展過程中的一種病症，不是進化的原因，戰爭論者、階級鬥爭論者都將因果倒置了。

第四類問題：學校與社會。他認為，學校教育應以適應社會實際需要為目的。學校教育既要使兒童身心健康發展，增進個人知識技能，更要培養個人良好的性情、習慣，以及待人接物的良好道德品質；學校教育還要適應社會需要，辦學的方針、設施、課程、教材、教法等等，都須隨社會發展加以不斷地改革。學校教育應使兒童認識環境、適應環境，並獲得利用環境、改造環境的能力。

第五類問題：知識與道德。他認為知識與道德是不能截然分開的，「知」、「行」是合一的。他分析了構成知識的各種因素，分析了認識以及實踐在構成知識中的作用。他分析了各種道德觀點，介紹了「樂利主義」，其內容是認為人類行為的「善」、「惡」要以能否

增進人類幸福為標準,並介紹了康德和杜威的觀點。杜威:「從教育的角度來說,培養兒童的道德品質,應注意安排良好的環境,使兒童陶冶於其中,能夠跳出自私的範圍,認識國家、民族、社會的利益與自己的利益是密切相關的,要擴大崇高的人格,實現大我。」

他提出「知行合一」,「德」、「智」兼修的觀點,並引了孫中山的「行易知難」、「能知必能行」的學說,從行中求知,真的知識只能從力行體驗中得來。教育不能只從書本上傳授知識,最重要的是使學生在實踐生活中獲得知識。教育者應做到身教重於言教,在教授學生道德知識的同時,陶冶學生道德行為。

第六類問題:藝術與職業。他認為,無論個人與社會,藝術修養都是很重要的。個人的性情陶冶,社會的移風易俗,莫善於「樂」。學校教育不能偏重於理智的訓練,而忽略藝術的陶冶。藝術教育是德育的基礎,可開拓人們的胸懷、擴大人們的眼界,使人們感情意境超脫物質世界的局限,創造新的人生美妙境界。

他認為職業教育的意義,不只是狹隘的技能訓練,使人們在經濟上能夠自立,同時應使其有文化的欣賞、藝術的修養,促其能創新,對社會做出更大的貢獻。

第七類問題:科學與宗教。他認為,中國需要科學,也需要宗教。我們需要科學以建設經濟、文化、教育、國防等等,也需要宗教以維繫人心,使心靈有所寄託、靈魂有所歸宿,冥冥中得到安慰,使社會秩序得到安定。他認為當今人類最大的不幸,就是把宗教信仰一概抹煞,所以才產生無法無天、自私自利、滅絕天理良心的現象。而滅絕天理良心的社會和國家是要毀滅的。

劉壽祺同志認為,朱經農先生的這部著作,有它的時代性,但也有它的局限性。不過,其中若干教育思想的觀點,是有價值的、

可取的。「如有關學校教育作用和任務的論述，人才培養的極端重要性的論述，以及學校與社會的關係，德、智、體、美全面發展不可偏廢的觀點，必須重視實踐的觀點，職業教育和藝術教育的任務，教師必須嚴格要求、言傳身教的論述等，都是很精闢的，到現在仍有參考價值。」（見《劉壽祺教育文集》，頁286）我以為，劉壽祺同志的評價是公允的。

五

　　朱經農先生於一九二五年參與創建光華大學，並主持教務；一九四五年九月，張壽鏞校長逝世後，他辭去國民政府教育部政務次長的職務，回光華大學繼任校長直到一九四八年十一月。這兩件事，應該看作是他對現代中國教育和文化的發展做出的貢獻。

　　根據查閱到的資料，加上我自己的體會，認為他前後兩次在光華大學的領導工作中，體現了三個主要特色：

　　（一）光華大學從成立開始，就特別注意建立一支強大的第一流的師資隊伍。從一九二五年到一九三七年抗戰開始前後，校中文、理、商三個學院，一時群賢畢至，名師雲集，異彩紛呈，蔚為壯觀。胡適、孟憲承、錢基博、吳梅、廖世承、呂思勉、徐志摩、潘光旦、羅隆基、章乃器、王造時、彭文應、張東蓀、李石岑、全增嘏、朱公瑾、蔣維喬、張歆海、錢鍾書、余上沅、謝霖、容啟兆、郭紹虞、金松岑、孫大雨等各位在高等教育界及學術界各領域中的重量級人物，都出現在光華大學。不少學生報考光華，是由於仰慕這些學術權威們的學術成就，並希望自己能在這所大學裏學到一些真正的學問。不過抗日戰爭開始後，這種繁盛的局面被侵略戰火無情地摧毀了。學校中的一部分（主要是商學院），由謝霖副校

長率領，西遷成都。上海大西路的新校舍被日本侵略軍炮火轟毀。
留在上海的師生，分為三部分，化名為誠正文學社（文學院）、格
致理商社（理學院和商學院），壬午補習班（附中），分別在租界
賃屋上課，教師難免星散。到一九四五年，抗日戰爭勝利，朱經農
先生繼任校長後，全校各部門集中在上海虹口歐陽路的新校舍，又
重組教師隊伍。一九四六年秋，我進光華入學註冊時，在辦公樓前
的大課表（供學生選課用）中，又見到了許多名師的大名。文學院
的就有：呂思勉、蔣維喬、蔡尚思、郭紹虞、廖世承、張志讓、曹
末風、周煦良、耿淡如、徐燕謀、謝大任、顧廷龍、王蘧常、毛以
亨、應成一等多位。我選大一基礎課：大一國文，選的是趙善詒先
生的課；大一英語，選的是徐燕謀、謝大任兩先生的課；中國通
史，選的是楊寬先生的課；政治學原理，選的是耿淡如先生的課；
基礎數學，選的是倪若水先生的課……他們都是大學一年級基礎課
的第一流教師。理、商學院的師資情況，與文學院師資情況也大同
小異。朱經農先生在光華大學的工作，首先就從抓加強師資隊伍這
一主要環節入手，這就保證了這所大學的教學質量。

　　（二）提倡或鼓勵學術自由。有人說：尊重學術自由，是一
所有成就的大學的靈魂，這話有點道理。在這方面，光華大學剛創
辦時到抗戰以前，做得更好些。上面列舉的這一時期的名師，各
種學術思想傾向的都有，他們在校內講課，都充分講述自己的學
術觀點。另外，我在《光華精神　光華人》中看到一個資料提到：
從一九二七年起，每逢星期一上午舉行週會，由校方邀請各界著
名人士來校演講，據文章的作者記憶，前後有：楊杏佛（楊銓）、
魯迅、曾孟樸、邵力子、林語堂、胡樸安、黃炎培、江問漁、馬寅
初、王雲五、陳布雷、陳立夫、徐悲鴻、陶行知、陳誠、茅盾、陳

鶴琴、孫寒冰、何炳松、張志讓、張靜江、杜重遠、張之江、王正廷、郭泰祺、翁照垣等，這些人中，有政治家、外交家、軍事家、作家、藝術家、教育家、法學家、歷史學家、出版家等等，思想傾向也各異。由此可見，當時是要提倡這種自由的。所以在光華大學及光華附中讀過書的學生中，走入社會後，也是有各種思想傾向的人物（左、中、右三派）都有。左派的，如中共中央常委，前後就有三位（喬石、尉健行、姚依林），而在臺灣的高級領導人也有，如：沈昌煥（外長、行政院長）。校友中，一些著名的作家，如：周而復、田間、穆時英、劉以鬯（當時是香港作家的領軍人物）等，也是思想傾向各異。新聞界兩位著名人士：儲安平、鄧拓，雖然思想傾向各異，但愛國愛民、追求民主自由的根本立場，則是一致的。這都是因為學校中不用思想框框去框住人、不用思想繩索去套住人的緣故。而從根本立場上，則又都教育學生愛國愛群。

　　朱經農先生雖是國民黨員，但他一直反對「黨化教育」，一九三一年二月，他給他的朋友胡適先生的一封信，早就明確提出了這種觀點。他在信中說：「大學中應有講學之自由，不應為一黨所把持。亦不應受一、二人之操縱」，「現在國民黨如果想黨化國立大學，也未必有好結果。大學校不是軍隊，不能不容許學者思想自由與講學自由。若排除異己，則除善阿諛者外皆不能自安……」所以，光華大學從創辦時開始，就一直提倡或鼓勵學術自由，是有其淵源的。

　　（三）注重發揮人才的作用。這是看到老作家施蟄存先生一篇散文：〈知己之感〉後而想到的。此文載施先生散文集《沙上的腳跡》（遼寧教育出版社一九九五年三月出版）。

　　文章先引《新文學史料》載葉聖陶先生日記〈在上海的三年〉中的話：「朱經農來，言擬好好辦光華大學，邀余與予同（引者注：即周予同）任教，並託余拉施蟄存為國文系主任。（引者按：當時，光華大學中文系主任是蔣維喬先生，是江蘇知名的國學家，但畢竟年紀太大了，估計是沒有精力當系主任了。）余言自己不任大學教師，拉施君則可以效力，因致書蟄存。」又一天的日記：「施蟄存來，渠已允就暨南教職，因可有房子住，光華方面只得辭卻。」

　　施蟄存先生看了這兩段日記，大發感慨，因為他和朱經農先生並不熟，只是十六年前，朱擔任中國公學副校長時，施在中國公學兼過大一預科的國文課，每週兩次，每次上課兩小時。朱經農先生為什麼看上了他，要他去當光華大學的中文系主任呢？以後，有人從《胡適來往書信選》中看到朱給胡的一封信，彙報中國公學的情況，提到鄭振鐸、孫俍工、李石岑、施蟄存四位，教書「也還過得去」，因之在十六年後，突然想起他，擬邀他去光華擔任中文系主任，以充實光華大學系級的領導力量。別人把《書信選》中的這段話告訴了施先生。施先生因之大受感動，突生「知己之感」。

　　由此可見，朱經農先生注重人才，且不任用私人，不結黨營私，完全從辦好大學的大目標出發，來想事、做事的。這就更難能可貴。從光華大學當時的情況來看，這類事例應該還有，可惜現在找不到可作佐證的有力資料了。

　　抗戰時期，施蟄存先生曾在廈門大學教過書。其時，廈大內遷到福建長汀。以後，施先生還在遷到福建的江蘇學院教過書。我少年時，曾聽到廈大中文系的學生談過，施先生在廈大中文系，上課頗受學生歡迎。這一旁證，可以證明朱經農先生選用人才，確有眼力。

▲抗日戰爭前，光華大學在上海大西路原校址的大門。這個校園，抗戰剛開始時就毀於日本侵略軍的炮火。

六

　　朱經農先生的舊體詩寫得很好，可惜很少公開發表，現在，我們能看到的甚少。他去世後的一九六五年，臺灣商務印書館曾出版他的舊體詩集《愛山廬詩鈔》，由他的公子朱文長箋注。可惜此書在大陸不容易找到。底下，選錄朱經農先生的幾首舊體詩，供讀者賞讀。這些詩，是從智效民先生及劉壽祺同志的文章中抄下來的。如果大陸哪一位出版家能找到《愛山廬詩抄》，重印出版，使更多讀者能欣賞到現代中國另具一格的第一流的舊體詩，則是為弘揚中國的詩文化做了一件大好事。

元旦嚴霜詩

晨起踐嚴霜，吾意正茫茫。白山黑水間，萬馬臨疆場。

日蹙國百里，空有淚千行。謀士雖如雲，臨事何倉皇！

戰士執干戈，孰肯死邊疆？將軍猶歌舞，歡樂殊未央。

執政多紛更，聚訟喧一堂。金甌缺未補，鐵嶺賊猖狂。

書生在草莽，萬感熱衷腸。對酒不能飲，拔劍空旁皇。

黃河何浩瀚，泰岱何青蒼！山川鍾靈秀，奇士出此鄉，

奈何不共起，灑血衛宗邦！長驅定遼瀋，策馬飲扶桑！

一朝雪國恥，千載留芬芳！

（這首詩寫於一九三二年初，時朱先生在山東齊魯大學任校長，前一年九月，突發「九‧一八」事變。此為感時憂國之作。）

紅豆詩

別離復別離，相見各無期。客愁千萬斛，未得報君知。

離別復離別，此日空悲切；人生不百年，洗月有圓缺！

逢君東海東，破浪乘長風。秋色橫天地，楓林萬事紅。

別君富士麓，惆悵分飛速。相思一掬淚，盈盈空斷續。

歇浦重相見，春殘花滿院。同讀復同遊，不羨雙飛燕。

去年寒食節，把酒作雄談。誰期咫尺地，忽化萬重山。

從此一離別，音書長斷絕，猿啼巫峽道，鵑泣衡陽月。

（我向瀟湘，君入川矣！）

春日兮，碧草滿天涯，桃李盈南浦，

憶君重憶君，日落關山路。

夏日兮，莓苔擁階砌，草色映庭幃，

日長午夢裏，顏色認依稀。

秋日兮，梧桐落金井，明月照軒窗，

翻書見君字，字字斷人腸！

冬日兮，朔風吹暮雪，映出千山白，

千山縱白頭，相思無斷絕。

噫吁嚱！美人隔秋水，白露滿蒹葭。

思君不見君，儂思亂如麻。

（此是恨別懷人之作，寫得俊逸並淒婉，動人心弦。）

五律二首

（一）

兵車滿臨嶽，月色帶愁來；

樹影參差舞，庭花寂寞開。

兩兒千里隔，一夢五更回；

驚起披衣坐，遙天曉角催。

（二）

簾外月如霜，笳聲欲斷腸；

愁看花弄影，空有桂生香。

食貴兒童瘦，才輕愧恨長；

可憐弦誦地，幾處度滄桑。

七律二首

（一）

十年草草一勞人，顧我依然白髮新；

報國有心空自許，陰符無效漫敷陳。

亦曾漂泊同張儉，未結山廬伴李怤；

莫笑牛刀試雞肋，弦歌留得武城春。

（二）

風枝搖月影婆娑，涼露中庭發浩歌。

剩有丹心酬祖國，欲憑時雨化菁莪。

連雲黌舍開南嶽，照野旌旗望汨羅。

教訓十年堪一戰，前方子弟楚人多。

（以上四首，寫於一九四二年，時朱經農先生任職湖南教育廳
長十週年，有感而作。）

沒有見到朱經農先生寫的新詩，只知道他的歌詞寫得好。《光
華歌》是他的歌詞的代表作。光華大學原有一首校歌，但歌詞是文
言文，且嫌古奧晦澀。乃由朱經農先生新作一首歌詞，從一九三〇
年起，代替原來的校歌。歌詞如下：

光華歌

聽我們三呼：光華，光華，光華！

教人格物致知，誠意正心的光華，光華；

要同心同德、愛國愛群的光華，光華；

努力為學的光華，光華，光華；

要讀書運動、愛國運動並進的光華，光華；

知天下興亡、匹夫有責的光華，光華；
我們愛護光華！

聽我們三呼：光華，光華，光華！
教人好學不倦，深思精進的光華，光華；
要虛懷若谷，允恭允讓的光華，光華！
培養人格的光華，光華，光華；
捐除私見、大公無我、合力同造光華，光華；
要富貴不淫、威武不屈的光華，光華；
我們愛護光華！

（這一首《光華歌》，形象地體現「格致誠正」的光華大學校訓。把光華辦學的境界、目標、方向，都完整地體現出來了，且能激勵人心，故深受歡迎。）

七

關於朱經農先生，我所要寫的，大體上就是這些。末了，還要寫幾句題外的、但並非可有可無的感想。

海峽兩岸的統一，確是國家、民族的一件大事。不過，統一要考慮到各種條件，不能把複雜的事情簡單化。比如，要有經濟條件，要使兩岸人均國民收入大體接近；要有政治條件，其中主要是政治民主化，兩岸都要來做些切實的民主化的工作，不能空口打哇哇；還要有文化條件，真正做到文化上的民主化，真正做到「百花齊放，百家爭鳴」，共同反對文化上的專制主義；當然，還要有國

際條件，不可違背歷史潮流，違背國際上公認的大趨向；在全球化的大形勢下，國際條件就顯得更加重要。如此等等。

在文化條件中，對兩岸歷史人物的公正評價，是一件大事。不能給歷史人物以歷史的公正，也就不能得到公正的民心。在共產黨內部也有這個問題，比如，對陳獨秀的評價、項英的評價、張聞天的評價、胡耀邦的評價、趙紫陽的評價……也都有能不能得到黨心、民心的問題。對國民黨中的歷史人物，放在歷史發展的大角度上加以考察，也就有此類問題。朱經農先生就是屬於在文化教育領域中的這一類人物中的佼佼者。給這類人物以公正評價，有利於兩岸進一步的和解，有利於促進兩岸的統一。所以我想，這篇拙文和我的這些感想，並非多餘。

二〇〇六年七月二十五日寫畢於長沙

憶念光華大學

　　我是一九四六年秋考進光華大學中文系的。一九四七年八月，離校北上，到冀察熱遼解放區參加革命。在校時間僅一年。但在這以後四十多年的漫長歲月中，我卻經常憶念著這短短一年的大學生活，憶念著母校。

　　我是在福建讀中學的。那正是抗日戰爭最艱苦的時期。學校先從福州遷到閩中一個山城，隨後又遷到閩西偏僻的山區裏。因為戰爭的影響，師資奇缺，設備匱乏，全校連一個小圖書館都沒有，學生們想求得一個比較正常的學習環境而不可得。因此，升學時，我是帶著渴求知識的急切心情去投考的。一九四六年秋考進光華，那時，大學和附中都剛剛搬到上海虹口歐陽路，那校址雖然比不上大西路原址，但聽說比起在證券大樓那就好多了。新生註冊時，見到教務處門口掛了一張很大的課表，那真是琳琅滿目，美不勝收。我是進文學院的，當然首先注意文學院有哪些老師、開了什麼課。當見到課表上有呂思勉先生、郭紹虞先生、蔣維喬先生、蔡尚思先生、周煦良先生、王蘧常先生以及教社會學的應成一先生等等開的課程時，心裏就有一種十分踏實的感覺，覺到只要自己努力，在這裏，以後大概可以學到一些學問了。廖世承副校長那時好像剛從湖南回上海，兼任附中校長，光華附中更是全國辦得很好的幾所中學之一，那時，他好像也在教育系開了一門課程。

　　以後，正式上課了。教我們大一國文的是趙善詒先生，教大一英語的是徐燕謀先生和謝大任先生，教中國通史的是楊寬先生，

教政治學原理的是耿淡如先生，教基礎數學的是倪若水先生。應該說，他們都是當時第一流的大學基礎課教師。他們教給我的知識、教給我的學習方法，到今天，有時還在起作用。但只怪自己在學習中努力不夠，以後參加工作後，又荒廢了學業，有些基礎課，至今也沒有過關。比如，英語就沒有學好，有負徐燕謀先生和謝大任先生這樣名師的教導。嚴格擇師，對大學一年級學生仍然注意基礎課的教學，這是我體會到的，母校當時在教學工作中的一個特色。

在大學一、二年級，還注重對學生接受知識的全面培養，這是我體會到的當時母校教學工作的另一特色。那時我讀中文系，但學校規定一年級要選數學課，還要選一門自然科學課，從物理、化學、生物、地質等幾門課程中任擇其一。如果是上哲學系，規定要學數學，那是容易理解的；但學中文系的要學數學，當時好像不易理解；而到今天，回過頭來，才覺得那時要我們學數學，是很有道理的，是為了要訓練我們的邏輯思維能力。學文學的不是也要精密的邏輯思維麼？至於學一門自然科學的基礎知識，更是在一生中受用無窮。我選的是生物學，關於孟德爾—摩爾根的遺傳基因學說，關於染色體的知識，就是那時候學的。那時學了以後，我相信這是科學。所以，當五十年代中期，我在中央高級黨校新聞班學習，在哲學課堂上，聽外國專家大捧李森科，大罵孟德爾—摩爾根的遺傳基因學說是偽科學時，我因為有了先前的知識基礎，老實說，對那些外國專家在課堂上的「批判」，很有點不是滋味，是不大相信的。

注意發展學生的學習個性，培養學生個人的學習興趣，不把課時排得滿滿的，讓學生有時間自由地在知識領域中去涉獵、去鑽研、去創造，這是我體會到的母校教學工作的另一特色。記得那

▲江蘇常州市呂思勉故居。呂思勉先生（一八八四～一九五七），長期擔任光華大學歷史系主任、教授。當時，學術界稱陳寅恪、錢穆、陳垣、呂思勉為中國當代四大史學家。光華大學歷屆教授中，有好多位是呂思勉先生這樣的學術界重量級人物。

時，我一個學期選了二十一個學分，算多的了。課程多選在上午。規定的參考書不多，作業也不多，所以，下午和晚上自己就有時間在圖書館看自己感興趣的書，寫自己愛寫的文章。那時，我在《時代日報》、《聯合晚報》等一些報紙副刊上發表些小文章，都是下午和晚上，在圖書館裏寫的，這些習作，對以後自己寫作能力的提高，頗有作用。如果課程排得滿滿，使學生毫無自己活動的餘地，那也就不可能進行這些習作了。此外，對中國現代文學學習和研究的興趣，也是那時在圖書館東翻西翻中培養出來的。現在的大學，學習中兩種傾向可能都有：一種，把學生的學習「框」得死死的，客觀上限制了學生個性和創造性的發揮；還有一種，上了課後，就

放任不管,沒能培養學生鑽研學問的興趣。研究母校(包括附中)教學經驗中的精華部分,對改善現在的大學和中學教育,可能都有用。多麼盼望在有條件的校友中,能有人來做一做這方面的研究。

至於光華大學的反帝、愛國、民主的傳統,更是在師生中牢固地植根著的。因為每年「六‧三」校慶時,要講校史。一些校刊也經常提到一九二五年,五百餘名中國師生,從聖約翰大學分出來後,創辦光華的經過。一九四六年冬,在抗議美軍強姦北大女生沈崇的抗暴運動中,許多同學憂深思遠,以天下興亡為己任,都反映了光華的這種反帝、愛國、民主的傳統,在同學中間起了作用。趙善詒先生在大一國文課中教我們〈離騷〉。他在講解〈離騷〉時,把屈大夫的那種關心人民、憂懷故國、為人民和祖國的苦難而嘆息流涕的憂患意識,充分地傳遞給我們、感染了我們,趙先生當時的講解,如今仍歷歷在目。「五‧二○」運動前後,他針對當時的形勢,出了一篇作文題:〈防民之口甚於防川說〉。面對著這樣犀利的作文題目,許多同學心情頗為振奮。那時,我在作文中寫了什麼,如今早已忘得一乾二淨了,但這個作文題目,直到四十多年後的今天,也仍然在教育著我,使我經常憶念令人尊敬的趙善詒老師。

一九九○年三月二十七日於長沙

注:一九九○年,為紀念光華大學及附中創建六十五週年,《光華校友通訊》特出版紀念專刊。此文係應紀念專刊約稿而寫的。

彭燕郊與《詩苑譯林》及《散文譯叢》
——哀悼一代詩人彭燕郊

　　我與彭燕郊兄相識相交近六十年。一九五○年初，由於譚丕模先生的敦請，他從北京《光明日報》副刊部調到湖南大學中文系教書時，我正在《新湖南報》編副刊，於是我們就認識了。他和我都是福建人。他的故鄉莆田市涵江區，離我的故鄉福州市不遠，也可算是小同鄉。雖然福州話和莆田話大不相同。上世紀四十年代初，在福建戰時省會永安有個文藝刊物，名為《現代文藝》，是黎烈文先生主持的改進出版社出版的，先後由王西彥先生和章靳以先生主編，國內許多著名作家，如：巴金、張天翼、艾青、邵荃麟、聶紺弩、艾蕪、何其芳、李廣田、駱賓基等，都在這刊物上發表文章，深受我國東南一帶熱愛文學的青少年們歡迎，彭燕郊那時只有二十歲，也是那刊物的主要作者之一，在上面發表了許多新詩。我當時正在讀初中，是那刊物熱心的讀者，並也喜歡讀他的新詩。所以，我們見面，就一見如故。一九五○年下半年，成立了湖南省文聯，我們都在省文聯兼了些職務，見面的機會就更多了。到五十年代中期，我們又都莫名其妙地先後變成了「不可接觸的賤民」，都被無情地拋向了「煉獄」，這當然也就不可能有什麼聯繫了。這時間，大約長達二十來年。十一屆三中全會以後，他平反了，到湘潭大學教書；我也改正了，調湖南人民出版社當副社長；有一次，我有公事去湘潭大學，除了去看望我的老朋友汪澍白教授以外，也去看望了他。見面後，彼此都很高興，於是恢復了聯繫。上世紀八十

▲左起：李冰封、彭燕郊、黎維新。攝於二○○○年四月。

年代，他從湘潭大學退休後，住在省博物館他的夫人張蘭欣的宿舍
裏；那宿舍，離我在省出版局先後住的四處宿舍都很近，步行都只
要二十來分鐘就走到了，因此我們也就經常見面。見面後，因為彼
此對許多事觀點大同小異，當然也就有話可談。從那以後到現在，
又是二十多年過去了。我們每年總要見幾次面，見面時，也總要談
一兩個小時。而最近一次見面，則是今年的元月三日。那一天，我
在日記上寫道：「下午三時，與老黎同訪彭燕郊兄，暢談甚歡，六
時回。」老黎，是黎維新兄，也是我近六十年的老同事、老朋友。

　　那一天，他情緒很好，我們也就海闊天空、東南西北，漫談
了好一陣天下大事。最後，談到去年看過什麼書。我說：「去年看
過的二十多種書中，安徽出版的三卷本《蒲寧文集》，給我很深的
印象。我活到八十歲，到現在才讀到蒲寧，而且才體會到他的作品
思想的深刻、藝術的完美，也才體會到他的確不愧為第一位獲得諾

貝爾文學獎的俄羅斯作家。這，說起來實在慚愧得很。過去，在大學讀書時，想看蒲寧的作品，有進步同學告訴我，那是一位流亡在法國的白俄作家，思想反動，看不得。我也就不看了。全國解放以後，我們根本就不出版蒲寧的作品，想看也就無法看到。」我還告訴他，我看的主要是他流亡法國以後寫的短篇小說和散文，看到的第一篇是〈寒秋〉，那是晚上睡覺以前看的，看了以後，害得我總想著這短篇小說，整夜都沒有睡好。蒲寧的這個短篇，不到四千字，卻完整地寫出了一位俄羅斯的伯爵小姐從少女到暮年悲慘的一生，落拓、淒涼，而從她坎坷的一生中，深刻地反映了第一次世界大戰和俄國十月革命的前因後果。全篇作品體現了深刻的人道主義。如果有哪一位高手，能把這個短篇改寫成一部電影，人物不多，但涉及的地方卻包括了：莫斯科、頓河和庫班地區、黑海沿岸的海港、土耳其的君士坦丁堡、法國的巴黎和尼斯，乃至東歐的一些國家，如：保加利亞、塞爾維亞等等，從各地的風土人情來反映出主角的各種淒涼的境遇，這電影，如拍得好，一定會有很多人都來看的。而且看了以後，會受到很深刻的歷史教育和人道主義的教育。彭燕郊兄聽我說了這些以後，說：蒲寧有許多短篇確實寫得很好，比如〈中暑〉、〈在巴黎〉，也都寫得不錯。（這說明他對蒲寧的作品十分熟悉。還說明了，他雖近米壽之年，但思維精密、記憶清晰。）解放以後，我們不出蒲寧的文集；就是解放以前，也翻譯得少。所以，許多人看不到。其實這樣做，在文化領域中，反而使我們自己受到很大的損失。限制了作家和讀者接觸和欣賞的範圍，就不能提高水準嘛。文化總是要多元的，搞單調的、一元性的文化，哪還有什麼百花齊放和百家爭鳴？過去，蘇聯在這一點上，比我們還做得好些，上世紀五十年代，他們就出版了《蒲寧文

集》，以後在六十年代和八十年代，又出版了接近全集的《蒲寧文集》，並且對蒲寧給予很高的評價。不像我們在「文化大革命」中那樣，連看戲也都只許看樣板戲。說到這裏，我看看手錶，快六點了，就說：「我們該回去了，今天沒有談完，以後再找個時間繼續談。」過後不久，就是春節，加上雪災和冰災，我沒能出門，萬萬沒有想到，這就是我們最後一次的見面。

三月三十一日上午，我先後接到黎維新兄和彭燕郊兄的高足龔旭東的電話，告我彭燕郊兄已於當天凌晨三時逝世。接電話前，因毫無思想準備，得此噩耗，心底禁不住湧起一陣巨大的悲傷。當天下午三時半，我即與黎維新兄同去他家靈堂獻花、祭奠並看望、慰問了張蘭欣大姐。在靈堂向他遺像鞠躬時，我說：「我和老黎同來給您送行了。沒想到您走得這麼匆忙，我們上一次見面，要談的許多話還沒有談完呢！」黎維新兄和我也有同樣的哀傷。人世間怎麼會有這麼多遺憾的事呢？

彭燕郊兄一生在文學上的成就，依我的感覺是：他「衰年變法」以後，大大超過了早年的創作。這話，有牛漢同志在他的回憶錄《文壇師友錄》中說的話為證（牛漢說，晚年，他最佩服的幾位作家是豐子愷、沈從文、孫犁、施蟄存、彭燕郊等。因為他們善於思考。）這些，我在這裏就不多寫了。

我要說的是：他在晚年，對湖南的出版工作作出重要支援的三件大事：第一件事：首先倡議並參與策劃出版有深遠影響的《詩苑譯林》叢書。大約是在一九八〇年，彭燕郊兄先找了當時擔任湖南人民出版社社長的黎維新兄，說建議出版一套譯詩的叢書，要概括「五四」以來外國主要名詩人的詩的中國名譯。老黎要他找我，因為當時我在湖南人民出版社，分工管五個編輯室，剛成立不久的譯

▲左起：黎維新、李冰封、彭燕郊、牛漢、黃汶。攝於一九九二年四月，
長沙。

文室是其中的一個。於是，他就找了我。記得談了「五四」以來，
在新文學領域中，譯詩是個很薄弱的環節，這也影響了我國新詩的
發展。但也有譯得好的，比如：冰心、梁宗岱、戴望舒等人，要重
印他們的舊譯。還談了介紹外國詩要介紹各個時期各個流派的，如
介紹俄羅斯的，除了應介紹普希金、萊蒙托夫、涅克拉索夫以外，
還要介紹葉賽寧、介紹阿赫瑪托娃、茨維塔耶娃（講了日丹諾夫謾
罵阿赫瑪托娃是毫不講理。當時，當然還不敢提到阿赫瑪托娃的前
夫古米廖夫。因為那時，他還未平反）。我十分佩服他有遠大的眼
光，於是，建議他還去找當時譯文室主任夏敬文同志（還介紹了夏
敬文一九四七年在武漢大學搞學生運動的經歷，並說明他現在思想
也開放）和譯文室的兩位臺柱：楊德豫兄和唐蔭蓀兄。他讀過楊

德豫兄翻譯的拜倫，認為譯得很好。這以後不久，譯文室根據他草擬的這套叢書的書目，開會討論了兩次。我參加了他們的討論會。討論的情況，並由我向社長黎維新兄做了彙報。經過大家陸續的補充，初步定下了這套叢書的主要書目：（一）譯詩名家的專集：暫刊戴望舒、梁宗岱、徐志摩、朱湘、孫用、施蟄存、馮至、戈寶權等人。（二）各國詩選：如《英國詩選》、《蘇格蘭詩選》、《法國七人詩選》、《俄國詩選》、《蘇聯抒情詩選》、《古希臘抒情詩選》、《印度古詩選》、《日本古典俳句選》等。（三）各國傑出詩人的詩歌選集，如，彌爾頓、布萊克、司各特、拜倫、雪萊、霍思曼（以上英國），雨果（法國），里爾克（奧地利），普希金、萊蒙托夫、謝甫琴科、屠格涅夫、涅克拉索夫、勃洛克、葉賽寧、葉夫圖申科、帕斯捷爾納克、阿赫瑪托娃、茨維塔耶娃、古米廖夫等（以上俄羅斯及烏克蘭。古米廖夫在一九八六年平反後，才補上了他的詩選），狄金森（美國），聶魯達（智利），泰戈爾（印度），紀伯倫（黎巴嫩）等。四、現、當代各國詩選，如：《美國現代詩選》、《法國現代詩選》、《德語國家現代詩選》、《北歐現代詩選》、《西班牙現代詩選》、《美國當代詩選》、《美國現代六詩人選集》、《日本當代詩選》等。

翻譯以上名詩的名家，除上列已出版譯詩集的各位名家外，還包括：冰心、卞之琳、羅念生、鄭振鐸、金克木、沈寶基、周煦良、王佐良、趙瑞蕻、楊苡、查良錚（穆旦）、楊德豫、綠原、屠岸、江楓、林林、方平、袁可嘉、鄭敏、魏荒弩、陳敬容、北島、王央樂、呂同六、羅洛、申奧、鄒絳……

以上書目，開始討論時，並沒有涉及這麼多方面，這是在以後逐年逐漸補充的。

▲彭燕郊（前左）、李冰封（前右）、唐蔭蓀（後立者）。攝於上世紀
八十年代，籌備出版《詩苑譯林》叢書時。

　　書目確定後，我曾向譯文室建議，委託彭燕郊兄外出組稿，並
派唐蔭蓀兄陪同。據我所知，他們就到了上海和廣州，去看望了施
蟄存先生、梁宗岱先生等，聽取了他們對出版這套叢書的很中肯的
意見。到一九八三年，楊德豫兄診治慢性病出院後，才由他來主管
這套叢書，譯文室的一些編輯都參與了這套叢書的編輯工作，楊德
豫兄和唐蔭蓀兄更是做了許多具體工作，編了好幾本重要的譯作。

　　出書以後，各地作家和讀者，對這套叢書都給予很高的評價，
認為這是「五四」以來，對外國詩歌譯介成果的一次大規模的回顧
和總結。著名作家施蟄存先生給湖南人民出版社編審楊德豫的信中
說：「五四運動以來，譯詩出版物最少。《詩苑譯林》出到現在，
發表譯詩數量，已超過一九一九～一九七九年所出的譯詩總數。我
相信你們這一項工作，對現今及未來的中國詩人會有很大的影響，

頗有利於中國新詩的發展。」（一九八九年七月二十八日，施蟄存致楊德豫信）這些都是後話。

現在，在哀悼彭燕郊兄的時候，由我來記述這件事，目的是在於：希望大家千萬不要忘掉這件「五四」以來，中國當代詩歌出版史上的重要史實。而這件事的首倡者，乃是一代詩人彭燕郊兄。

第二件事：建議出版《散文譯叢》叢書。黎維新兄告訴我：這件事也是彭燕郊兄首先倡議的，而且是先找到了他。因為當時他還是湖南人民出版社社長。時間大約是在一九八二年。其時，我已調離湖南人民出版社，在籌辦湖南教育出版社。一九八三年，我又調到省出版局。所以，這套叢書從確定選題到編輯、出版、發行，具體情況，我不知其詳。但從已出的各輯書目中，知道了叢書中也是包括了世界主要國家各個時期、各個流派的主要散文作品，從《希臘羅馬散文選》到盧梭的《一個孤獨的散步者的遐想》、紀德的《剛果之行》、夏目漱石的《永日小品》一直到斯坦貝克的《戰地隨筆》，以及蒙田隨筆、蘭姆隨筆、愛默生散文……到托爾斯泰、愛倫堡的散文作品都包括在內，繁花似錦、異彩紛呈。這套叢書，由於發行工作沒有跟上，外地有許多文化人、作家買不到書。八十年代中期，我在省出版局時，就收到好幾封信，向我索要《散文譯叢》中的某一種書。這些寄信者，有不少是文化界的著名人士，如：已故的湖北省作協主席駱文同志等。這套叢書從出版到結束的情況，黎維新兄等應該把它的經過寫一寫才好。

第三件事：一九八八年，編輯出版《現代世界詩壇》。這是作為一種「文叢」，在湖南人民出版社出版的。彭燕郊兄自任主編，唐蔭蓀兄協助他做些編輯上的具體工作。楊德豫兄、唐蔭蓀兄以及黎維新兄和我，都列為編委，所以，我和黎維新雖然都已調到

▲左起：龔旭東、張曉風、梅志、彭燕郊、李冰封。
　一九九三年，攝於長沙嶽麓山愛晚亭前。

省出版局，但對創辦這本「文叢」的始末，仍知之甚詳。這本「文叢」，編得很好，內容拔尖、資訊靈通，且眼力超群，但只出了兩期，到一九八九年，來了那場政治風波，莫名其妙地把這樣一本介紹外國現代詩歌的「文叢」也給停辦了。這本「文叢」好在哪裏呢？且舉一例：一九八七年十月二十二日，美籍俄裔詩人約瑟夫‧布羅茨基得諾貝爾文學獎。布羅茨基實際上是繼蒲寧、帕斯捷爾納

克、肖洛霍夫、索爾仁尼琴之後，第五位獲得諾貝爾文學獎的俄羅斯作家，是成名不久但有世界影響的大詩人，當時也只有四十七歲。一九八八年出版的《現代世界詩壇》第一期，就刊載了二十首布羅茨基的詩選，以及對他的詩論、評介，其中包括了諾貝爾文學獎對他的頒獎祝詞、他的「受獎演說」等。有水平的讀者看了這些，不禁佩服這位主編的眼光犀利和有獨到的文學鑒別的能力。

寫到這裏，我的這篇悼文算是大體上寫完了。我只不過在我所知道的範圍之內，陳述了他在文學以至文化建設領域中的思路，以及他在詩歌和散文出版方面所做出的貢獻。彭燕郊兄有許多得意的門生，我希冀他們進一步研究一下他們的老師在坎坷的一生中，文學思想前進的軌跡，研究一下他的關於文化建設中的可貴的思想和所做的艱辛的努力，以便在文學界進一步發揮他的思想遺產的重要作用。這樣做，對於我們的國家和民族在文化建設過程中，當多數人都只在抓利潤、抓收入，都只看重金錢而不看重文化領域中其他比金錢更加重要的寶藏的時候，當有極大的使人奮發和清醒的作用。

永別了，我的「誼兼師友」的彭燕郊兄。你走了，但我相信，你的作品、你在詩歌和散文出版工作中的事蹟，以及在這些作品和事蹟中表現出的你可貴的思想，將會長留人間。

二〇〇八年四月十七日晚寫畢於長沙，
原載《新文學史料》二〇〇八年十一月第四期

國家圖書館出版品預行編目

歷史的軌跡：一個大陸蒙難作者的反思 / 李冰封著.
-- 一版. -- 臺北市：秀威資訊科技,
2010.07
　　面；　公分. -- (史地傳記類 ; PC0120)
BOD版

ISBN 978-986-221-497-8 (平裝)

1. 文化大革命　2. 中國史

628.75　　　　　　　　　　　　　　99009682

史地傳記類　PC0120

歷史的軌跡
──一個大陸蒙難作家的反思

作　　　者 / 李冰封
主　　　編 / 蔡登山
發　行　人 / 宋政坤
執 行 編 輯 / 詹靚秋　蔡曉雯
圖 文 排 版 / 黃莉珊
封 面 設 計 / 陳佩蓉
數 位 轉 譯 / 徐真玉　沈裕閔
圖 書 銷 售 / 林怡君
法 律 顧 問 / 毛國樑　律師
出 版 印 製 / 秀威資訊科技股份有限公司
　　　　　　台北市內湖區瑞光路583巷25號1樓
　　　　　　電話：02-2657-9211　傳真：02-2657-9106
　　　　　　E-mail：service@showwe.com.tw
經　　　銷　商 / 紅螞蟻圖書有限公司
　　　　　　台北市內湖區舊宗路二段121巷28、32號4樓
　　　　　　電話：02-2795-3656　傳真：02-2795-4100
　　　　　　http://www.e-redant.com

2010 年 7 月　BOD 一版
定價：380 元
・請尊重著作權・

讀　者　回　函　卡

感謝您購買本書，為提升服務品質，煩請填寫以下問卷，收到您的寶貴意見後，我們會仔細收藏記錄並回贈紀念品，謝謝！

1. 您購買的書名：＿＿＿＿＿＿＿＿＿＿＿＿＿＿＿＿＿

2. 您從何得知本書的消息？

　　□網路書店　　□部落格　　□資料庫搜尋　　□書訊　　□電子報　　□書店

　　□平面媒體　　□ 朋友推薦　　□網站推薦　□其他＿＿＿＿＿

3. 您對本書的評價：(請填代號　1.非常滿意 2.滿意 3.尚可 4.再改進)

　　封面設計＿＿　　版面編排＿＿　　內容＿＿　　文/譯筆＿＿　　價格＿＿

4. 讀完書後您覺得：

　　□很有收獲　　□有收獲　　□收獲不多　　□沒收獲

5. 您會推薦本書給朋友嗎？

　　□會　□不會，為什麼？＿＿＿＿＿＿＿＿＿＿＿＿＿＿＿＿

6. 其他寶貴的意見：＿＿＿＿＿＿＿＿＿＿＿＿＿＿＿＿＿

　　＿＿＿＿＿＿＿＿＿＿＿＿＿＿＿＿＿＿＿＿＿＿＿＿＿＿＿

　　＿＿＿＿＿＿＿＿＿＿＿＿＿＿＿＿＿＿＿＿＿＿＿＿＿＿＿

　　＿＿＿＿＿＿＿＿＿＿＿＿＿＿＿＿＿＿＿＿＿＿＿＿＿＿＿

讀者基本資料

姓名：＿＿＿＿＿＿＿＿＿＿　年齡：＿＿＿＿　性別：□女 □男

聯絡電話：＿＿＿＿＿＿＿＿　E-mail：＿＿＿＿＿＿＿＿＿＿

地址：＿＿＿＿＿＿＿＿＿＿＿＿＿＿＿＿＿＿＿＿＿＿＿＿＿

學歷：□高中(含)以下　　□高中　　□專科學校　　□大學

　　　□研究所(含)以上 □其他＿＿＿＿＿＿＿

職業：□製造業 □金融業 □資訊業 □軍警 □傳播業 □自由業

　　　□服務業 □公務員 □教職　□學生 □其他＿＿＿＿＿

To：114

台北市內湖區瑞光路 583 巷 25 號 1 樓

秀威資訊科技股份有限公司　　　收

寄件人姓名：

寄件人地址：□□□

(請沿線對摺寄回,謝謝!)

秀威與 BOD

BOD（Books On Demand）是數位出版的大趨勢，秀威資訊率先運用 POD 數位印刷設備來生產書籍，並提供作者全程數位出版服務，致使書籍產銷零庫存，知識傳承不絕版，目前已開闢以下書系：

一、BOD 學術著作—專業論述的閱讀延伸
二、BOD 個人著作—分享生命的心路歷程
三、BOD 旅遊著作—個人深度旅遊文學創作
四、BOD 大陸學者—大陸專業學者學術出版
五、POD 獨家經銷—數位產製的代發行書籍

BOD 秀威網路書店：www.showwe.com.tw
政府出版品網路書店：www.govbooks.com.tw

永不絕版的故事・自己寫・永不休止的音符・自己唱